何捷 —

线教学

70个实用妙招

习作教学妙招

（35个）

江苏凤凰科学技术出版社 · 南京

目 录

妙招 1　说明文写作，不仅是用说明方法写作

我和青年教师一起备课，分析统编教科书五年级上册第五单元习作“介绍一种事物”时，发现不少教师没有正确把握写作目标，教学偏离了方向。

这一单元的习作教学目标为“搜集资料，用恰当的说明方法，把某一事物介绍清楚”。教师往往盯着“说明方法”，在写作指导时不停地讲什么是列数字、举例子、打比方、作比较……之后，让学生用这些方法进行写作。进行评价时，教师对凡有“列数字”的作文皆鼓励，对凡是“作比较”的作文皆赞美……

这样执教，存在两个问题。

其一，知识的重复教学。列数字、举例子、打比方、作比较这些方法，学生在本单元的两篇精读课文和两篇习作例文学习中早已掌握，不需要再“被教学”，更不存在知识的更新。

其二，方法的强制使用。也许你会说这是在应用。请注意本单元教学目标中的表述——“用恰当的说明方法，把某一事物介绍清楚”。什么是“恰当”？是否只要用了就是恰当？当然不是。恰当就是讲究合适的使用时间、合适的使用量、合适的写作对象等，自然而然，该用时用方为恰当。而课堂上强制学生使用，多个方法叠加使用，反而是“用给你看，用了就是好”的不恰当。

从学情来看，对于五年级学生来说，用列数字、举例子、打比方、作比较这些方法去介绍一个事物，除个别表达能力较弱外，并

不存在太多困难。更不要说学生已经完成一个单元的学习，而且介绍的都是自己已知、已会、已经使用的事物。

在本单元导读页面中，摘录了叶圣陶先生所说的“说明文以‘说明白了’为成功”。学生在课堂上用方法硬写，大家也能看明白，但成功可能是一种假象。因为学生介绍的事物，都是只要简单一说大家都能明白的事物。实际上，大家明白是因为熟悉事物本身，而不是从文中看明白的。

如此分析后，青年教师仍感到困惑——这一课的教学重点到底是什么？陌生的学习领域，教学重点究竟在哪儿？

先看一则故事：2017年，时任哈佛大学校长的德鲁·吉尔平·福斯特在开学典礼上致辞，讲到教育的目标是确保学生能辨别“有人在胡说八道”。这一言论可以引申为“我们究竟需要学生具备什么样的学术意识”，也就是说出来的话、写下来的观点一定要有根据，如果没有，就是在胡说八道。

要改正胡说八道的毛病，就需要具备科学的查证精神，要有正确地论述、说明的意识。这一意识的培养要从小学生抓起，在写文章时，“搜集资料”应成为重点普及的能力，或者说是一种写作的意识。这样的能力，在小学阶段的习作中不常见；但凡遇到，理应成为重点，因为意识都要从小养成。

不妨增补一则资料。在沈忆文主编的《少年研究员：探究中国非遗》中，有这样一些记录，学生在查证资料后，写下了感受：

> （1）在上周的文献检索过程中，我第一次了解到科研的魅力，做科研就是要对科研对象深入了解。通过对不同文献进行分析和总结，我增长了许多国际课程以外的知识，为以后的论文写作提供了极大的帮助。

（2）我的收获首先是知道了如何检索文献、什么文献对我们的研究有帮助并且比较权威。

（3）这是我第一次尝试检索文献、提取关键信息，我在不断检索的过程中学会了怎么使用关键词和摘要找到自己需要的资料，而且在阅读文献的过程中，我也对自己所在小组感兴趣的课题有了更深的了解。更重要的是，我收获了很多经验，总结出下次检索时应该避免的错误。

（4）在文献检索过程中，我也意识到了学界研究成果在这个课题上的缺失。

……

不再逐一列举了。将上文两个案例综合起来思考，我们能从中得到启发——指导小学生写说明性文章，要达到的教学目标为“搜集资料，用恰当的说明方法，把某一种事物介绍清楚”。本次教学的重点可以是，也应该是——搜集资料。学生不能仅凭肉眼观察，还需要借助搜集的资料，用上说明的方法介绍事物。对资料进行检索、查证、选择，能让介绍变得更为全面。即便介绍的是常见的老物件，用上资料中的新知识、新信息，也能让老物件焕发出新光彩。

从这个角度看，这是多么可贵的一次写作练习，多么稀缺的一次实践机会啊！纵观小学统编教科书三到六年级六十余次习作，说明性文章写作仅此一次！明确提出“搜集资料”的写作教学，为数不多，此课不抓牢，更待何时？

我们做了调整，将教学活动分两步走。

第一步：用说明方法写自己的观察结果。为了体现搜集资料对说明老物件起到的作用，教学中以最为常见的“筷子”为例，让学生观察筷子的颜色，测量其长短，讲述其功用。作为五年级学生，他们可以自由写成。

第二步：用资料进行增补。学生可以事先搜集资料，在第一轮写作后借助资料进行增补。同时，教师也可以提供两类资料：其一，筷子的历史、材质、功能等视频资料；其二，筷子的文化传承、使用领域、代表意义等视频资料。两类资料各不相同，运用到习作中，能让学生感受“不同风格的说明”。

结合本单元的“交流平台”，我们可以发现，以不同的风格来表现事物，是这一次说明文写作应该获取的关键能力。如“交流平台”中写道：

> 说明性文章的语言风格多样。有的平实，如《太阳》；有的活泼，如《松鼠》。无论哪种风格，描述都要准确、清楚、有条理。

学生查阅资料后，借助资料进行写作，可以轻松达到这一目标。可见在教学时，正确理解目标有多么重要。理解了，才有可能真正实现目标。

附：统编教科书五年级上册第五单元教学实录

介绍一种事物

闽江师范高等专科学校　何捷

教学学段：

第三学段五年级

教学准备：

每个学生带一双筷子入课堂

教学过程：

一、明确写作要求

1. 读教科书，精准明晰写作要求

师：今天，我们来写单元习作。首先，请大家阅读习作要求，明确两个问题：单元习作到底要我们做什么？分几步？

生：（读要求）第一，写清楚事物的主要特点；第二，试着用上恰当的说明方法；第三，可以分段介绍事物的不同方面。

师：很好，还有一条大家不要忽略，请看："写之前，细致观察要写的事物，并搜集相关资料，进一步了解这个事物，想清楚从哪几方面来介绍。"此句的关键词是什么，我们要做到什么程度才算合格？

生1：要观察对象。

生2：要搜集资料。

生3：还要想一想从哪几个方面来写。

2.准备物料，精准确定写作内容

师：本来要写什么是大家的自由选择，但由于课堂写作的局限性，我们这次共同写同样的事物。大家写同样的题目，也容易一分高下。之前老师请大家携带一双筷子来，大家都准备好了吗？

生：准备好了。（取出筷子）

【解析：明确写作要求是教学的前提，也是最后验证教学效果的依据。】

二、自由写

1.作前谈话，共享信息

师：请大家拿出筷子，在原先观察的基础上，能观察的再观察一遍，能看的再多看几眼，磨刀不误砍柴工。

生1：我这双是一次性筷子，是竹子做的，上面还有没磨平的毛刺。

生2：我这双是艺术筷子，上面有云的图案，感觉好像是过去贵族使用的，其实是我去旅行的时候买的。

（其他略）

师：关于筷子，请大家分享自己在课前搜集的信息。准备得比较充分的同学可以多分享一些。

生1：筷子好像是姜子牙发明的。

生2：外国人吃饭用刀叉，他们来中国，第一件事就是吃饭，第一个要学习的就是用筷子吃饭。

生3：筷子有好多种——竹子的，不锈钢的，还有塑料的。

（其他略）

师：其实，大家听同学们的现场分享，也可以帮助自己搜集资料。建议大家把同伴搜集的资料也记录下来，因为接下来在你写作的时候，这些资料也可能会为你所用。

2. 回顾旧知，预设结构

师：关于本次习作，教科书要求我们先构思。大家想一想：作文要分几段？每段写什么？你是怎么想的？

生1：我想写筷子的形状、用法。

生2：我想写筷子的来历，还有一些新型的筷子。

师：在第四单元习作《二十年后的家乡》中，我们已经学习了列提纲，请大家回忆列提纲的方法，用关键词，按照你预想的作文写作顺序，列出本次习作的提纲。

生：（列提纲）

3. 资源共享，集体共写

师：好的。请大家根据自己的预先构思，结合现场搜集的资料，用本单元学的说明方法写一写；写好后，与同学交流、分享。

生：（自由写）

4. 即刻评点，共同进步

师：请大家再次关注教科书中说的这段话——“如果别人对你介绍的事物产生了兴趣，获得了相关知识，你就完成了一次成功的习作。”接下来我们就请同学来读一读，如果我们对其读的内容产生了兴趣，同时也获得了知识，至少有了之前没有的收获，那就说明这位同学的写作是成功的。

（片段展示略）

师：请大家说一说自己的收获。对于同学们作文里写到的内容，你感兴趣吗？

生1：我觉得很有收获，居然还有人曾经用珍贵的象牙做筷子，我真的想不到。这说明筷子历史悠久，而且是一种艺术品。不过我是不会用这种筷子的。

生2：我也觉得很好，筷子的用法有好多，我觉得很新鲜。

生3：我还知道了筷子的使用礼仪，这个我平时没有注意到。

……

【解析：在明确写作要求的基础上，先自由写，写出来。之后紧密结合教科书要求，抓住要求中的关键词进行评点。写出来，评下去，给全体学生以写作信心。】

三、提升写

1. 从单元导语中发现提升的空间

师：请大家看看本单元的导语“说明文以‘说明白了’为成功”，这是叶圣陶先生说的。你们觉得之前同学分享的内容都“写明白了”吗？

生：写明白了。

师：很不错。其实，你们之所以“明白”，还因为筷子对于你们而言都是“已知”的。也就是说，对于筷子这一事物，你们心中知道，也用过，很熟悉，所以一听就觉得自己都明白。但是，如果你们对筷子是“无知”的呢？例如，你是一个没有用过筷子的外国人，甚至，你是刚来地球，知道汉语却不知道筷子的外星人，你听了这篇作文，还会完全明白吗？

生1：估计不会完全明白。

生2：还会不断提问。

师：对，发现问题，提出问题，作文就有提升空间了。

2. 从“无知”的角度提问

师：现在，假设你对筷子一无所知，请提出你读完作文后的疑惑。记住，无知者无畏，无知才能提出好问题。

生1：为什么要发明筷子？也有人直接用手来抓饭，更直接。

生2：筷子的卫生如何保证？大家都在一起夹菜，是不是有点不卫生？

生3：筷子太滑，夹不住面条，怎么办？

……

师：请大家注意，在其他同学提问时，你们迅速记录问题的关键词，这就是现场搜集的资料。资料越多，作文越好写。

生：(记录关键词)

3. 获取搜集资料的方法，找到提升路径

师：刚才大家提出的各种问题引起了我们的思考，给了我们提升写作的空间，除此之外，大家是不是希望有更多的资料帮助我们打开写作思路？

生：是的。

师：搜集资料的方法有哪些？你是怎么搜集的？请分享一下。

生 1：可以通过网络检索。

生 2：还可以通过图书馆查资料。

生 3：我爸爸什么都懂，问他也可以。

……

师：可是，现在我们在课堂上，这些途径只能课后用。不过，我也查了资料，搜集了一段关于筷子的视频。大家一边看，一边做笔记，这就是在写作现场继续搜集资料的方法——一边听，一边看，一边记录关键词。(播放视频)

生：(观看视频，记录)

师：请结合搜集的资料，修改完善自己的习作，争取让读者更明白，真正看懂你在说明什么。

生：(修改习作)

师：最后，请为你的习作拟一个题目。请特别注意教科书中的表格，看看其他同学列出的题目，对你有什么启发。

生1：我改了题目，叫《“一双”文化》。

生2：我的题目叫《瞧这两个小家伙》。

生3：我的就是《筷子》，我觉得说明文就应该简单一点。

……

【解析：在学生原有的基础上，教学存在的价值就是不断促进提升。提升，要找到切入口，让改变在课堂上发生。】

四、对比品鉴

1. 引入第二份资料

师：其实，老师还为大家准备了另一段视频，来自公益广告，说的也是筷子，请大家看看。

生：（观看第二段视频）

师：你们发现了吗？这段视频充满温情、友爱、和谐等各种打动人心的情感，虽然说的也是筷子，可是与第一段视频完全不同。有同学看后，写下这样一篇小散文。

（片段展示略）

2. 两类文对比

师：同样说筷子，你发现这两段视频有什么不同吗？

生1：第一段视频讲了筷子的样子、用法、使用礼仪等，我看了就知道筷子大概是什么样的。

生2：第二段视频没有说明筷子的样子和用法，但是可以看出视频制作者非常喜欢筷子，筷子中好像带着很多情感。

……

师：是啊，第一段视频，有点类似“习作例文”中的

《鲸》，比较准确、简单，是相对标准的说明性文章。第二段视频是我们常见的类型，重在抒情。今天我们重点学习写说明性文章，欣赏第二类写法。两手抓，两手都要硬。大家记住了吗？

生：记住了。

师：特别是写说明性文章，要注意资料的搜集，这将有助于提升大家的作文质量。

3.布置课后任务

师：课后，请大家根据家里的一个物件，对照说明书，尝试拆解和组装，例如一个玩具，一个组合家具，一个小型电器。看懂说明书，就能装对，也能拆开来，而且还不会拆坏。这样一来，大家就能体会到：写好说明文，说明清楚有多么重要。

生：好的。

师：大家要以作者的身份去写，写清楚；然后以读者的身份去读。这样你就知道写清楚有多重要了。下课。

【解析：对比说明性文章和抒情性文章，让学生经历不同的审美体验。】

妙招 2 “渔夫”与教练，谁教更有效

这一次，我们来讨论一个很有意思的问题：让“渔夫”和专业教练来教你游泳，你觉得哪一个教得好，哪种教法更加有效？

你肯定会觉得：这还用问吗？肯定是专业教练啊！我有二十多年冬泳经历，是个资深“渔夫”；我参加过系统的游泳训练、各种游泳赛事，带过不少学生学习游泳，勉强算得上半个专业教练。在这个问题上我的思考结果却是——很难说。

先看“渔夫”，除去个别极会游泳的——经验特别丰富，畅游大海而不死的“浪里白条”那一类硬汉——“渔夫”会怎么教呢？很简单，他主要是用讲授法和练习法，同时注重示范，就这“三板斧”。“渔夫”的讲授没有什么大道理，讲的都是自己拥有的经验和切身的体会。例如：我在海里怎样劈波斩浪，遇到大浪来时我怎么躲闪，万一呛水了该怎么办……关于练习，他处理得很简单，可能是不断强调：“练习！练习！再练习！不断练习！多练就会游了。”至于该怎么练，“渔夫”可能更多的是固执地把你推下水，看着你手忙脚乱，不停地拍打水面，不停地向前划。他鼓励你的话也很简单：“学游泳就是自己折腾，就是折磨自己。”跟“渔夫”学游泳的学生，进行的是笼统而综合的练习。“渔夫”带徒弟很用心，很尽职，关键时会跳下水，亲自为你示范，甚至一直就在水中做指导。徒弟在水中泡多久，师傅也在水中泡多久。徒弟很快就能学会游泳，不过必须指出，徒弟学到的是“渡江式自由泳”，也就是民间俗称的“狗刨

式”——动作不规范，但很有力度；游得不美观，但样子很威武。

除去坊间传闻的“不会游泳也能教出世界冠军”的“教练”，我们所指的“教练”是专业的游泳教练。教练的教学本身并不复杂，基本也是三招——讲解 + 练习 + 示范。有时候用视频等资料取代教练本人做示范，也都算在教练“账”上。教练的讲解和“渔夫”不同，教练作为专业人士，擅长分解讲、精准讲、详细讲。例如：胳膊该怎么挥，该如何有节奏地呼吸，手掌以什么样的角度入水，大腿要怎样带动小腿打水……他会把游泳时身体的每个部分都当作零件一样拆分，先解剖，再组装。而练习则是根据讲解按部就班地进行单项训练：从呼吸到划臂，再到踢腿，配合呼吸……教练一般情况下不下水示范，人们很少看到教练穿着游泳裤教学的，他们基本上都是穿着一整套干干爽爽的衣服在岸上指挥，偶尔比画几个动作。很快你也能学会游泳，而且是标准的参赛泳姿，一出师就与众不同，直接秒杀那些“混江龙”类型的自学成才的游泳爱好者，而且未来继续进步的潜力很大。

让我们开始对比，在差异中产生思考。“渔夫”和教练的徒弟都能学会游泳，但“渔夫”的徒弟们游得自然、轻松、个性十足，遗憾在于泳姿不美观、速度不快。可是他们非常享受游泳的过程，甚至觉得自己已经是能和大自然搏斗的人。他们在游泳这件事情中感受到乐趣，成为爱游泳的人。教练的徒弟游得很专业，可以参加各种各样的比赛，可以通过游泳改变人生，获得成功，但是整个过程却很心酸、很痛苦。大家看：问题的结果是不是很难说？你愿意跟谁学？

言归正传，说回写作教学。在教学领域，也有“渔夫”和教练两种教师，两种教法。两种教法下徒弟的学习效果，给写作教学带来很多、很大启发。

教师究竟应该当教练还是“渔夫”呢？要回答这个问题，先看看教孩子写作到底归属什么范畴。在基础教育阶段，学生学写作重在培养兴趣爱好，培植写作意识，拥有基本写作能力，属于“打基础”范畴。我们无意也无力把学生培养成真正的作家。从这个角度看，诸如兴趣、爱好、情感、意识等非能力型元素显得比较重要，它们决定了学生的写作口味，也影响了学生今后的写作。但语文学科本质上是能力型学科，写作更是一种表现性的能力，所以，我们也十分注重学生写作能力的练习。学生学写作，大致发展阶段可归纳为三个字：从“会”到“能”再到“爱”。“会”，指的是“学会”，初步知道写作是怎么回事；“能”，就是能写，“能”就需要各种各样的能力来支撑表达；“爱”，就是要维系写的兴趣。学生长大了，要接受专业的写作教学，也有三字诀：“高”“精”“专”。“高”，就是起点高，一出手就写得跟别人不一样；“精”，就是讲述精准的知识，呈现知识的序列化、结构化、系统化；“专”，就是在专门专项的研究领域中，把写作这件事情做专、做深、做透。在这方面，专业教练做得更好，学习的结果也更显著。但也很明显，小学阶段的写作教学并不是面向专业团体的专业写作教育。因此，我们可能不需要像教练那样用精细化、分门别类的教法，也不能以“教”的名义败坏了学生写作的兴趣，更不要一叶障目——因学生能写出一篇文章或参加比赛获了奖，就认为自己的写作教学成功了。从这个角度来说，似乎“渔夫”的教学方法更适合小学阶段的学生，至少，这样的教学符合从“会”到“能”再到“爱”的推进。回想一下“渔夫”所做的：尽可能地示范，让教师和学生之间产生更多的关联；进行更多的讲解，以经验化解困难，让学生从讲解中得到启发；鼓励练习，通过高频的练习形成能力——不论哪种，都很合适啊。

如果你因此就决定做“渔夫”式的教师，那么这个决定也是很草率的。为什么写作总是教不好呢？原因很简单——教师不够专业，既达不到教练水平，又只是一个蹩脚的“渔夫”。首先，对于写作这件事而言，教师的写作实践经验不足，站在“不会写作”的尴尬境地上去教学生写作，而且还比较强势，教学效果只能适得其反。教师本身对写作的知识系统不了解，也没有写作的感受和经历，讲起来就不到位，甚至不科学，自然也不会像资深“渔夫”那样深刻领悟高频率的大胆练习对写作能力提升的重要性，很可能还会因为其文章评价观念的狭隘，以种种理由限制学生表达，以上交作业为借口异化写作，以命题取代讲授，这些都会导致写作教学的无效。如果你这么做了，你就是个装扮成“渔夫”的“旱鸭子”。也有一部分教师自学成才，已经升级为教练，开始用精细化的、分门别类的、系统化的技法进行写作教学，为什么也没有取得良好的效果？教的对象不合适。秉持着形而上的格式化的写作认识，把写作当作等级森严、阶梯式上升的、与生活割裂的标准化练习，是无法让基础教育阶段的学生接受与消化的。教师面对的是学生而不是运动员，特别专业的要求只会适得其反。更何况，所谓的专业色彩有时候只是一种自我陶醉，并非构成写作能力的基本要素。因此，很多时候在我们辛辛苦苦的拉扯之下，学生反而远离了写作之路。从学生写作能力提升来看，我们还没有想清楚：是否需要按部就班地给出写作练习的层级、阶梯和序列？写作是这样细致分项后拼接起来的吗？写作是一招一式的拆解吗？诚然，分项训练有助于单项能力的提高，也能促进写作整体水平的提升；但真正写的时候，是统整地运用综合能力，打的是“组合拳”。是集中且专项的教更合适，还是通过慢生活、泛阅读、勤练笔，综合发展更有效呢?

“渔夫”和教练，谁的教法好，真的说不清，目前我们只能说说教师自己该怎么办。在写作教学这件事上，教师要实现解脱与升格，我们给出的建议是，争取做一个有专业精神的“渔夫”吧。即便你是从创意写作专业毕业后从教，也要放低姿态，先从“渔夫”型教师那里学习。你在脱离象牙塔后也要经历大海，在海中游泳，成为游泳高手。之后，你要巩固与调整你的专业知识结构，使其更符合学生需要，更能和“基础”二字匹配，做到“知其然，知其所以然”。在教学实践中，你要反复参与写作实践，让经验更丰沛。没有经验，教不好；依靠经验，教不好；经验结合专业，才能有助于你在关键时候，在某个重要的转折点，给学生点拨。“四两拨千斤”，教学更有效，自己也更轻松。

一句话：专业教练向“渔夫”学习经验，或者“渔夫”学习专业知识，向教练靠拢。不管哪种，都将带来教学的正向质变，都是学生的福音。

妙招 3 “把原因写具体”真的好难，教科书中这一指示需修改

统编教科书六年级上册第三单元习作《____让生活更美好》，教师在设计与执教的时候，要注意教科书中的一处指示，因为其难以完成。

教科书对本次习作做出重要指示——“把原因写具体”，提示教师指导学生将某事物让生活变得更美好的原因写具体。殊不知，这一要求在实际操作中的难度系数很高，而且真让学生进行这样的写作实践，或许会让写作变得更加艰难，甚至难以完成。因此，“把原因写具体”这一指示是需要修改的。

一、假如原因写具体了，经过又该如何

写具体的要求，并非无凭无据。《义务教育语文课程标准（2022年版）》（以下简称新课标）在第三学段“表达与交流”实践活动中提出的要求是作文要“内容具体，感情真实”。可见，写具体，确实是第三学段写作的要求之一。把经过写具体，既顺理成章，又符合新课标要求，且与实际操作吻合，这没什么问题。但在小学写作教学阶段，作文命题很少提出把原因写具体的。

不能说教科书这一指示就是错的，但我们的质疑源于意外，因为确实很少见到作文命题提出的要求是“把原因写具体”。

事件中包含原因（起因）、经过、结果三个要素。作文题目中，

历来要求写具体的是事件的经过。相对于经过而言，原因反倒要略写，这样才有助于让读者关注经过，也有助于作者在写经过的段落中，具体展开事件全貌，让读者感受更深刻、更全面。而且，本次写作中提出的“原因”，是作者主观的一种想法、感受，即作者本人如何认定“某一事物给生活带来了美好的改变”。让生活变得更美好的原因，是作者内心的认定，是作者的思考和判断，这种主观想法如何才能写具体呢？

二、从落实目标的需求看，体验是关键，原因紧随其后

我们产生一定的想法，必定是在相关的体验、经历之后。值得详细写的，可以写得详细的，正是之前的体验、经历，也就是事件的经过部分。

例如，要说明“运动让生活变得更美好”，可以写出为什么运动会产生这样的效果。答案是“运动能让人的身体变得轻盈，能让人的心情变得舒畅”。发现了吗？这些表述就是“运动让生活更美好”的原因，而这个原因真写具体了，也就是简简单单的两三句话。倘若要再增加字句，就重复、累赘，成了废话了。而且，这样的体会必须在体验之后才能产生，应该属于事后的想法。

再从教科书中提出的学习目标来看，重点是体验。本单元的学习目标是“写生活体验，试着表达自己的看法”。要实现目标，需要写生活体验，也需要表达想法。想法，紧随体验之后，应当略写。事实上，即便是名家写作，“体验＋想法”一类的，也是重体验、轻想法。例如老舍的《养花》，老舍表达自己爱花、爱养花的原因，就是最后一段：“有喜有忧，有笑有泪，有花有果，有香有色。既须劳动，又长见识，这就是养花的乐趣。”而具体讲述自己养花的经历，

其间发生的事件，用了整整六个自然段。哪部分该具体写，名家已经做了示范。

三、写“想法”，并非本次写作重点

要具体写的“原因”，应该是本次写作的重点。但“想法”不应确立为本次写作的重点。

本次写作课的重点是什么？《____让生活更美好》的写作重点应确定在“更”这个题眼上。“更”，第一来自对比，第二要写出变化的细节，第三要表达内心的感受。写作重点落在具体写“生活因为这一重要因素而发生的更好的变化”，需要作者进行详细的前后对比。相对而言，自己的内心感受，在变化发生之后进行简单归纳、总结即可。这是水到渠成的，不需要也无法具体写出。

其实，只要将教科书中这一指示改成“把带来的生活改变写具体”就完美了。

做一个假设——学生真的具体写了原因，又会如何？

那么，文章就成了典型的空发议论。还以《运动让生活更美好》这个题目为例，一大段的感受游离于真实的体验，缺乏事例的支撑，空洞地发表议论就可以。很可能学生会为了“把原因写具体”，而去摘抄和堆砌一些网络素材。

顺便说一下，执教此案，以冯骥才的《珍珠鸟》为范文是极好的。

作为范文，题目可以暂时更改为《信赖让生活更美好》。原文中，冯先生写了自己如何获得珍珠鸟的信赖，写了这份信赖是如何一步一步变化的。珍珠鸟从起初的不相信到逐渐相信，再到亲密接触，最后完全放松地睡在作者的肩头，作者详细具体地写了这一过程。而最后的一句“信赖，往往创造出美好的境界”正是作者的感受，也是说“信赖让生活更美好”的原因。

《珍珠鸟》这一范文也再次证明，相对变化过程而言，原因很难具体写。

以《珍珠鸟》为范文，到底学什么，如何写呢？当然不是让学生模仿冯骥才先生老到的文笔，这不是小学生需要模仿的。使用《珍珠鸟》为范文，写作可以这样教：

1. 将作文标题进行修改。

2. 将原文进行梳理，把握从“怕人”到“信赖”的基本写作路径。这一步类似于列出写作提纲。

3. 尝试调整原文，将原文进行适当缩减与变化，突出在珍珠鸟雏鸟孵化出来后，珍珠鸟与作者越来越亲近、越来越信赖的几个小场景、小事件，指导学生整理自己的素材，学习写具体的变化过程。

4. 尝试增加若干“反面案例”，简单举例，证明“缺乏信赖让生活失去美好”。

5. 总结原因，点明“信赖让生活更美好”的主题，抒发作者的感受。

最后必须承认：本文的解读，很有可能是我们的误解，或是我们无法真正理解“把原因写具体”这一指示，不明确这一指示到底要让教师在执教中做些什么。但无论如何，教师在一线教学中产生了误解、误读，都会导致教学效果受到影响。作为教科书，精准无误的表达是底线，也是修订时的追求。

所以，这句教学指示应该引起教科书编者的关注，需要修改。

妙招 4　不会讲故事，你就上不好这一课

统编教科书三年级上册的口语交际中有一则，是“名字里的故事”。教师执教的时候，必须注重故事。可以说，不会讲故事，教师就上不好这一课。

在教科书的提示下，教师在执教时，大多指导学生注重对名字的来历、含义进行讲述，同时提出“讲清楚”的交际目标。“讲清楚”，即要求学生先讲名字是什么，再讲名字的来历，最后讲名字的含义。个人展示后，同桌互相讲，全班讲一讲。讲的时候，大家听一听，互相评一评，完成教学。

这样执教固然流程清楚，达到了训练口语表达的目的，但并未达到新课标所提倡的交际、交往、交流的要求。

首先，名字的来历、含义等，都属于基本信息，讲述这些，缺乏认知生长点。

教科书中提示学生要讲述的内容就是名字的来历、含义。泡泡提示中的范例，也是这一内容。因此，学生轮流表达，一人表述一个样，但大家表述的内容都是同一个模子出来的。只要两三个学生讲述后，“听”和“不听”的差别就不大了，因为大家讲的内容都差不多，同学的名字早就熟悉了；“讲”和“不讲”的变化不大，因为都讲得差不多，只不过是姓氏不同、用字不同而已。

如果这样确定教学内容，这节口语交际课，仅有对内容表述的基础训练，缺乏本次教学必须存在的认知生长点。

其次，本课的学习目标也没有得到完整的落实。

关注本课的学习目标，教科书中明确提出“把了解到的信息讲清楚”。这里的信息，不能仅仅是基本信息，还应包括故事。了解的过程，应有更多样化的路径，才能有更丰富的结果。例如，向父母打听：当时给你起名字时发生了什么事？有哪些趣味故事？同时，在了解的过程中，为了表达清楚，学生需要梳理信息，回忆自己名字的相关信息，做好讲述故事的准备。为了让同学能够“引起兴趣或者产生疑惑”，教师可以让学生在必要时根据名字的来历、含义，创编一个故事。当然，这是比较高的要求，是在了解信息不够充分的情况下的备用方案。

课堂上，学生讲述和名字有关的基本信息之后，再讲述与名字有关的故事，就能让这一节口语交际课变得生动有趣。因为故事能引起大家的兴趣。也只有学生在讲述和名字有关的故事时，教师在教学中才能指导学生完成目标中的第 2 项，即“听同学讲的时候，如果有感兴趣的或不理解的内容，可以向讲的人提出来，进一步了解”。

诚然，关于名字的来历和含义部分，教师也可以发问。但在真实的教学场景中你会发现，仅提供这部分信息，问不出什么好问题来。一旦引入故事，就大不一样了。学生会对同伴讲述的故事非常感兴趣，这些故事平常从未听说，属于“私房话”——有的来自出生的时候，有的来自陌生的未知领域——因此学生们感兴趣或产生疑惑的点就比较多。课堂上，很容易出现不断追问的场景，此起彼伏的“后来呢？”“再后来呢？”“最后呢？”，是学生在听故事时常问的问题。

故事的引入，点燃了课堂，符合新课标对“表达与交流”的基本要求，注重在真实的场景中进行交际、交往，注重表达中的交互性，注重倾听与讲述的互动。

最后，讲述名字的故事，有助于进行转述的训练。

新课标在第二学段的“表达与交流”中提出“认真倾听……并能简要转述”的要求。教科书在此案教学中，也提出“回家给家里人说说”的要求。学生讲给父母听的内容，就是课堂上听到的信息。试想：诸如谁叫什么、名字怎么写、有什么含义等信息，学生会有兴趣转述吗？父母会有兴趣听吗？可想而知，父母的兴趣也不大，因为父母关注的是自己的孩子。兴趣不大，又强硬执行，效果自然很差。

再试想：有趣的名字的故事，学生会有兴趣转述吗？父母有兴趣听吗？当然有，只要把这些故事转述给父母听，父母会很感兴趣，因为这些故事能唤起父母对自己子女的满满爱意，故事中的内容各不相同，却有着相同的元素——关爱。

从学生角度看，听故事，理解故事，转述故事，这正是新课标对第二学段学生“交流与表达”方面的重点要求，是学生亟待提升的人际交往必备的核心能力。故事讲述，才是本次口语交际教学落实新课标要求、达到教学目标的关键点。

文章的最后，请大家阅读一个故事，它和名字有关，来自我的一线课堂。记住，每一个和子女名字有关的故事，都是父母永生难忘的美丽记忆。

给孩子起名字的故事

故事缘由：

做了父亲就遇到许多挑战，其中有一项着实让我头疼：给孩子起名字。初生的婴孩承载着我和妻子的希望，可是这千言万语要用两三个字高度概括，好生伤神。

我有个习惯：遇到困难就会找学生们帮忙。就在我愁眉不展的时候，学生们发现了我的窘境，主动询问。当得知是这件“小事”的时候，他们纷纷热情地伸出援手，一个个可爱的名字从他们嘴里蹦出来。好嘛，困扰我的难题在他们那里简直就是小菜一碟。既然学生们这样有把握，不如就将其设计成一节作文课吧！

让学生们自信、自如地参与讨论，写出一篇作文不在话下，可如何让学生们的写作过程变得更有意义，让学生们的写作能力通过参与训练得到提高呢？我想，还是从咬文嚼字上下些功夫吧。首先，请学生们准备好字典、词典等工具书，还有一些国学经典书目，文字的事还是让文字来打底；其次，请学生们向家长打听，了解自己名字的含义，知道起名字的过程和一些小技巧；最后，就是请学生们再次认识我——学生们为之起名的孩子的父亲，有其父必有其子嘛，要想给我的宝宝起个响当当的、合适的名字，重要的就是了解孩子的父亲，这里头有许多遗传信息呢。我一直认为：作文课也是需要预习的，预习就是学习不可或缺的组成部分！

上课啦：

果然，预习充分，学生们进入课堂后言之有物、言之有理、言之有序、言之有情。有物，每个学生都能起一个名字，每个学生都为之准备好了写作素材；有理，很多学生说到自己起的名字时，不是抱着字典举证，就是翻着国学经典书目说理，讲述汉字背后的文化、历史、出处、含义，像个活字典，还有的说是爸爸妈妈给他出谋划策，选择了一个吉祥如意的字眼；有序，为了让我采纳他们的建议，孩子们在讲述的时候很注重表达顺序，先说名字采用的字，再说出处，有的还“展望未来”，像个预言家一样预测使用这个名字后的美好愿景，表达得极有条理；有情，不言而喻，这件事本身就充满浓浓的亲情、师生情、朋友情，学生讲述的时候更是情深意浓、感人肺腑，也不乏充满情趣的，讲述得生动活泼，课堂笑声不断，趣味横生。临下课我布置了写作任务：将你们的思考写成习作，讲清理由，争取让老师采纳！就这样，好的指导不必多费口舌。我不由得想到很多名师的感言：作文不是教出来的。这句话不能生硬地理解，所谓的教应该指过多地讲授写作技法，而不教也不是“无为”，而应该要做足事前功夫，让学生充分预习，才能水到渠成！否则，真的什么都不教，要教师何用？

附：学生习作

伤脑筋的任务

杨舒暤

亲爱的何老师最近犯愁了，别误会，这可是好事：他快要当爸爸了。可是，发表了500多篇论文的他不知道应该给宝宝起啥名字，真令他头疼。他倒好，把这个伤脑筋的任务“转嫁”给我们全班学生，让我们给他未来的宝宝起名字。

我呢，作为何老师的“得意门生”之一，见老师有“难”，自该挺身而出。大忙我可帮不上，不过，起名字这与语文有关的事，我可乐意接受啦。我是这样想的：何老师的夫人如果生个男孩，建议起名“何文韬”，文韬武略、文质彬彬，这最适合何老师的口味了。再说这个“韬”字也很吉利。比如我们班的哲韬、靖韬，他们都是语文尖子生呀！如果何老师觉得太文雅了，没有“虎气”，可以改为“鸿”“铤”“拓”等有气魄的字，那么这个名字真不得了，文武双全！如果是个女娃，我建议起名叫“何窈慧”。“窈窕淑女，君子好逑”这句话出自《诗经》，大家都知道，它代表美好，形容女子文静而曼妙。但是人不但要面容清秀，心灵也要美，“慧”字就满足了心灵美的要求。天资聪慧，秀外慧中，这个女孩完美得令人惊叹。一个女孩，有了这样的名字，难道不令人羡慕？

但愿何老师的爱妻也能参考我这粗浅的意见，更希望何老师的宝宝就用我起的名字。

妙招5　大学教授为小学生改作文带来的三点启发

2022年9月，福建师范大学的孙绍振教授在《小学语文教学》杂志开设专栏，为小学生评改作文。作为文学评论界的资深专家，孙教授和小学教师分享改作文的方法，阐述作文修改的理念。

在谈及开设专栏的目的时，孙教授说道：

> 我今年86岁，人老了，但是也想切实做点事。之所以要评改学生习作，是因为——
>
> 首先，作文和讲读课文不同，讲读课文是“大工业批量生产”，作文是“手工业劳动”。一把钥匙开一把锁，每个人、每一篇，都不一样。教学效果，不能指望一般性的理论指导。
>
> 其次，我在中学生时代，看过《开明少年》上面有叶圣陶先生的《文章病院》，每期一篇中小学生的作文，叶圣陶先生用注解的方式指出其中的毛病，我读后受益匪浅。但是叶圣陶先生没有全面修改、反复对照。我这里加以改进。
>
> 最后，我最近看到有些小学语文刊物上的学生习作指导思想有问题，一是太多大人的话，二是太多机械的流水账，三是没有主题贯穿。这是因为，很多小学老师在教学中，只懂得反映客观，贴近生活，不懂得帮助学生找到自己，确立

自己的主题。此外，（学生作文）在文学上，往往有些毛病，有些粗糙，逻辑上有些问题。[①]

孙教授谈及的三个原因，正是当前小学写作教学中最为典型的三个问题，给我们带来三点关于提升写作教学质量的有益启发。

启发一：去除对范文的过度依赖

教学中，教师普遍喜欢使用范文，试图从中提取“一般性的理论”，指导学生写作。范文作为支架，的确产生了效果，让学生感觉“好写”。特别是教科书中的“精讲课文”，更是典范。因此，教师对范文的依赖，成了写作教学中最常见的状态。

提供范文，只能是一种渠道、一类方法，不能作为写作教学的全部支撑。如孙教授所说，讲读范文是“工业生产”，而每一篇习作则是“手工劳作”。对范文的公开讲解，不能取代对写作个案、典型问题的专项研究。

教师的上述做法有着明显的局限性。美国学者凯利·盖勒格所著的《人人皆可为优秀写作者》一书中，分析了“希腊古瓮教学法”时存在的问题：教师在写作前提供一篇像《希腊古瓮颂》般完美的作品，激励学生写出佳作。但这一类教学方法，目标不明、方法单一，且容易让学生产生错误体验。具体有如下不足。

1. 范文是写就的篇目，涵盖丰富的教学点。但也正是教学点过多，导致本次教学要通过范文教什么变得不明确，教学没有针对性。

2. 范文作者本人是成熟作家，可以将谋篇布局、修辞表达等写作技巧藏于文本中，使得学生自主学习的难度变大。因此，对于范文的讲解，往往方法单一，教师只是在直接讲授“好在哪里”“用了

① 孙绍振. 学生习作《糖葫芦传》评改 [J]. 小学语文教学，2022（Z2）：142-143.

什么方法”，学生也只能被动接受写作技法。

3. 范文是语篇的“最终样态”，隐匿了写作过程中的修改、校正等过程，让学生误以为文章就是这样一气呵成的，导致学生对写作过程的理解出现偏差，在自己实践时才发现无法做到。在亲身体验与先前理解之间产生落差的同时，学生也会对写作产生怀疑与畏惧心理。[①]

更不要说，部分教师鼓励学生直接模仿、抄写范文，这是最简单粗暴的手段。但在“追求完美结果”的意识迷惑下，这样的做法也没有得到足够的批判与抵制。

启发二：端正对修改的普遍误识

教学中，教师对“写出来的文章”很重视，而缺乏对“如何写出”的探究。针对文章的评改，大多时候像孙教授所说的那样，仅仅“指出其中的毛病”，但如何提升、修改，并未提出指导。

加拿大作家史蒂芬·平克说：“写作之难，在于把网状的思考，用树状结构，体现在线性展开的语句里。”我们读到的学生习作，就是学生思维最后展开的结果。只有对结果进行审视、重组、调整、改良，才能对提高其写作组织能力有所帮助。如果教师只在最终结果层面做评论，那就只是泛泛而谈。

有效的修改，可以从结果出发，制订实施方案：调整文章的结构，探索写作的意图，揣摩作者的思绪……修改，不能仅对语言文字予以校正，应更多针对文章立意、选材、谋篇、布局、表达方法等方面进行改良。

新课标提倡“教—学—评”一致性，也提示教师：提升写作水

① 凯利·盖勒格. 人人皆可为优秀写作者 [M]. 邓林，译. 上海：上海教育出版社，2020.

平的核心，不是对全篇的校对与润色，而是对写作全过程中各个因素的调整。这也是教师发挥专业指导作用的意义所在。最佳的指导，是新课标所提出的“过程性评价”，是融合于写作过程中进行的，是陪伴文章产出的全过程——教师和学生一起诊断写作中出现的问题，教师回应学生提出的困惑，提供修改的方法、策略，让偏离的思路重回正轨。凯利·盖勒格也认为：“比起终稿完成后才开始评估，在学生写作中途评估能更好地促进他们修改。”

在习作评改课中，面对“已经写成”的作文，教师依然可以聚焦于写“这一篇”时最需解决的问题、最迫切要实现的目标。教师可以通过写作思路讨论、表达效果对比等，引导学生实现本次写作设定的目标，借助评改获取知识，并对知识进行迁移运用，在进一步修改实践中内化知识、提升素养。

统编教科书中每一次的写作教学，都有其明晰的目的，并不是次次都在追求语言文字的优美。例如五年级上册的说明性文章写作单元，重要的目的是让学生学会搜集资料，借助资料辅助说明，同时使用说明方法恰当而准确地表达。“语句美不美”不是本单元的学习要点。相反，能查找、筛选、运用资料，借助说明方法准确表现说明对象，达到“让读者看明白”才是本单元的学习目标。在修改指导时，资料运用是否充分、说明方法是否恰当、表达是否准确才是评估的关键。

启发三：重拾丢失的美妙童心

孙教授提出的第三个原因，谈及学生作文中有“太多大人的话”。教师在指导中强调“反映客观，贴近生活”，却不懂得帮助学生“找到自己，确立主题”，这点让我们感受更深。教师作为成年人，以自己的审美品味观照学生的作文，评判过于简单、强势，武断地以“美文”为标准进行选优，可能导致儿童在表达时为了迎合标准，丢失了童心，让文字显得老气横秋。

儿童的表达具有儿童特有的世界观，携带儿童独特的发现。这样的文字中保存着儿童个性化的认识、思考和思维发现，也体现其当下的表达水平。有时候这样的结果未能被成年人理解，成年人反而以自己的观点、语言积累、认知水平等，去修改学生的作文，强制学生按照成年人接受的标准去表达，这一点尤其让人心痛。例如斯霞老师的经典教育案例中“法国阿姨是女的”，至今为人所津津乐道。当时的学生，在当时的情境中写下这句话，是儿童在那个时代的独特发现，是勇敢而直接的表达，应该优先得到尊重。

再如，在写作统编教科书五年级上册第二单元习作“‘漫画’老师”时，有学生总结老师的特点是“爱拖堂”。文中他记录了老师立场下的“拖堂的理由”，同时也提出自己的观点：“这几分钟拖延，讲课无效”“休息比持续学习更重要”。这是极具儿童观点的个性化表达。如果这些内容在修改中被替换成“理解老师的良苦用心”“突出老师的敬业精神”，强制学生与成年人保持一致的立场，必定让人遗憾。

大学教授为小学生评改作文，是一次有意义的尝试。大学教授在评改中提供的是具体可操作的方法示例，小学教师可以在阅读案例的同时，获得更多观念的更新。在落实新课标的全新教学时代，为核心素养而教，应当成为教师的共识。写作，应成为每一个学生表达自我、与人交流的学习路径，成为学生树立文化自信、提升语言运用能力、提高思维能力与审美创造力的全新平台。在教学中，教师更多地去研究儿童，探索学科教学的本质，才能让学生在学习中获得核心素养的成长。

妙招6　单元习作中“瞧不上”的这一篇，务必好好教

统编教科书五年级上册第三单元习作为“缩写故事”，整个教学过程，值得教师高度重视。

这是统编教科书单元习作中不可忽略的一次重要习作，教师务必好好教，这对学生未来写作大有用处。但大家总觉得缩写没啥好教的，因为教了之后用处不大，所以，在实践中很容易将其简化为“布置缩写的任务”“发出缩写的指令”。其实，教师也很用心，表现为不断强调：缩写要保留主干，删除多余，把原文的字数减少，把文章变得简洁。

理解不对，教学容易失效。以上做法，不是“缩写故事”的正确打开方式！倘若坚持这样教，结果只能是“会缩写的，当然能缩写；不会缩写的，只能简单乱写”，反正只要与原文对比，字数变少即可。

教师对缩写产生误解的主要原因在于，没有看清教科书编撰的意图和巧妙之处。实际上这一单元习作，教科书编者编撰得极好。

第一，符合“缩写”这一特别的写作训练项目的练习流程。如果教师理解到位且认真地解读，并按照教科书的流程执教，就可以让学生真正参与学习，学会缩写。

第二，学生所学到的不仅是“缩写”这一种写作类型，这一次写作所需的技能是写作中通用的技能。

第三，较为完整地呈现了教科书“读写结合”的编撰理念，让学生在实践操作中感受读写结合带来的互助力与结合后的合力。

一句话概括：此次写作学习的意义，能落实并让师生体验到新课标提出的“教—学—评”一致性的内涵。教师在按照教科书设计的教学路径推进时，只要实施得当，就能促使真正的学习发生。

首先，教科书中提供了学习方法。

第一个方法为摘录，就是保留文中的重点。

第二个方法为删减，就是删除文中的铺陈部分，以及各环节中重复的、对情节推进和理解影响不大的部分。

第三个方法为概括，就是用自己的话将原文部分内容进行提炼与浓缩。

第四个方法为改写，就是将原文中部分具体、详细、冗长的表述换一种形式。最为典型的是将文中的对话改为陈述。

其次，教科书中提供了学习范例。

尤其是这个范例，提供得特别好——以课文为范。这样就能让学生在之前课文学习的基础上进行缩写学习，从已知到陌生，实现读写结合，学习拓展的进程安排合理；同时，也让学生感受到统编教科书单元统整编撰的内隐特征。

教科书以《猎人海力布》的第1~4自然段为例，展示了缩写后的结果。原文数百字的片段，缩减后成为短短的百余字，课文出示范例，让学生看到学习的成果。结合着第一部分给出的方法，教学就以“见证方法的执行”“验证方法的有效”展开。

例如，缩写后的“从前有一个猎人，名叫海力布”，和原文大致相同，缩写时运用的是摘录法。又如，“他热心帮助别人，大家都非常尊敬他”，缩写时，使用了删减法。叙述海力布救了龙王之女小白蛇，小白蛇为了感谢海力布的救命之恩，送给他能听懂动物语言的宝石，则使用了概括法。小白蛇与海力布的对话，则做了改写，使之成为简要的陈述。

以课文为例，妙处不言而喻。其一，学生熟悉原文，减掉了不必要的“读原文”的学习负荷，直奔主题——专心学习缩写。其二，学生共用一篇范例进行缩写，有助于最后的效果检验与对比。需要强调的是，本次习作主题是“缩写”，不需要学生在内容上有太多自由发挥，而需要使用统一的方法，设定检验的标准，进行对比，检验出实际的写作效果。因此，选用课文为范例，是智慧之举。

再次，教科书中提出了练习要求。

示范之后，即刻练习：照样子缩写《猎人海力布》的其他段落，把课文缩写成一个简短的故事，也可以选择其他民间故事进行缩写。

教科书中提出要求——对《猎人海力布》全文进行缩写。当然，也可以选择其他民间故事进行缩写，基于之前的示范，依然推荐选择《猎人海力布》作为缩写对象，更有助于最后的效果呈现和检验。

最后，教科书中提供了评估标准。

教科书中的表述：缩写完成后，与原文比较一下，看看故事是否完整，情节是否连贯，语句是否通顺。

缩写的三个评估标准也随之明确。其一为完整。不少教师认为，缩写就是大刀阔斧地删减，然而情节缺损并不是缩写优质的评价标准。其二为连贯。经过删减之后的重新组合，各部分可能会出现“断档”，是否连贯也就成为缩写的评估标准之一。其三为通顺。缩写最为突出的评价标准，莫过于此。缩写，要有简洁之美，才算是达到缩写的目的。

拥有了评估标准，再与之前的教与学相对照，让学生按部就班地参与，能较为扎实地达到新课标中的“教—学—评”一致性的要求。

具体教学时，我们可以在学生完成缩写初稿后，让学生与原文进行逐一比对，同时批注——“此处使用了某方法”。即对比缩写的文章和原文，在原文中有改动、有删减的地方做批注，写下具体使用的缩写方法。这样做的意图是让学生明确自己在缩写时究竟“做了什么”，究竟是“如何做的”，让方法的运用再一次得到认定，让方法的习得再次得到巩固。

巩固方法到底有什么用？

方法得到巩固，才能迁移运用在其他的写作学习中。本次学习，学生除了掌握四种缩写方法，更有意义的是获得写作的通用能力。例如，缩写前读懂原文，是写作中必须具备的理解力；处理原文，使用缩写方法进行缩写时，锻炼的是学生对素材的选择力、加工力；缩写时的语言表达，是写作中可贵的清晰、简约的表达力。

不仅如此，本次的单元习作，教科书的设计流程清晰，提供的方法明确，教学的效果可判。这样严谨、合理、科学的写作学习经历，还将为学生之后的学习带来重要的观念转变——让思维得到整理，让储备的知识和能力更能有效运用。

之前的写作教学，我们强调的是写得多、写得美，忽略了对写作方法的总结与归类，也不是很在意写作方法的选择与调用。大多数时候，我们主张让学生用比喻、拟人、排比、夸张等修辞手法，对文字进行美化。这一篇如此，下一篇也一样。至于说不同类型的作文中到底要运用什么方法，或是不用什么方法，方法使用后效果如何，往往是含糊不清的。

而这一次的写作教学，让模糊的变得清晰，让不明确的变得明朗。

学习科学让我们知晓——人的大脑就像一个衣橱。思路清晰的大脑，就像经常整理的衣橱一样条理分明；思路含糊的大脑，就类似混乱不堪的衣橱，什么都叠放在一起。要想让大脑从含糊变得清楚，就需要将凌乱、庞杂的知识、技能进行归类整理，正如新课标中强调的“梳理”。此次写作学习，有强烈的梳理、实践的意味。经过梳理后的大脑，就像整理后的衣橱，能容能取——往后学习中，需要什么，可以直接调用；缺少什么，可以立刻补充；多出了什么，变得一目了然。整理之后的知识和技能，更有利于使用，能发挥出更大的功效。

“给出方法—做好示范—开展练习—进行评估—自我比对”这一流程，就是清晰的学习路径，也是新课标中“梳理与探究”式学习的最佳范本。单元习作中“瞧不上”的这一篇，好好教，大有用处。

妙招 7　范例中出现反例是否合适

教科书中的范例都是精挑细选、极其规范、极具示范作用的。单元习作中出现的范例，个个是万里挑一，可以被师生反复聚焦、分析、模仿。

特别是统编语文教科书中的范例，经过编者千锤百炼、精挑细选，按理说找不到瑕疵，然而……

统编教科书六年级上册第七单元习作“我的拿手好戏”中，教科书提供的范例是一个写作提纲。提纲中展示的是“三招挑西瓜”这一拿手好戏。编者明确地列出了《三招挑西瓜》的写作提纲，其中要具体写的是郊游时挑西瓜、吃西瓜的趣事：我用“看、拍、听”三招，挑了两个西瓜。第一个西瓜挑得好，第二个西瓜却没有熟。范例中提示：我很尴尬——拿手好戏演砸啦！

范例是写作提纲，言简意赅，出示的“具体写”的部分有两个案例，一个成功，一个失败，失败概率高达 50%。这不禁让人产生疑问：都“演砸啦”，“拿手好戏”还算是“好戏”吗？或者说：“演砸啦”的案例，是否能够作为范例？一线教师针对这个问题，产生了激烈的讨论。

支持方认为：这是一种幽默的表达，是一种自嘲，同时也避免学生在写作中变得更加自满；毕竟写的时候会产生一种错觉——自己“封神”了，好戏到了“天花板”级别。这种中庸的思维、中和的论调，在讨论中支持着这一反例的存在。

反对方认为：从写作指引的功能看，至少在以下三个方面，反例占据 50% 的比例是不适合的。

1. 从审题角度看，反例与“拿手”不符，对选材构成干扰。

“拿手”，应该是擅长、成功率高、得心应手、十拿九稳的。“拿手”加上“好戏”，那就是指最擅长的“绝活”。学生的绝活各式各样，只要是自己擅长的就行。因此，文中的提示也出现了吹口哨、玩魔方、钓鱼、做标本、捏泥人、变魔术等绝活。从这个角度来看，如果挑了两个西瓜就失败一个，这绝对称不上“拿手好戏”，而是尚未成熟的“小把戏”。

如果是这样，那么第一次挑的好西瓜纯属偶然，因为成功的概率只有 50%。挑西瓜，确实不是“我”的“拿手好戏”，因为不符合作文题目的规定。

2. 从导向上看，反例容易引发学生误判，造成写作路径偏移。

学生很喜欢新鲜奇特的案例，和正向例子相比较，反例更容易引起学生关注。学生会觉得失败了、演砸了的事物，很好玩儿、很新奇。在这样的刺激下，大量学生倾向于模仿写反例，写失败的案例，让自己显得幽默、活泼。这样一来，整个写作导向就偏离了正轨，产生了反面的影响。

这不是危言耸听，因为这是教科书中的范例，大部分教师是照这个路子来教的，大部分的学生是按这个路子来写的。在导向上如此明显的 50% 的失败概率，应该会产生较为重大的影响力。

3. 从写作效果上看，反例运用稍有不当，容易消损写作效果。

本单元的写作目标为“写自己的拿手好戏，把重点部分写具体”。从教科书提供的范例看，“挑西瓜”的过程，就是具体写的部分。这部分以 50% 的失败率构成，如此一来，到底哪个是重点，已经造成了混淆。倘若学生学习作文范例，发现可以写反例，于是在写作时重点、具体地针对反例进行叙述，即便写出了幽默、自嘲的效果，读者也无法判断这是不是作者的拿手好戏。

照这样说，作文中不应该有反例出现吗？当然不是。

20 世纪 80 年代，德雷弗斯就提出了技能获取模型，把能力水平分为新手、高级新手、胜任者、精通者和专家五个层次，每一个层次都有相应的判断标准（图 7-1）。虽然德雷弗斯模型的主要研究对象是技能型人才，但在很大程度上揭示了一个人技能掌握程度的发展过程。叶圣陶先生明确提出“写作即技能”的观点。来自美国的创意写作学习体系已经通过大量实践证明——写作就是一种可以在刻意练习中提升的技能。因此，借用德雷弗斯的技能获取模型，我们可以判断：作文写作技能发展也需要经历不同的阶段。

图 7-1 德雷弗斯模型

在写作“我的拿手好戏”时，按照德雷弗斯模型的标准，大部分学生的“拿手好戏”，应该处于“新手”“高级新手”“胜任者”水平，“精通者”寥寥无几，更不要说“大师”了。所以，从这个角度看，学生在写“拿手好戏”时，写反例几乎成为必然。因为反例在现实中出现的概率真的很高。同时，书写反例也有助于学生进行自我反思，看到自己的问题，让“拿手好戏”真正得到进步。

问题集中到教科书如何修订这一范例上。

如何运用反例，让其发挥作用，促使学生从新手变成大师？只需在提纲中增加一个部分——“反思和重建”。

例如，第二次挑选西瓜，挑中的居然是没熟的。紧接着提纲应该追加出示："我如何发现问题，和大家交流、分析原因。"即便没有写挑第三个西瓜，也要写反思的经过，要找到原因，要继续获得进步。除非不写，只要写了反例，就要加上对反例的反思。加上了反思，反例也就具备了引导成长的正能量。同时，这个部分真正成为"最具体"的核心写作环节，有利于写作目标的达成。

再次检视写作的效果。写增加了反思后的反例，更加符合文题立意，所选择的素材构成了"拿手好戏"更为合理的组成部分。"拿手好戏"，不能仅停留在实践层面，还要"知其然，知其所以然"。要懂得道理，要掌握规律，还要运用规律进行改进。反思，促进后续一系列动作的完成，证明了作者真的是"懂行"的人。

增加了反思部分的写作，从效果上让表达更加有逻辑，让思路更加缜密。可见，教科书中的范例出示，需要更为谨慎。教科书的编者是非常认真的，但还需要广泛听取一线教育工作者的意见，因为从实践层面更能发现问题，从不同的角度去审视有不同的结果。

以上分析仅供参考。写作是灵活性很强的技术活，需要万分小心地对待。

妙招 8　好作文，不是简单夸出来的

好作文怎么来，每个人都有话说。有一种观点比较流行：好作文是夸出来的。只要在学生写作时给予奖励，给予夸奖，必定能促使好作文的诞生。在否定性评价依然盛行的今天，这个结论感觉上是对的，也应该是对的，但究竟正确与否呢？

我不由得联想到日常课堂教学。当儿童写出一篇精彩的习作时，哪怕其中仅有只言片语值得欣赏，教师都会毫不吝啬地夸奖："真棒！""太好了！""精彩！""妙语！"……简单的夸奖，是教师最常用且最擅长的现场评价方式。其实，在每一个教学现场，我们都没有追加关注：这样的夸奖是否有实效。我们习惯根据经验判断"会好起来的"。有时候，我们更希望在集体写作中，通过夸奖产生竞争效果，来激发学生的写作创意。殊不知，这种做法导致的结果，是与我们的初衷背道而驰的。

美国学者习惯把结论建立在实验基础上。《课堂中的创造力：充满好奇和愉悦的学校》（第 4 版）这本书中记载了由美国心理学者做的相关实验。本书的作者是阿兰·乔丹·斯塔科，美国东密歇根大学教师教育学系的教授。她原先是小学老师，现在是一位专职儿童教育研究者。这样的经历使得她的学说有了与一线教师相同的经验色彩，同时还具有学理依据和实验数据支撑。书中，她直接阐述了经由实验得出的观点：评价，直接扼杀了创意。如果写作追求的核心价值是表达的创意，那么简单的鼓励将让创意荡然无存。

书中列举了心理学家的实验。儿童用马克笔画画，同时被承诺完成画作后将得到一个奖励。另外一个对照组没有得到任何承诺。实验结果是，那些被承诺得到奖励的儿童，并不比没有被承诺得到奖励的儿童画得更好。原来，一旦儿童因为奖励去作画，他们就几乎丧失了对作画本身的兴趣。在这种情况下，绘画本身没有什么价值。学习心理学者给出了如下解释：支撑一个人的学习兴趣、决定学习效果的是动机。动机分为内部动机、外部动机两类。其中，内部动机就是创造力的原动力，非常有助于创造力的产生。而带有极强控制性的外部动机，则容易损伤创造力。这一实验结果可以解释为什么给奖品、给夸奖，不能带来更为优质的创意性表达。写作本身就是一种创造，创意是写作的灵魂。儿童写作的创意依靠个体写作的内部动机。写作是将自己内心的言语转化为文字发表。内部动机的强或弱，通过写作达成的交际、交往的意愿有多强，直接影响表达效果。而外部动机并非完全无效，也会起到一定的控制调节作用，例如写作中的环境因素、各种奖励刺激等。当外部动机对儿童的写作控制力度加大的时候，实际上产生的不是创造力，而是影响。这些影响可能会对单纯的内部动机构成干扰，抑制了纯粹的写作创意的发生。也就是说，当你的小孩为了获奖、为了获得表扬去写的时候，注意力更多地转移到表扬上，而不是写作本身。

“为了得到表扬”原本也并非坏事，但长期如此，习惯如此，会形成隐蔽却不可忽视的问题：对写作的认识偏差。为了获奖、表扬而写的语篇，本身写的意图就被扭曲为“讨好”“取悦”“迎合”。如果要“讨好”的这个人是老师的话，就是为了老师而写出假话作文。教学不当产生假、大、空作文，根源也许就在于此。《课堂中的创造力：充满好奇和愉悦的学校》（第 4 版）一书中，还详细记录了心理学家的深入研究：外部评价会使个体建立起某种“心理防御”，心理防御带来心理安全感的缺失。然而，创意产生依赖于安全的学习体验。学习者心中感到安全时，才能放心、大胆地去写。① 难怪，风靡美国的“头脑风暴”构思法中，在“头脑风暴”的结论出现后，处理的第一原则就是不予评价。不评价就是最好的评价，最有利于促进创意的产生。

我知道，大家很难接受这样的结果，内心早就习惯给小孩鼓励、夸奖，已经认定这是有效的。我也知道，语篇写就后，不做任何评价或者给出“差评”，更是杀伤力巨大的错误做法。

我们该怎么办？我们可以改变评价策略。

尽量减少“做得好”“写得棒”“你可以得到一块面包”这样的确定性、终结性的评价，改用“描述型”“指示型”的评价，让评价给写作主体带来思考，用评价再次激活写作主体的内部动力。举个例子，与其表扬儿童“写得好”，不如告诉他：“我今天看到你的作文模仿了课文中的句式，这样的模仿是有效的方法。除了本次写作可以这样做，其实，你也可以把这种方法更多地用在别的作文中。”在以上这句评价中，教师首先描述自己的所见，与学生进入了同一事件时空。紧接着，教师对学生写作中运用的方法表示认同，这是对“方法”的认同，而不是停留在本次写作已经完成的“结果”的认同。描述教师自身的见闻，有具身体验，带给学生信任感，让他发现评价者是关注自己的；认同方法，指引学生也关注作品本身，关注“怎么写”。最后，教师指示“今后你还可以这么做”，让被评价的学生看到可行的方向，拥有了可发展空间。

① 阿兰·乔丹·斯塔科．课堂中的创造力：充满好奇和愉悦的学校[M].4版．王贞贞，窕小燕，李萌，译．成都：四川人民出版社，2016.

还有一种“置换型”评价，也相对更能促进儿童生发创意。例如，当一个孩子写出好作文时，教师可以告诉他把作文张贴在教室里，让更多人去欣赏，还可以告诉他，班级的图书馆将更长时间地为他开放，一次性借阅书籍的数量能够更多。将简单的物质奖励置换为另一种时空权限，潜在作用就是引导儿童继续专注于写作本身，激励带来的结果，依然服务于写作能力的提升。还有一种置换，更让人感动且极为有效。在学生的语篇创意非常让人欣赏时，教师可以鼓励其将文字输入电脑，在教师的博客或者班级交流群中发表，或者推荐给杂志。我们只知道发表对儿童写作的激励作用最大，但是我们不知道发表带来的激励作用是如何产生的。原来，发表也是一种评价。这种评价代替了简单的“好”与“不好”的定性、定论评价，将其置换成另外的“展示空间”“展示方式”的变化，同样也指引儿童将注意力集中在文字本身。教师的博客带来的信任感、安全感无疑是最具实效的，教师与学生产生“共情”作用，表示“我完全认可你”“我的空间允许你进入”。让学生在集体的关注下呈现自我，也能促进其本人关注语篇质量，激发修订行为的自觉性：“好东西才分享，不够好的要修改。”发表后，个体还要争取推广、分享、解释、说明，为了做到“下一次继续发表”，需要不断努力。在“观众效应”的作用下，一切激活都指向写作者，因为他发现要面向最为熟悉的“大众”，不能马虎。

心理学家罗杰斯说，教学就好像农夫播种。儿童写作就像一颗种子，教师就像农夫。农夫不能期待对种子说“你长得真不错，你长得好看”，就能换来种子的成长。农夫要想办法让种子的内部发生变化。外部的改变，终究要触发内部动机才能生效。所以，请不要以为好作文就是通过简单的夸奖得来的。

妙招9　教什么，学生就变得不喜欢什么，怎么办

教什么，学生就变得不喜欢什么，真有这回事儿吗？从现实情况看，的确存在。

在日常教学中，教师经常发现一种怪现象：教了什么之后，学生就变得不喜欢什么。很明显，入学前的幼儿，是善于说话的，是可以交流的，是喜爱表达的——尤其是表达，特别自然流畅，见到什么，拿起笔就画；见人就说，且没完没了。

进入小学，经过课程化学习，学生就变了：说话时语意不清，交流时局促不安，表达时畏首畏尾。为什么经过了教学，学生的表现不进反退？

关注教学实践过程，研究教师的教学方法，我们可以发现，原因大致有两方面。

原因一：过于着急要结果，希望学生尽快达成“心中期待的样子”。

“心中期待的样子”，就是学科教学理想的状态。教师希望学生尽快提升，对成长的过程缺乏充分考虑。然而，进步需要经历过程，提升需要逐级迈上台阶。在每一个应有的提升阶段中，因为达不到预期，给予学生的可能就是“差评”。没有人能够在“差评”中坚持进步。不要以为教师口头上说的“你真棒”，学生会当真。廉价的表扬听多了，学生会觉得烦，感到假。

原因二：给予的方法和辅助，与学业进步的路径不匹配。

我们经常教给孩子这样或那样的方法，总以为学生有了这些方法就能够进步，但实际效果并不如人意，问题的关键在于，教师所给的方法和学生在这一学习领域中进步的路径不匹配。此时，方法就会产生反效。

以作文教学为例，著名教育学者顾黄初先生就提出“半截子作文教学”的理念。顾先生说：我们所教给学生的写作方法，和文章产出的流程是不匹配的。因此，学生学的都是半截子的作文。这样的“半截子作文教学”几乎是常态，自然就造成不良的后果。例如，学习口语交际，原本学生可以“逢人语自新”，但学生经过严格的“讲礼貌”训练后，每与人交谈，必要问候；每交谈结束，必要说谢谢。这与日常会话实际情况不符合，参与口语交际训练后，反倒让熟人之间变得生疏。

再比如学习写作，不断让学生制造美文。例如：让学生套用修辞硬写，只要是句子，都可以变成比喻句；指导学生用“写冷不用冷”“写笑不用笑”“写什么不用什么”的古怪方法来编造；举着“运用积累”的旗帜，强制学生在作文中添加成语、古诗词等，对文章进行“美化装修”；好好的句子非要排列成诗，简单的表达却非要添加内容拉长……无病呻吟，生搬硬套，方法的套用在短期内产生了立竿见影的效果。刚开始，学生看到文章的改变会有欣喜感，但这些简单粗暴的“伪方法”终将成为“噩梦”，成为学生真正走上写作之路的绊脚石。

就这样，教什么，学生慢慢地不喜欢什么了……

不喜欢，是问题的关键，解决就从喜欢入手，重新唤起学生的热爱。缺少热爱的学习，只会培养拥有惰性思维的人形木偶。学习有“热爱”的促进，也就成功了一半。

以统编教科书五年级下册的半命题习作《他____了》为例。教师如果不激活学生的热爱，学生就只能僵化地写“他怎么了”，写的过程中，生硬地使用比喻、拟人、夸张、排比等修辞手法，描述出“他到底怎么了”。其间夹杂着似是而非的，甚至比较“雷人”的关于外貌、神态、动作的描写，还会出现在正常交流中不曾出现的语言描写。这些煞费苦心“憋”出来的文字，就是为了表现出“他怎么了”。整个写作过程让学生感到压抑，索然无味，学生写成的文章也没有传播价值。退一万步，即便单从“训练”的角度看，学生所练就的也恰好就是“如何造假”。

从“热爱”的角度重构，可以在教学中让学生获得真切的体验，学生参与的写作经历是长期有效、可持续发展、可迁移的。具体来说，要让学生产生“热爱”，教师可以从三个方面入手。

1.“热爱”源于对目标的明确理解。

本单元学习目标是“尝试运用动作、语言、神态描写，表现人物的内心”。学生明确这一目标之后，需要优先补充好题目——“他____了”。这里需要填补的就是人物的内心，例如：“他崩溃了”“他失望了”“他欢喜了”“他兴奋了”……人物的内心感受应该成为标题中的核心关键词，也是本次写作的目标。

写作实践，就是通过描写去展示“他”的内心世界。学生有了明确的目标之后，才能激发抵达目标的动力，才能对目标展开主动的追逐。写作如同游戏，有“热爱”就有动力。

2.“热爱”需要生成达成目标的方法。

教师的两年教学导致没有“热爱”的写作。教师教得异常简单——发布命令之后，学生自由写。上课后，教师会交代说：“请大家仔细描写人物的神态、动作、语言，展示人物内心。”这段指令并未给予指导，指令中不提供任何帮助。要知道，指令发布，对于会写的学生而言没有意义，他们依然会写；对于不会写的学生，不但无法产生辅助作用，而且会将其逼向抄袭之路，这也是“优秀作文选”等大行其道的原因。

“教”不能在“学”的过程中缺位。教师需要给予有效方法，帮助学生解决问题，激发其体验成功，“热爱”也由此产生。以本案为例，教师可以提供三类辅助。

第一类：辅助学生优先构思事件。教师指导学生构思整个事件，将事件作为写“他怎么了”的平台，借助一件事，让“他”置身于事件中，产生内心体验、感受、情绪等。优先构思事件，让内心情感成了有源之水。

第二类：辅助学生设计写作内容。要想突出展示“他”的内心世界，就要注意合理安排写作内容。在事件的起因、经过、结果三个环节中，设计并突出哪些方面的写作能够更有助于体现人物内心，教师应予以指导。

以写一个同学通过练习百字作文而获得写作上的进步为例：在事件的起始阶段，可以通过这个同学“看到作文就头疼”的神态描写，突出其对作文的畏难情绪；在练习进行阶段，可以写他写作时的动作、与同学的对话等，此时，动作和语言描写就成了重点；到故事的高潮部分，写这个同学的进步，可以着力描写人物的神态、语言，例如，写他因为进步而发出的欢呼、呐喊、自言自语等，还可以写其夸张的动作，体现人物的内心。不同阶段，写不同的内容，构思先行，成为写作保障。

第三类：辅助学生安排写作序列。不要总是从开头写起。教师可以让学生先试写全文最核心、最需要辅导的片段。例如，当堂优先写练习百字作文的过程，写到“他”的动作、语言、神态等。将最复杂的部分提前写，教师主动介入，协同攻关。学生在教师的辅助下，更容易突破难点、体验成功。

学生写完核心片段后，再写事情的开端和结尾等其他部分。科学的教学流程设计，能够带来成功体验，能够激活“热爱”。在这个过程中，教师还可以指导学生回顾本单元课文的写法。例如《军神》一课中的人物对话，刘伯承的话少，几乎没有提示语，而沃克医生的话前都有提示语。这样的“繁简对比”，可以借鉴。手术过程中刘伯承忍受剧痛时的动作细节刻画等，可以模仿。教师指导学生温习之前所学，将其主动运用在当下的写作实践中，借助读写的融合，让“热爱”持续升级。

3.“热爱”生发于写作过程的师生相伴。

在写作全过程中，教师不能坐享其成。在学生写作的全过程中，师生应当共同参与。教师时而提供方法，时而给予评价，时而满怀期待进行鼓励，时而针对问题一起讨论，协商解决。教师的参与状态，能够让学生感到安全，更加自信。“热爱”在相互携手同行、师生相伴中变得更加浓郁。而学生也需要这样的陪伴，写作课程是育人的课程，是促进生长的课程。学生需要得到辅导，教师在课程中也应有“学伴”的姿态。

反复阅读上文案例，我们可以发现：只要教学方法得当，学生就能够热爱写作。每次的成功体验，都能够让学生的热爱加深一层。教什么，学生就不爱学什么，问题出在教学中，也在改变教学方式、改进教学理念的过程中得到解决。

妙招 10　教学写作，给“命令”还是给“诱惑”

新课标在“表达与交流”的目标中，非常注重“自信与快乐”的信念建设。三个学段的表述都涉及“自信与快乐”，让这一目标有着清晰的发展脉络。

例如：第一学段要求“有表达交流的自信心”；第二学段要求最详细，表述为“乐于用口头、书面的方式与人交流沟通，愿意与他人分享，增强表达的自信心”；第三学段依然强调“乐于表达”。可见，“自信”“快乐”是一以贯之的核心理念。

值得思考的是，为什么新课标如此重视自信与快乐，而到了第三学段五、六年级时，大部分学生在“表达与交流”中不再感到自信与快乐？一年级入学时的这份感觉，何时丢失的？如何丢失的？为何丢失？

思考这一问题前，先看一个民间故事吧。

> 一个农夫有个非常懒惰的儿子，儿子不愿意种地。农夫临死之前告诉儿子：“你好吃懒做，将来生活没着落要饿肚子，我提前埋了一笔财宝在田里，但我忘记埋在哪儿了，你把它刨出来，将来生活就有着落了。”
>
> 农夫死了，儿子只能自己求生存。从来没干过活儿的他，每天挥汗如雨地在土地里翻找，直到把地都翻了一遍，也没找到什么财宝。

看着被刨过一遍的地，农夫的儿子决定干脆种上粮食，要不然地也白翻了。到了这年秋天，粮食丰收，他才意识到父亲说的财宝其实就是这些粮食。

其实，每一个人本质上都是“懒惰的儿子”，经过指引才能开始做真正有价值的事情。这个故事对教学也具有极大的启发。以写作教学为例，故事让我们发现：学生不喜欢写，甚至畏惧写，也许教学中的方法失当应承担相应的责任。同时，故事也让我们寻找到了突围和改进的方案。

其一，给命令，不如给诱惑。

故事中的农夫，给了儿子一个诱惑。尽管这个诱惑是虚无的，也足以激发儿子的行动力。写作教学中，教师给出的大多是命令。命令，带有与生俱来的强制性，似乎与诱惑天然形成对立。

如统编教科书四年级上册的单元习作“记一次游戏”。按理说，学生很喜欢这次练习，但给了命令后，情况就大不一样了。教师根据教科书的提示，命令学生思考：游戏前你做了哪些准备？游戏中你做了什么？印象最深的是什么？游戏后你有什么想法？教师指示学生把这些问题想清楚，然后写下来，给作文拟一个题目，反映出自己的感受……

如此连珠炮式的命令发布后，即便游戏再好玩，对于学生而言也是噩梦。写作，变成了按题作答，学习陷入被动，游戏中产生的快乐消失殆尽。

反过来，教师可以给学生一个诱惑。例如这样教：我们要记一个游戏，看看谁记录得清楚，我们就按照他所记录的游戏玩一玩。要想玩得出彩，需要大家努力写清楚游戏前要准备些什么，游戏过程中的注意事项是什么，这个游戏能够给我们带来哪些快乐或者启发……

你发现了吗？要求没有变，但整个教学放置在“要玩游戏”的情境中，写作成了“为了玩好游戏，我要写出指南”的任务。玩游戏成为目的，更准确地说，成为诱惑。

在诱惑的驱动下，学生能尽力去写出这个游戏，尽可能清楚地记录游戏的过程，分享游戏中的感受，会更加乐于参与。从这一转变看，教师应该有故事中这位农夫的智慧。

其二，放手很重要，写作中的自由度把握是关键。

写作课上，教师的责任心是值得肯定的。不少教师非常担心学生写不出，丝毫不敢放手，具体表现在两个方面：第一，要求提得又多又细；第二，范文给得极其完美。

尤其是范文，严丝合缝，精彩绝伦，从范文中提取的一个又一个方法，学生直接套用就可以完成习作。从本质上说，这样的示范就是拘束，学生写作不动头脑，直接对范文进行“洗稿”即可——替换一些文字，加入自己的些许内容，按照范文的句式和结构，第一句写完写第二句，第二句写完写第三句……模仿范文写完了，也就完成了习作。

没有自由，没有放手，学生哪来的喜爱？

还是以“记一次游戏”为例。课堂上，教师先让学生玩玩游戏，然后再写写游戏，可以达到不教而会的目的。“玩”就是“教”，“玩”要有“教”的意识，可以分两个阶段进行：

第一个阶段：自由玩，完整走一遍游戏流程。第二个阶段：暂停玩，即再玩一次，但在游戏的不同环节暂停，学生及时记录游戏的过程、感受，以关键词记录游戏中的细节，这样有助于写清楚，也化解了“通篇写，一次性写完全篇”的难度。

更重要的是，让学生参与体验后写作，给足学生实践的时间和机会，也就给了学生体验快乐的可能。没有一种方法可以写出所有的游戏，不同的游戏有不同的写法，学生需要在自由且有序的实践中，自己梳理、表达。这不正是写作教学需要承载的吗？

刘易斯·卡罗尔在《爱丽丝梦游仙境》中说：“如果你都不知道自己想去哪里，那么走哪条路也就无关紧要了。”所以，要让学生自己“走几步”，或者“跑起来”，释放他们的灵性，写作原本就是创造性的行动。

在《何捷老师的游戏作文风暴》一书中，我整理了近30个类似这样的课堂实录。这本书出版于多年前，至今还有不少教师借鉴其中的做法，相信大家还有印象。同时，在《作文游乐场》这一系列图书中，我整理了可供参与的近300个课堂习作小游戏，相信对教师执教和设计能提供帮助。此处希望表达的是，在“玩＋学”这个教学模式上，我们提供的改良方法，是经过量性研究的。

其三，通过写作教学，学生到底获得的是什么？

答案并非你想象的那样简单。但确实有不少教师认为，教学写作，就是为了让学生写出一篇作文。因此，教师对学生最后写成的作文异常关注，几乎到了吹毛求疵的地步，尤其表现在精心修改上。

回看那个民间故事吧。故事中说，翻地后，儿子发现地可以耕种，然后收获粮食。粮食的收成只是“附加值”，付出辛劳的过程中，观念的改变和产生的灵感，这才是最核心的收益。

再看写作教学。学生通过写作学习，获得知识、形成能力、掌握策略并培植热爱写作的意识，养成动笔写作的习惯，难道不比写出一篇作文的价值更大吗？在课堂上、在教学中，教师是否更应该注意让学生掌握一些观察的方法、写作的技术，更多参与快乐、自由的写作体验，形成对写作的正确认识？

最可怕的就是急于求得写作的结果，而我们恰恰是这么做的。所以，学生为了提供教师认可的作品，也努力制造了教师想要看到的结果，于是一切都扭曲了。

修改，原本是挽救作品的“最后一根稻草”。但我们常用成年人的视角对儿童作品进行批判，或提出过高的要求：要用比喻、拟人、排比、引用古文……改得那样成人化，让修改异化为拥有统一的“格式”，学生怎么会喜爱？

所以，当我们发出“修改自己的作文”指令时，学生做的，总是在自己的作文里加入比喻、拟人、排比、引用古文……

写作教学中，到底是给“命令”还是给“诱惑”？这一问题根本上是在追究写作教学中教师持有的立场究竟是什么。对此，故事给我们带来了启发——教师持有的立场应然是儿童立场，必然是儿童立场。

写作教学中的儿童立场，就是让学生真正经历关于写作的实践，获得写作学习的历程；让学生通过写作活动，获得学习力的提升，教师以儿童的视角去审视儿童的表达，去欣赏儿童语言中的智慧。

故事中的农夫如果泉下有知，也会欣慰地笑起来，因为他的儿子有了能力，尝到甜头，能自食其力了。希望现实中的学生在写作教学中也能充满欢乐，希望教师能读到此文，改变教学观念。小学六年的写作，真的不在于写出多少好作品，而在于培植能持续终身的写作习惯，形成真正的写作素养。

妙招 11　靠感觉，写“套话”式评语，学生作文真的很难进步

一个学期下来，不少学生发现：作文写了不少，但进步并没有来临。

“没有进步”的感觉教师也有。语文教师都觉得自己在作文教学上付出了很多努力，特别是习作的批改，让自己费尽心力；批改后，还要写下各种各样的评语，真的让人头疼。从教学常规检查的角度看，评语目前几乎是检查唯一的依据——不写不行。

写得如何，就是关键了。人工写的评语，很容易陷入无效的尴尬境地——写了没有用。

早在 1985 年的《心理学报》第一期，就有学者指出：人为评价作文，效果不佳。①

人为评价的结果存在普遍的差异性。不同教师的评价自然不同。同一篇作文评价的差异，普遍存在。这也就是为什么对作文的“估分”是一件极为不确定的事。

不同的外部因素都会对评价结果造成影响。影响可能来自意想不到的地方。比如说，评价当天教师的心情、评价时的办公环境，甚至窗外的天气，都会带来影响。

评价者的文化差异也会造成评价结果的不同。教师读什么书，喜欢什么样的风格，对哪一种文风有偏爱，都会让评价产生各种结果。

---

① 黄煜烽，吴承红，启扬．作文评分中主观性问题的研究 [J]. 心理学报，1985(1)：46–54.

其实，还有一个更为重磅的影响因子——中小学评价的核心依据不同。

小学的评价，教师的“感觉”占据很大成分，评分的一刹那，就起到决定因素；中学的评价，根据量化的标准是常态，套用标准评分，时间久了也会流于形式。而学生的作文到底好不好，中学教师更有话语权。小学写了不少作文，到中学依然感觉“不会写”的，大有人在。

可见，中小学写作教学的接轨，是个问题。然而，接轨的重要性人人皆知，但中小学对作文的评价标准依然各行其道，一时间还无法达成共识。要知道，中小学使用的是同一套课程标准。

如何通过作文修改，提升学生的写作能力，让其获得真正的进步？教师在这方面可以做的有哪些呢？本文分享的建议如下。

建议 1：指导学生建立“常见问题清单”

教师可以指导学生搜集自己日常写作中的常见错误，列出清单。

例如，建立个人“常错的词语表”，列出自己常写的“老掉牙的修辞句”，写下自己曾遇到的写作“大困难”“大问题”等，在以后写的时候参考，并在每次获得教师的评价后，增补这张清单。

这种做法能让学生清楚地看见常见的错误，同时也给学生一个方便的工具，帮助他们在写作时关注这些错误。错误之所以能来“捣乱”，就因为隐藏太深，而一旦公之于众，错误也就迎来“末日”。同时，教师定期检查这张“清单”，也能掌握最常见、最典型的写作问题，提升自己的执教能力。

建议 2：区分文体，采用专项评价

不少教师一学年中写下的作文评语，几乎都是类似的，诸如“文句优美、中心明确”；有时还会来几句俏皮话：“继续努力哦！”“不错啦，加油！”“棒棒哒！”这样的评语，写就是浪费时间，看也是消磨意志。即便有鼓励的成分在，但教师常年用这样的方式鼓励，鼓励效果也会渐渐消亡。

实际上，文体不同，评价自然应有所差别，这是常识，但由于有的教师长期缺乏对作文的研究，所以常识也渐渐被忽略，评价陷入无意识的状态。

第二个建议正是针对这一现象，提出要区分文体，采用不同文体应有的专项评价。例如在弗里德曼（A. A. Friedman）的《写作与学科评价评估》一文中，关于某一类实用性文体写作的评价，设计了如表 11-1 的等级。等级表中分为三个板块，每个板块针对这一文体写作的需求和特征，设计四个档次。没有宽泛的评估，只有对应的条款。这样既减轻教师负担，又使得评价结果具有参考价值，能促进学生在这一类写作中获得水平提升。

表 11-1　文章的科学知识等级①

板块	档次
背景信息部分：为不熟悉内容的读者提供上下文信息 得分：	4. 提供的额外的重要背景信息准确、和主题相关
	3. 提供的重要背景信息准确、和主题相关
	2. 提供不重要背景信息且不准确、和主题无关
	1. 几乎不提供准确的、和主题有关的背景信息

① 魏姬·厄克特，莫内特·麦基沃．教会学生写作 [M]．晋学军，译．北京：教育科学出版社，2008.

（续表）

板块	档次
支持性段落部分：作者对概念和过程完全理解，能够解释术语，为支持上述见解和为不熟悉内容的读者提供准确的、相关的和完整的证据 得分：	4. 准确限定和解释所有必要的术语
	3. 准确限定和解释几乎所有必要的术语
	2. 准确限定和解释某些必要的术语
	1. 几乎不限定，也没有解释必要的术语
写作技巧：正确使用语法、标点符号、拼写和引文 得分：	4. 按要求使用全部语法、标点符号、拼写规则，正确拼写所有科学术语
	3. 按要求使用大部分语法、标点符号和拼写规则，正确拼写大部分科学术语
	2. 按要求使用部分语法、标点符号和拼写规则，拼写的科学术语部分正确
	1. 几乎没有按要求使用语法、标点符号和拼写规则，科学术语拼写几乎都不正确
优秀 =4，良好 =3，及格 =2，不及格 =1　总得分：	

建议 3：教学时，即开始研制评价规则

新课标提倡“教—学—评”一致性，在写作教学中也应得到落实。在设计教学时，教师就应该和学生共享本次写作的目标。围绕这一目标，师生共同知晓评价的标准。学生在写之前就可以明白：需要写成什么样？达到什么标准？合格是怎样的？优秀是怎样的？

心中有目标，特别是有评价的标准，学生在写的时候就能够有意识地趋向标准去写，本次的练习才能产生效果。认识这一点的前提是教师和学生都知道，每一次写作并不是为了追求华丽的文字，

也不是为了写出一篇文章，而是为了实现目标。写作，是为实现目标而进行的学习活动。

规则的研制，可以分步执行，和教学融为一体。

第一步：设定本次写作的学习目标，检查学习目标和当前写作任务的目标是否一致。这一步意在确保最后的评价结果能够指向目标，并与实际教学相一致。

第二步：设计环节，确保学生在写作过程中能够看到设定的目标，明确本次写作的特征、技能、行为，回避不希望看到的错误。

第三步：和学生一起，或者由教师单独进行，确定出好、中、不好三个级别的评价标准。

第四步：适当地对标准细节进行描述，特别是对最高级别和最低档次的特点进行描述。

第五步：开展写作，进行学习。执行标准，施以过程性评价，及时提供反馈，让学生及时修改。

以上三条建议，执行起来会遭遇的最大困难，莫过于改变教师本人的原有认识。要改变自己一贯的做法，绝非易事。但实践的脚步必须迈出，这样我们才能在数次尝试后渐入佳境。

妙招 12　口语交际，怎么一直在教“讲礼貌”

我听了很多口语交际课，发现一条规律——教师总在强调“要讲礼貌”。

几乎每节口语交际课都会涉及对“请”“你好”“谢谢”等礼貌用语的教学强化，似乎我们的口语交际课，就是一节“礼貌课”。难怪那么多教师不喜欢上口语交际课，觉得上了也没用。学生也对这一类课感到厌烦——本来就会说话，还需要教？

教学的结果是，学生反而变得不会说了，教师越教，学生越说不清楚。毕竟在生活中的交际，不是每一句都从“请”开始说起，说到“谢谢”为止。

例如统编教科书二年级上册口语交际“商量”，好不容易设计了一个“因为过生日，需要在值日的时候提早回家”的生活情境。进入课堂后，在情境中的学生不会商量，教师就示范：“你要这样说……”“你要那样说……”“要用上礼貌用语……”果然，一教就会，一说就灵，“商量”顺利结束了。其实，此处不存在商量。生活交际中的商量，正是在“求之不得”之时，想方设法去协调，最后实现自己的目的，这样的交际力量，不是单纯靠礼貌用语就能解决的。

为什么学生不喜欢上口语交际课呢？原因大致有三条。

1. 课堂中的“虚拟”活动，没有基于生活的真实性。

课堂上的交际活动确实是“虚拟任务”，但也要尽量贴近生活的真实需要，否则就成了在教师“导演”下，学生为配合完成教科书中这一“剧本”而进行的一场你我都心知肚明的“排练”。太多的口语交际，成了学生之间的直接对话，脱离语境、丧失依靠，学习成了无源之水。

2. 认定为“学习”，却在原有的基础上重复演绎。

口语交际教学，从教的角度看，要按照口语交际的特质展开，要区别口语交际类型，之后设定话题、设计情境、组织实践、及时反思、向生活延伸，体现教学的存在价值。同时，教要促进学，学生要发生认知改变，要获取方法，实现进步。所以，教学中教师要提供一定的支架和评估指标，测定学生的交际水平是否有所改变，在一个阶段后，还要观测学生的水平是否提升。

看来，并非只要是对话，就能被视为“已经在实施教学”。更不要说，这种对话是在已有的水平上，不断重复着自己已经会说的话。

3. 学习和实际脱离，学的“本领”在生活中用不上。

学生在课堂上所学到的，看起来是知识，是本事，但经不起生活的检验，生活中不但无用武之地，偶然使用还会发现结果完全不同，很尴尬。例如上文所说的“商量”，真到有事要和别人商量的时候，即便客客气气、恭恭敬敬，如果没有设身处地为对方着想，没有说清理由，没有考虑对方的秉性，商量失败的概率也在十之八九。

长期的学用分离，败坏了学生学习的胃口，导致学习的兴趣荡然无存。

统编教科书中的口语交际内容，指定了我们“教什么”，这是在战略层面给予的定位。教师在一线教学中决定“怎么教”，这是在战术层面中的设计与思考。只有注重战略与战术两个层面上的优势互补，才有利于形成合力，共同促进优质学习成果的产生。

不妨来看一则国外的口语交际教学案例，应该会对我们的口语交际教学有些启发。

【教学目的】

了解会话交际中的不同风格和实用技巧，以便应对会话中出现的交际冲突。

【活动步骤】

1. 将学生分成小组并让他们给“会话打断”（interruption in conversation）和“会话重叠”（overlap in conversation）做定义，并让他们决定两者是否有区别，以及应该做出的行为表现。教师应启发他们想象真实的交际中会如何涉及“会话打断”和“会话重叠”，他们要如何反应。

2. 选择一个会话主题（例如体罚、公共场所吸烟）。任何主题都可以，但必须能激发学生的兴趣，并且能够使全班学生分为人数相当的两组。

3. 了解学生们的不同意见，将全班分成两组，将意见相同的学生分在同一组内，然后给 5~10 分钟时间让双方准备辩论（列出论点、证据和需要用的词汇）。

4. 从两组中各选一名学生。两名学生在教室前面面对面地坐下，代表所在小组就所选主题展开讨论，但不允许同时讲话。不管如何激动，他们都必须等对方说完之后才可以发言。其他学生专心听讲，注意发言者的互动情况，几分钟以后教师中断对话。

5. 从两组中各另选一名学生，让他们也面对面坐下，就主题展开讨论，但尽可能在同一时间内抢着发言，不等对方把话说完，想说立刻就说。其他学生观其言行，注意双方互动，几分钟以后停止。

6. 让全班学生围成一个圆圈坐下，共同讨论教师提出的问题：

（1）两次对话有什么不同？

（2）参加第一次会话的两人有什么体会？

（3）参加第二次活动的两人有什么体会？

（4）当你同朋友交谈时你是如何表现的，是像第一次会话的两人那样，还是更倾向于像第二次会话的两人那样？

（5）你如何与你的老师、你的上级和你的家庭成员对话？

（6）你认为你这样对话是由你本人的个性所决定的吗？或者因为别人的个性？

（7）其他人是否以和你一样的方式与别人交流？①

从以上案例中，我们可以得到一些启示：口语交际教学，除了应教学生必需的交际礼仪，更要注重让学习真正发生，这也许是口语交际教学重新焕发生机的突破口。

1. 参加学习，很理性。

学生很清楚地知道“要学什么”。理性地参与，产生学习中必备的安全感，这将带来学习的有效性。我们习惯让每一次学习类似“猜谜”，而且教师有意让学生“猜不透”，将其视为“趣味”。其实，教学应该是明确目标之后的进发。理性在充满感性的语言教学中，不应被刻意丢失。

2. 学习源于记忆，有生活的温度。

学生进入学习时，发现这次学习的口语交际情形在生活中遇到过，而且自己之前就有过经验，只是当初遇到时没有主张，不知道

① 陈申．语言文化教学策略研究 [M]. 北京：北京语言文化大学出版社，2001.

如何应对，只能“走一步算一步”，如今可以在学习中知道“该怎么做”。有了经验的支撑，学生在学习时就不觉得累；有了方法的获取，学习就会有成果。这样学，不会因为一味接受而感到烦躁。

3. 学了有用，未来可以更好。

清楚、系统地掌握本次学习的交际方式后，学生能提升认识水平，在今后的生活中，遇到类似的情况，知道“可以怎么办”。例如，会话被打断，这也许经常发生，学生再次遇到时，就知道该怎么做；要认同对方，强调一致意见时，也明白该怎么说。学生学习的知识在今后的生活中用得上。

梳理一下整个学习项目的设计，“要学什么—该怎么做—可以怎么办”，出现一条清晰的“学以致用”的学习轨迹，符合学习正在发生的基本特征：学习中有认知发展，学会的知识可迁移，学习和新旧知识相连，服务于未来。

一条清晰的“学习链”被看见。

此外，“非言语交际”的元素，也应得到重视。

例如交际中的身体语言、肢体接触方式、环境选择策略、空间位置设计、仪容仪表，这些都是决定交际是否成功的因素，也是教学中应有的内容。有了这些内容的参与，口语交际教学更具真实感和必要性。有心理学测试表明：在购物商场中播放节奏较快的音乐，有助于刺激消费；而交际场合中播放古典音乐，更为合适，能给人带来愉悦感。古典音乐能让人产生对自我更加优雅、更加文明的认识，而这样的认识激活了元认知思维，让人更容易在交际交往中显得自控、自律，变得优雅、得体。可见，“非言语交际”的元素也涉及学生的审美鉴赏能力、文化认知能力，与交际中的诸多细节相关联，正是综合素养的体现。我们的教学总目标，不正是为了提升学生的核心素养吗？

妙招 13　列小标题，教得不要太草率

美国学者托马斯·H. 埃斯蒂斯与苏珊·L. 明茨合著的《十大教学模式》一书中介绍了经典的“概念获得模式”。从如今风靡教学一线的“单元统整”“项目式学习”“研究性学习”来看，都能找到“概念获得模式”的影子。

如果说，一线教师最为熟悉也最为常见的“直接教学模式”以演绎性思维为主导的话，那么“概念获得模式”就是归纳性思维主导下的，在学习实践中不断生成、建构的更灵动的学习模式。

“概念获得模式”的具体操作步骤如下：

1. 选择和界定概念的基本特征。

2. 形成概念的正例和反例。

3. 复习概念获得过程。

4. 提供实例。

5. 生成假设并持续“实例—假设”循环。

6. 形成概念的名称和定义。

7. 提供检测实例以巩固理解定义。

8. 全班讨论概念形成的过程。[①]

这一模式的大致操作流程：首先，明确学习目标，即知道要形成的概念是什么；其次，通过事例举证，建立起对概念认知的雏形；最后，将这一雏形放置在需要的学习环境中进行验证。所谓的验证，

① 托马斯·H. 埃斯蒂斯，苏珊·L. 明茨. 十大教学模式[M].7 版. 盛群力，徐海英，冯建超，等译. 上海：华东师范大学出版社，2020.

就是让雏形概念与环境不断交互，学习者不断尝试用概念解决问题，并且在此过程中，形成对概念更为完善、全面的认识，对雏形完成修补，让雏形概念的线条、轮廓逐渐明晰，直至形成一个清晰的概念。概念形成后，还可以放置在具体的环境中进行检验，看看获得的概念对不对、好不好、是否管用，对概念形成更为系统的认识。

下面以统编教科书四年级下册的《我们家的男子汉》一课为例，介绍“概念获得模式”的具体运用。先是理解目标——明确大概念。本课所属单元的学习目标为“学习把握长文章的主要内容”。落实到本课，要承担的学习任务为“学习列小标题”。理解中，我们将大概念转化为小概念，精准指向本案教学的核心目标——学习列小标题。

本文为略读课文。教科书中提示的略读要求如下：

> 尝试用较快的速度默读课文。结合课文中的小标题，说说为什么称这个孩子为“男子汉”，作者对他有怎样的情感。还可以给每个部分换个小标题。

在本课之前有《小英雄雨来（节选）》一课，学生已经初步学习了列小标题；在此之后的《芦花鞋》一课也提出了“为每个部分列出小标题”的要求。可见，本课为“训练”意味较浓厚的中间一课，列出小标题，就是本课最为核心的学习任务。关于“小标题”这个概念，教师至少要明确：小标题是什么？如何列小标题？小标题列出后有什么功能？这些都要在教学中不断建构，动态形成。这一概念的获取中，涵盖的陈述性知识是“什么是小标题”，学生所需经历的操作性程序是“如何列出小标题”，最终所理解的是“小标题是什么样，有什么用，能怎么列出”。

基于对学习目标的理解，使用“概念获得模式”进行教学，可以这样设计。

第一步：建立对小标题的基本特征认识。

学生根据略读提示默读课文，了解课文写了些什么，思考对小男孩留下哪些较为深刻的印象；同时，结合小标题进行对比——读者留下的印象和作者的小标题是否匹配？小标题和内容是否大致关联？

这一步教学，让学生初步建立起对“小标题是什么”的认识。

第二步：完善对小标题的基本功能认识。

这一步将对初步建立的小标题进行验证。以其中“他对食物的兴趣”片段为例，让学生细读文本，对照小标题和文字内容进行思考：什么样的内容，才使作者列出这样的小标题？学生在略读后发现，本段中所写的几个事件，都在说小男孩对食物是极有兴趣的。例如，他吃饭很爽气；又如，他听说不吃青菜会死，便吃了很多青菜；再如，他吃到不能再吃时，便吃自己的手指；最可爱的是，他想去少林寺当和尚，但听说不能吃荤的时候，便打消了上少林寺的念头……

在学习中，学生参与的细读与对比，就是对小标题的概括功能进行验证。这一步的学习，让学生不仅明确了小标题和文本的关系，还对小标题的概念做了增补。

第三步：形成对小标题的整体特征把握。

《我们家的男子汉》一课，共有三个小标题。教师要引导学生区分三个小标题的差异性，明确“内容不同，列出的小标题也不同”。每个小标题各自独立，“管”着不同的内容。例如第一个小标题展示小男孩好吃的特点，而第二个小标题对应的是小男孩对独立的要求，第三个小标题则展示他面对生活挑战时的沉着。学生在这一步学习中应该清晰认识到：一篇文章可以列出多个小标题，不同小标题应互相区别，不能相容；小标题组合起来，就构成对全文的总体认识。

在学习过程中，学生逐步对小标题的功能与特征有了更完善的理解。此时，教师和学生可以共同归纳出小标题的四个特点：第一，能总结，小标题是对相关内容的总结；第二，可区别，不同小标题分管不同的内容，不同内容之间不兼容；第三，很简洁，小标题应该用最简洁的话语呈现；第四，好组合，所有小标题叠加起来，恰好是全文的主要内容。

到此，小标题的概念基本建设完毕。

第四步：实施对小标题的自主拟定。

形成概念后，可以投放到实践中去运用。教师可以组织学生尝试自己根据课文中的三个片段列出小标题，列好后可以和原文小标题对比，寻找最优质的小标题以及小标题的拟订方案。例如第一个小标题是“他对食物的兴趣”，有的学生改为“我们家的食神”；有的学生将“他对独立的要求”改为“不一样的购物历程”。

学生完成自主修订后，教师还可以让学生将修订的内容和课文的小标题再次对比，发现课文中列出的小标题特别注重保持基本的语言格式——以“他”开头，简短展示特点。这样的形式规整，让小标题排列起来更美观，也更有利于归纳。于是，在原有基础上，学生又一次加深了对“小标题”这一概念的认识，完成对这一概念认识的补充。

什么样的学习项目适合使用“概念获得模式”进行教学呢？结合实践，我们发现，具有以下三个特征或者是三个特征综合、汇聚在一起的学习项目，适合使用“概念获得模式”。

第一个特征：所学的是新知识。

面对新知的学习，不能简单以接受学习为主，而应该以发现、建构、归纳为主。当学生年级较低的时候，教师可以直接讲授，还可以在讲授之后充分演绎。学生进入中高年级，应该逐步以建构、归纳为主，使用“概念获得模式”的机会就多了。

第二个特征：实践性较强的学习项目。

学习需要使用具体的操作路径、运用方法，经过流程，才能完成，具有实践性强的特征。这一类的学习项目，适合使用“概念获得模式”教学。操作程序本身就与概念获得的流程在特质上相符合，有利于教师进行整合设计。

第三个特征：内涵较丰富的学习项目。

有的学习项目内涵单一，不需要复杂的流程进行建构；有的学习项目内涵丰富，原本就需要经历复杂的认知过程。内涵丰富的学习项目，学生在不同的学习流程中能够有不同的理解层次，学习能够逐步深入。这样的学习项目，适合使用“概念获得模式”。

这样看来，“列小标题”适合使用这一模式进行教学。有了模式，设计就简单了，效果也能得到基本保障，模式自身就是经过多次实践检验的最佳选择。

妙招 14　没有反馈，再画 3 000 次也无效

《教师应该做到的和能够做到的》一书中，记载了行为主义的早期奠基人、以“教育心理学之父”闻名的桑代克（Thorndike）的“效应影响律”。

桑代克在一个精心策划的研究中，练习蒙上眼睛去画一条恰好 4 英寸[①]的线条。他在没有任何反馈的情况下尝试了 3 000 次，却没有任何进展。第一天的盲目实践中，他画的线条长度为 4.5~6.2 英寸。最后一天，他画的线条长度为 4.1~5.7 英寸，仍然远离恰好 4 英寸的目标。最终，桑代克得出结论：实践本身并不能造就完美，除非有获得反馈的机会。[②]

桑代克强调反馈在学习中能起到重要的作用。这一划时代的认知科学研究表明：反馈性评估及其反馈信息对于提高学习成绩非常重要。特别是反馈中的奖励，强化了特殊刺激条件和特殊后果之间的联系——如果学生的反应受到奖励，当刺激条件再次出现时，他们一般会重复自己的反应。

将心理学效应运用于教学，能给我们带来巨大的启发。特别是关于写作教学，及时反馈尤其重要。

新课标明确规定“课内习作每学年 16 次左右”。此处的“课内”就是让学生在教师的指导下，当堂完成。当堂完成，及时反馈就成

---

① 1 英寸等于 2.54 厘米。

② 琳达·达林-哈蒙德，约翰·布兰斯福德.教师应该做到的和能够做到的[M].陈允明，陈健，王军，等译.北京：中国青年出版社，2012.

为要点，它也是习作成功的保障。新课标也明确了习作是小学语文课程中不可分割的组成部分。但不少教师都将其作为课外作业，一股脑儿抛给学生在周末完成，给父母布置了重大的辅导任务——教师都不教，父母怎么可能教好？

也有教师连上两个课时，确保学生能在课内完成，但实行的是无反馈的“教写分离”式教学。例如教师连上两节作文课，仅在开始的 10 分钟左右，不断提要求、做讲解、给交代。以统编教科书四年级下册第四单元习作“我的动物朋友”为例，教师会强调：本次写作要先创设一个情境，要介绍动物的特点，要表达你的喜爱之情……布置完毕之后，就让学生开始写作，直到下课提交。

学生提交后，教师确实消耗了巨大的时间成本，用来写下学生不大关心的、不痛不痒的评语。例如：“你笔下的小动物非常可爱。”“你写的小动物活灵活现。”“真棒，我好像看到你的动物朋友了。”“从文中看出，你和动物的感情很深。”……评语看似给出反馈与鼓励，实质上对学生的写作提升意义不大。且长期在这样一锤定音的终结性评价之下，学生渐渐开始明白：老师只是在说好话，在哄我。

新课标明确提出要进行过程性评价：“过程性评价重点考察学生在语文学习过程中表现出来的学习态度、参与程度和核心素养的发展水平。”此外，过程性评价还有助于教与学的及时改进。新课标在过程性评价的实施上做出指示：“教师要有意识地利用评价过程和结果发现学生语文学习的特点与问题，提出有针对性的指导意见，促进学生反思学习过程、改进学习方法。要依据评价结果反思日常教学的问题和不足，优化教学内容，改进教学设计，调整教学策略，完善教学过程。”可见，写作教学必须当堂进行，教师必须时时反馈，必须不断给予鼓励。

回到“我的动物朋友”这一案例，在教学中实施过程性评价，教师首先要充分预估学生在这一次写作中即将面临的困难。

本次写作有几个难点，就要在课堂上根据难点做相应切分，在切分的每个板块中，嵌入评价与反馈，鼓励学生突破难点，继续进步。

“我的动物朋友”这一案例，教学的板块大致分为三个。

第一，情境创设。根据教科书要求，学生在写作前要从课本中提供的情境中选择一个，或自己创设一个，依托情境向别人介绍动物朋友。以课文中的三个情境为例：

> 星期天放羊回来，发现我最喜爱的一只小羊不见了，我想请小伙伴帮忙找一找。

相对应的提示：我要跟小伙伴强调，小羊的左眼圈是黑色的……

> 我们全家要外出旅行一段时间，只好请邻居帮忙喂养我的小狗。

相对应的提示：我要给邻居讲清楚，我家小狗特别爱吃肉……

> 我们家就要搬到外地去了，我想请一位同学收养我的小猫。

相对应的提示：我要给同学讲一讲小猫的可爱……

教师解读教科书后可以得知，情境创设是否有生活的真实感，是否有“介绍动物朋友”的必要性，这将构成第一个写作难点。

第二，素材选择。选择什么素材介绍动物，是隐藏的难点。选择的素材要高度匹配情境，这是学生容易忽略的。例如，寻找小羊，选择介绍小羊的外貌特征；又如，全家出行，请邻居帮忙喂养小狗，选择介绍的是小狗的生活习性，特别是饮食喜好；再如，搬到外地去，请人收养小猫，选择全方位介绍小猫的性格特征。

可见，介绍动物朋友的哪个方面，选择什么样的素材，需要和之前的情境相匹配。这一点，教师不教，学生不会；教师教了，学生未必会；教师好好教，学生才有可能会。因此，这一板块可以作为本次执教的重点环节。

第三，描写程度。对动物的描写，到底要到什么程度，是个值得思考的问题。本案属于第二学段四年级，根据新课标要求，最重要的是完成“写清楚”这一核心目标。因此，不必要求学生写得多么细致、多么优美，把该介绍的动物的某一方面讲清楚，让读者看得明白，就达到了成功的标准。

对这一点分寸的把握、力度的调整，也是本次教学的核心要点。

此外，教师应针对不同板块给予恰当的反馈。

基于以上预估，教师可以在三个板块中，针对学生现场写成的片段进行及时反馈与鼓励。这样的反馈结果，既能落在要害处，又能让反馈本身有所差别，还能给学生以鼓励，让其继续前进。

第一，针对情境创设的反馈。在学生完成开头段，创设好情境之后，教师立刻反馈。教师重在鼓励学生创设情境的真实感，指出其情境创设中过于离奇、脱离生活实际的部分，让其修改；同时还可以强调情境中必须包含“动物朋友”的成分，不要脱离主题。

第二，针对素材选择的反馈。学生接受第一次反馈后，拥有了动力，此时继续写作——选取适当的素材，介绍动物朋友。此时教师的反馈重点落实在“匹配度”上。反馈，就是要让学生明白：我为什么要向别人介绍动物朋友，我为什么介绍动物朋友的这些方面。反馈要关注所介绍的动物的特点和情境的关联度、匹配性，鼓励学生写得更加贴切，让文章具备更多的信息。

第三，针对描写程度的反馈。介绍动物朋友是一次习作训练，要达成习作教学的目标，反馈必定起到重要的作用。例如，在学生写下介绍动物的片段后，教师可以组织学生自评、互评，也可以展示个别片段，进行公开评价、公开反馈。反馈的主导方向就是描写的清晰度。学生自己读一读，清晰了就读得顺；不清晰了，就改一改。大家听一听，听得懂的就说明写得清晰，反之则需要根据大家的疑难处继续修改，争取让读者看明白。

回顾当年桑代克设计的实验，这位心理学家用了3 000次的尝试，没有达成目标。倘若有人在他每一次画下线条后，及时予以反馈，精准地说出长了还是短了，长了多少，短了几分，同时给予鼓励，也许桑代克很快就能准确地画出4英寸的线条。

实践本身不一定能造就完美，但叠加了反馈与鼓励的实践，就一定变得高效且完美。

妙招 15　万万想不到，去哈佛留学，会写作文起到决定性作用

北京外国语大学曹文教授在《为了最好的遇见：走进世界顶级大学的有故事的孩子启示录》[①] 一书中，介绍了一件让人意外的事：去哈佛留学，会写作文起到决定性作用。

万万想不到的事，却应该被大家知道——写作，是学生学习力的集成，是一个人经过学习后，所形成的综合素养的最佳体现。

书中介绍去哈佛留学要经过的第四项考核是命题作文。这是最复杂、最耗时、最让人头痛、最考验申请者，也最能够让孩子出彩的一关。所需填写的“通用申请表”中，提出的作文要求大致分为三类。

第一类：申请美国所有大学的必写作文。

第二类：哈佛大学额外要求的必写作文。

第三类：哈佛大学要求申请者自愿提交的作文。

作文！作文！作文！大学要求学生写三类作文，生动地展现了大学的人才观。学生写出三类作文，淋漓尽致地展示了自己的真实水平。

先看第一类。申请美国所有大学的必写作文，要求学生从七道作文题目中任选一道，不要长篇大论，长度是 250~650 个单词。这

① 曹文. 为了最好的遇见：走进世界顶级大学的有故事的孩子启示录 [M]. 北京：外语教学与研究出版社，2020.

相当于我们一再倡导的百字作文。七道作文题分别如下：

1. 有些学生有极具意义的背景、个性、兴趣或才能，如果不展现出来，他们的申请就不完整。如果这描述的是你，请你分享自己的故事。

2. 我们遇到困难时得到的教训对后来的成功很重要。请回顾你面对挑战、倒退或失败的时候，这些困难是如何影响你的，你从中学到了什么？

3. 请回顾你质疑或挑战一个信仰或想法的时候，是什么触发了你的思考，结果是什么？

4. 描述一个你已经或者希望解决的问题，它可以是知识挑战、问题研究、道德两难的困境——任何对你很重要的事情，无论规模大小都可以。解读它对你的意义，以及你已经采取或者计划采取的解决方案。

5. 描述一个触发你个人成长、对自己或他人有了新的理解的成就、事件或顿悟。

6. 描述一个让你忘记时间而沉迷其中的话题、思想或概念。为什么它会吸引你的注意力？如果你想学习更多，你会向什么或者向谁请教？

7. 分享一篇你自选主题的作文，可以是你之前写过的，也可以是和上面这些提示不同的或者你自己设计的主题。

分析与理解：这七道题有一个共性——写作和个人息息相关。七道题都关系到个人的兴趣、爱好、审美、价值观等。学生在作文中表现出来的，就是日常生活中的点滴经历、真实感受以及个人成长的轨迹与累积。学生没有机会通过矫揉造作的文字堆砌语言，展示远离生活的意念中的柔美；也不可能通过空发议论，用不着边际的畅想来取悦考官。

这样的写作，给我们的启发是巨大的：通过写作反思自己，总结自己，发现自己，这正是写作极为重要的意义。落实到日常训练中，能不能在日常生活中留心观察、细心体验、及时梳理总结，就成为至关重要的环节。可见，写作是一个人综合素养的体现，也成为学习中最为通用的基础能力。

此外，“百字作文天天练”，真的有助于学生“短、频、快”“精、准、好”地提升自己的写作能力。

在短小的文字中表达、展示自己的思考，是需要训练的。思维，要梳理；表达，要精练。不通过日常的百字作文刻意练习，就无法在短文中展示亮点。

第二类是哈佛大学额外要求的必写作文，要求申请者在学术、活动和其他这三方面展开讲述。

学术部分的要求是用 0~150 个单词，描述在申请材料中没有涵盖的、申请者在学校的学术要求之外开展的学术性质的活动，包括但不限于经他人指导或自主完成的非本学校的学术项目、培训经历以及非本学校提供的在线课程等。

活动部分的要求是用 50~150 个单词简要地描述一项课外活动或工作经历。

其他部分的要求是非美国和加拿大的学生需要用 0~50 个单词描述本科毕业以后的具体计划。

分析与理解：写作和个人的生活无法分割。在追求自己所感兴趣的方面时，不应只单纯地累积经历，为了自己感兴趣的事物，要不停探索、学习，要有对学术的基本认识，要有基础的学习经历，要有获取知识和成长的正确通道。

我国的学生，在学术阅读上，可能是一片空白；在参与学习上，依然是以“听从指挥”为主。第二类写作的要求，给了我们当头棒喝——调整学习与生活的内容，让兴趣的发展更加科学。因为小时候的兴趣，也许与未来的发展产生关联。

兴趣即素养，学习即素养，实践即素养。

第三类是哈佛大学的补充作文。申请者如果认为申请表中的所有材料尚不足以展现自己或者说明自己所取得的成就，就可以自选主题或者从以下主题中任选一个展开讲述，没有字数要求。

这些主题大致包括申请者的特殊经历，申请者的旅游、生活或者工作经历，申请者希望未来的室友了解的情况，对申请者意义重大的学术经历（课程、项目、书籍、讨论、论文、诗歌或研究课题），申请者希望如何利用好大学教育资源，回顾申请者或者他人需要公正诚实地做出选择的时刻，申请者如果推迟一年入学或在校期间休学会计划做什么，申请者描述在背景、个人发展、学术兴趣等方面的与众不同之处。

分析与理解：充满好奇，且随时做好应对改变的准备。写作，让你知道人生需要规划，问题需要面对，自己应成为自己的主人。而写作，可能成为你驾驭人生之驹的缰绳。

当我们还在用最致命的“高考思维”来主导子女的发展，来认识学习，特别是来指导写作时，我们并没有深刻领悟到培养子女成长、应对未来发展最关键的要素。

如果盯着各种“满分作文”“优秀作文”，生硬地“制造作文”，一门心思只求在高考时突击取得好成绩，就会和学习的本义背道而驰。

相反，学生若能认识到学习的真正意义，看到写作与人生的密切联系，则可以将每日的学习提升都纳入人生规划，成为进步的每一个阶梯，在日常学习中获得长足发展。

妙招 16　三招让学生学会调整说话的语气

统编教科书二年级下册口语交际“注意说话的语气”真的很难教。这节课，一不小心就会上成了二年级上册的“商量”。

先看本课中提供的三个交际话题。

妈妈让我学钢琴，我想学画画，我会跟妈妈说……

上着上着，老师扮演的妈妈和学生真的在围绕着“学钢琴还是学画画”在商量。

上学迟到了，老师批评了我。下课后我对老师说……

上着上着，对话变成了各种形式的道歉，教学现场平添一分压抑。

看到同学洗手后忘了关水龙头，我会跟他说……

上着上着，对话变成了典型的“劝告”，如同另一节口语交际课的复盘。

不仅如此，本课教学目标中，还有两个词耐人寻味，特别对于二年级学生来说，属于理解的盲区。第一个词是“生硬”，第二个词是“舒服”。

目标提示条中写明：“说话的语气不要太生硬。”“避免使用命令的语气。”“生硬”这个词很难把握——怎样说才算“不生硬”？没有标准。如何才能避免给人以发号施令的感觉？无法界定。其实是否生硬，只是一种感觉，莫说是二年级的学生，即便是成年人也难以捕捉语气的细微差异。而“舒服”更涉及听者的内心体验，说的一方就无法驾驭了。本课在一开篇就提出：使用恰当的语气，能让听的人感到舒服。这无疑增加了目标理解的困难和执教的不确定性。“恰当”究竟是什么样的？舒服的听感又如何描述？实现目标的操作方法是什么？一切都像“中餐大厨”下调料时的状态——手一抖，刚刚好。而到底怎么抖手，究竟投放多少，没有流程，无法评估。

造成困难的，还有“语气”这一概念本身。请注意，语气涉及的是专业的播音与主持艺术：语气，是播音语言表达的重要技巧之一。语气是在一定的具体思想感情支配下具体语句的声音形式。对于专业的主持人而言，把握语气也叫作把握分寸、火候。

是不是有点为难？就像写作时，有一种手感；吃饭时，有一种口感；口语交际中的“使用恰当的语气”，权且叫作“语感”吧。当然有别于你所知道的“语感”，因为这确实是个新鲜的话题，属于即兴、随机、根据情境需要的应对结果。这样的“语感”产生，至少关联五个要素。

第一，语气和交际者嗓音气质有关。有的人语音绵软，一开口就给人一种舒服的感觉；有的人嗓音洪亮、粗大，在把持语气上，要特别小心。对于后者而言，“使用恰当的语气”是极其困难的挑战。

第二，语气和交际环境有关。在什么环境中说话，真的不一样。言说者需要根据环境调控音量，调整说话方式，这些都会带来听者感受上的差异，也就是“是否感到舒服”，体验的效果和环境相关。

第三，语气和交际的对象有关。和什么人说话，用什么语气是不一样的。例如，交际的对象和自己特别要好，朋友之间有可能故意使用生硬的语气，听起来更像是友情醇厚，这是朋友间因极度信任而产生的特殊效果；而情义寡淡时，也许更要注重使用礼貌用语，控制好音量，这样才能让对方感到舒服。对象不同，语气也不一样，没有一种固定的格式。

第四，语气和交际的目的有关。要在交际中避免语气“生硬”，避免“使用命令的语气”，这一定涉及交际的目的。有的时候，人的确需要强硬、简单、快速地发出指令；有的时候，硬话可以软说，语言表达的技巧可以帮助我们在交际中赢得对方的好感。如何避免语气“生硬”，避免“使用命令的语气”，未曾考虑目的，都是纸上谈兵，且是空谈误事。

第五，语气和交际时的心情有关。我们都有这样的经历和体验——心情好，怎么说都好，别人说出来的话，听着都觉得好；心情不好，别人说的话再好，听着都觉得不舒服。心情是捉摸不透的，也是随时改变的，如此一来，语气的教学效果评估，也就更加无法形成固定模板。

庄子的寓言故事，也能带给我们同样的感受。齐桓公在读书，做轮子的轮扁在堂下砍削木材，制作车轮。看到大王读书，轮扁居然问齐桓公读的是什么书。桓公说:“是圣人之言。”此时，大胆的轮扁居然评价说:“大王读的书，不过是圣人留下的糟粕罢了。”

轮扁简直是不要命。这样的语气，这样的内容，自然惹得交际中的另一方生气。所以，齐桓公要轮扁解释，否则就要处死他。轮扁说起了自己做轮子时的手感:“砍削木材制作轮子，榫头做得过于宽松，就会松动而不牢固；做得太紧了，又会滞涩而难以进入。做得不宽不紧，得心应手，都要靠手感，而手感是说不出来的，分寸都在心中。可惜，即便我知道怎么做，也无法明晰地告诉我的儿子，这个秘密是无法写下来的。所以我已七十岁了，还在独自做车轮。”

看出来了吧，故事中的“手感”，和我们在上文总结的“语感”

很相似。轮扁无法说出的“手感”，就是我们无法通过教学传递的“语气”。但是，语气的把握，关键不在“说什么”的内容层面，而在“怎么说”的操作层面。口语交际列入教科书后，教要促进学，教好、教对才能学会。

口语交际如何教，依然是教师研究的重点。回到教科书中，解读三个情境话题，我们可以发现，要使用恰当的语气，不给人以命令的压迫感，至少要考虑三个要素：对象、内容、表达方式。

妈妈让我学钢琴，我想学画画，我会跟妈妈说……

对象：妈妈。

内容：提出自己的想法，谢绝妈妈的好意。

表达方式：发布诉求。

上学迟到了，老师批评了我。下课后我对老师说……

对象：老师。

内容：请注意逻辑前提是“我”上学迟到了，老师才批评，“我”要去交际。

表达方式：要么自我反思，要么辩解，关键看迟到的原因是什么。

看到同学洗手后忘了关水龙头，我会跟他说……

对象：同学。

内容：针对同学的疏忽。

表达方式：告知或劝诫。

三个话题，三个不同的语言环境、话语对象、表述内容，三种不同的表达方式，可见教学的容量与难度确实比较大，要考虑的因素特别多。难道真的就没有方法应对了吗？二年级的学生无法如此理性地审视话题中隐藏的三个要素，他们需要的是简单的操作法，教学就要在辅助学生获取能迁移的程序性知识上下功夫。

关注教科书中出示的两句话，我们可以得到启发。

阿姨，请您让一下。

阿姨，请您让一下好吗？

第一句是陈述句，第二句是疑问句。可以让学生对比：同样一句话，用问的方式来表达与直接表达语气是否不同？问句是否会更委婉一些呢？对方是否更能接受呢？以这句话为切入口，教师可以出示更多的对比，让学生产生丰富的体验，之后，可以教学生“注意说话的语气”的简单三招。

第一招：句式变一变。

例如，在和对方说的话之后加上“行吗？”“好吗？”“可不可以？”“您看如何？”等，尝试将陈述句变换为疑问句，用疑问句与对方交流，以疑问句缓和语气，让对方能够融入互动。

第二招：内容添一添。

当我们直截了当地说出自己的想法，不做解释、不举例子、不讲缘由时，听的一方会产生紧张感，就会觉得这是在发布命令，语气非常生硬。如果我们在表达意思时增添内容，就会让对方在听的过程中，增加理解的时长，吸纳更多的信息，更容易产生认同。对方心情舒畅了，也就觉得语气缓和了。

例如和妈妈协商“想学画画”。教师可以指导学生不要直接提出“我想学画画，不想学钢琴”，在表达的时候增加一些内容：我喜欢画画，从小就热爱画画；同学都在学画画，学习有伙伴；画画有助于开发我的大脑思维；画画的学习费用比钢琴少一点，我们家庭可以承受……增加这些内容的同时，也就让语气变得缓和了。

第三招：声调调一调。

教师提醒学生，说话不要太用力，不要不顾及环境，一味大声喊叫，不要快速讲话，让人听不清。这些调整，都有助于语气的缓和。这一点不言而喻，简单提醒即可。

注意说话的语气，虽然难教，但是必须教好，让学生学会。这是关乎口语交际素养的特殊教学项目。相对于有具体的话语情境、言说内容、交际目的一类的口语交际课例，这一课的难度系数特别高，但教学的价值也很高，因为这节课直接影响了学生的语言素养。

妙招 17　童话中的哲学启示：用百字作文建筑写作城堡

童话不是小儿科，其中有学习与生活的哲学。特别是世界经典童话，流传至今仍旧为大家津津乐道，能带来的启发更多。

我想和大家分享《三只小猪》，这是一篇不容小觑的哲学童话。由于版本众多，因此这里选择最能引发思考的一个经典版本共读：

> 猪妈妈有三只可爱的小猪。
>
> 一天，猪妈妈对三只小猪说："你们都长大了，应该有一间属于自己的房子。"三只小猪决定分别去盖一间属于自己的房子。
>
> 老大向路人要了茅草，盖的是草屋。
>
> 老二向路人要了木材，盖的是木屋。
>
> 老三向路人要了砖块，费了好大力气，用砖块盖了一间最坚固的砖头房子。
>
> 有一天，老大遇到了大野狼，他慌忙躲进小屋。大野狼用力一吹，就把草屋吹倒了，吓得老大赶紧躲进老二的屋子里。
>
> 然而，大野狼很快也把老二的木头房子撞倒了。老大和老二赶快到老三的砖屋里躲了起来。老三看到两位哥哥吓破胆的样子，说："放心吧，我有办法！"
>
> 大野狼以为这间砖头房子跟之前两栋房子一样，很容易

就能撞倒。他撞了好几次，不但撞不倒这栋房子，反而把自己撞得满头都是包。正生气的时候，大野狼突然发现房子的上面有一个烟囱，就爬到屋顶，准备从烟囱进去。

第三只小猪在烟囱下面架起大锅，烧了一锅水。等大野狼从烟囱下来的时候，水也滚了，大野狼一下来就掉进锅里，"啊！"地惨叫一声，被烫得通红，夹着尾巴逃走了。

《三只小猪》的故事告诉我们：过于简单的防护，难以保全自己。这个故事给我们的启发还可以是这样的：要想看起来毫不费力，必须万分努力。例如，在实现目标的过程中，越是细致周到，下的功夫越多，越不怕麻烦，目标实现的效果就越好。如果总是用最便宜、讨巧的方式，让自己活在舒适区，就无法得到真正的提升。故事中的老大和老二两只小猪，满足于短期营造的结果，这就是在制造安全的假象。一旦真正的考验来临，一切会在瞬间被摧毁。

我很自然地想到写作教学。

当下的写作教学方式，大多是期待快速成功，且希望教学成果"看起来很美"，类似用简单的方式、简易的物料快速盖房子。这样的教学中，教师鼓励学生用拼凑词语、句子，叠加比喻、排比，换词抄写等方式来凑成一篇华丽的文章，就像用草来建造房子，拥有的只是华而不实的外表。当生活中真正需要写作的时候，学生根本不知道要写什么，要写给谁，要如何写。

改变为什么不会发生？因为这部分教师认定：照着这样最简单、最俗套的方法写，能够让学生写出一篇作文来，而且作文看起来还不错。放眼望去，周围的人都是这样写的，难道需要"众人皆醉我独醒"？当然不需要。因此，改变在刚刚起心动念之时，就终止了。

这又是为什么？这里不得不说到另外一本书了。这本书告诉我们，影响进步与改变的，就是来自周围的“噪声”与“偏差”。

诺贝尔经济学奖得主、行为经济学奠基人丹尼尔·卡尼曼在《噪声》一书中提出：哪里有判断，哪里就有“噪声”与“偏差”，这是人们在做出判断时的缺陷。如图 17–1，A、B、C、D 四支队伍在射击打靶。

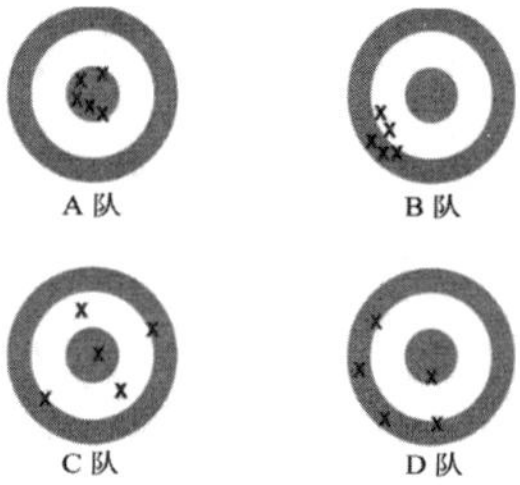

图 17–1　四支队伍的射击结果

A 队全都命中靶心。

B 队的子弹全都打偏，但是偏的方向是一样的。

C 队的子弹在靶子上到处都是，但整体上是以靶心为中心的均匀分布。

D 队的射击是又偏又分散。

其中，B 队的“偏差”比较大；C 队的“偏差”小，但“噪声”很大；D 队的“偏差”和“噪声”都较大。“偏差”与“噪声”的主要区别在于：在多次行动的结果中，“偏差”带来的错误是一致的、稳定的；而“噪声”却是随机的、分散的。“偏差”在于我们在做出判断时，有共同的心理倾向；而“噪声”就是飘忽摇摆，犹豫不决。①

在思考“要如何引导学生写作”的时候，“偏差”来自我们内心坚定不移的经验——之前都这样写，都写出来了，一定不会错。经

① 丹尼尔·卡尼曼，奥利维耶·西博尼，卡斯·R. 桑斯坦. 噪声 [M]. 李纾，汪祚军，魏子晗，等译，杭州：浙江教育出版社，2021.

验还得到了大众的支持，例如，你知道大家都这么写。也许你在刹那间也想改变，因为在整个教学过程中，的确感觉有不对劲的地方。但此时，你又会受到“噪声”的干扰。可以说，是“噪声”和“偏差”共同作用，让这样的教学积重难返。具体来说，干扰有三个方面。

第一，干扰来自信息局限。你所获得的信息，局限在“我以为”“我所知道”“在我看来”的狭小空间内。然而，从全球范围来看，教师结合学生的写作全程，从预写到起草，再到修改、校正，到最后的发表，全程陪伴式的写作教学模式，已经有超过 90% 的教师在使用，而且取得了效果，成为写作教学一种公认的“过程写作范式”。这是在信息局限之外的、更大范围内的有效信息。

信息局限还体现在自鸣得意、故步自封。已经有越来越多的有识之士，发现为“制造美文”而生硬拼凑、矫情造作的写法，是完全无效的。更重要的是，这样的写作浪费的是学生的生命，且对学生未来的写作会产生负面的影响，造成严重的干扰。著名教育学者顾黄初先生说：“教师教的流程，和学生作文产出的流程不匹配，所教的是无效的。”因此，如果教师能获得更多、更全的信息，更为广泛地关注写作教学的发展，拥有更多的资源，就会产生反思，也能更加明确——生造美文，是无效的。

第二，干扰来自个人的认知局限。有时候，人们明明知道有问题也不愿意改变，这就是个人认知水平的局限在产生干扰了。

每个人拥有的学科专业知识水平不同，局限大小也不同。大部分主张“制造美文”的教师，其本身对写作是一无所知的。例如，写作是怎么回事？文章是如何写成的？不同文体的写作知识图谱、系统是什么样的？不同语境中写作的功能是什么？一些教师连这些知识都没有掌握，甚至根本不知道需要掌握这些知识，所以在其指导的写作中缺乏基本的文体意识、读者意识、功能意识，认知的狭隘导致其固执地认为“我这么做就是对的”。

第三，干扰还来自群体效应。社会生活中的人们，很容易陷入集体无意识。“大家都这样”“我不能改变”等想法来自群体的影响，让个体在集体的行动中丧失了思考的主动性，将大家习以为常的做法习惯性地执行下去，眼见效果不佳，却无心、无力、无从下手去改变。以写作为例，任何一种技能的形成，都有其轨迹与路径。写作是一种技能，这种技能的学习与形成，需要经历刻意练习，还需要合理的课程设置，需要像前文中第三只小猪一样，付出努力。而在群体中，慵懒很容易传播，少数人即便清醒了，可能也会因为身边人的状态而继续保持沉默。因此，改变就显得遥遥无期且毫无意义了。

本文先引用了一个经典童话，又借助了经济学的知识，最大的愿望是帮助教学者寻找突围的方向。在写作教学中，学生需要不走捷径，主动下功夫，经由写作进行学习，真切提升写作能力。最典型的练习手段就是“百字作文天天练”：每日以短小的文章进行随手练习，每次练习可以结合一篇文章的某一个专项能力进行练习，日积月累，逐步提升写作的支撑力量。具体的学习系统还包括随课文学习写百字、整本书创作百字、知识系统梳理百字等，读者可以参考《何捷老师的百字作文系统》《百字作文的神奇魔力》等书籍。

这就类似于童话中的第三只小猪，努力用砖块盖房子，一砖一瓦累积起来，最终形成的是坚不可摧的堡垒。在建造写作堡垒之时，教师也需要做出改变。

首先，改进个人的认知风格。不要在百字作文练习的开始阶段就轻易放弃。刚刚脱离舒适区，进入刻意练习的时候，总是难受的。如果教师无法坚持，学生就更坚持不下去。因此，教师要保持开放心态，做好“打持久战”的准备。要知道，盖一座砖头房子，自然比盖草屋子费力。

其次，多做冷静思考与独立判断。要去除在最开始的阶段受到的“暂时写不出”“不愿意坚持”“写了没效果”等信息的干扰，做出冷静的判断。这个时候可以屏蔽“回到舒适区”的呼唤，不受他人影响。也许第一只、第二只小猪，也曾嘲笑过第三只小猪，但笑到最后的，必定是最能持续努力的第三只小猪。

最后，保持终身学习的状态。教写作，首先要懂写作，要学习写作。好好学习、系统学习，才能让自己的认知不断更新。教师在学习中的体验，也能给学生学习写作带来更多的启发。

妙招 18　统编教科书五年级上册习作，首次要求列提纲

统编教科书五年级上册第四单元，教学中的语文要素确定为两点。其一为“结合资料，体会课文表达的思想感情”，其二为“学习列提纲，分段叙述”。这一单元的习作命题为《二十年后的家乡》。在习作教学中，教科书呈现了这一篇习作的提纲。这是第一次展示提纲并要求学生在练习写作文的时候先列提纲，最终实现结合提纲写出作文。

关于列提纲的第一次教学，不管内容是什么，都尤为重要。

教科书用相当明晰的方式提示列提纲在全篇幅写作过程中的意义、在写作的布局谋篇上的重要作用。但在一线教学工作中，列提纲依然不断被忽略。《二十年后的家乡》习作命题，很容易被解读为借助“纯粹的想象”，写出自己理想中二十年后家乡的样子；况且，在命题要求中还给出了提示——“大胆想象，二十年后的家乡会发生什么巨变。如，环境有什么变化？人们的工作、生活有什么变化？”可见，让学生自由想象，畅快写作，这的确是写作的目的，也是最终结果，但请务必关注本单元的教学要素——“列提纲，分段叙述”，而不仅是“大胆想象”。如果仅仅注意想象的发挥与表达，就极大地削弱了本次习作的意义。更何况，单就想象作文而言，本次习作重要的训练项目“列提纲”，也将揭开关于想象作文的最大争议——如何确保想象内容的大胆，又能顾及想象结果的合理。列提纲，不仅

让想象别具一格，还能让习作有章有法。

历来关于想象作文的争论，最为集中的就是“大胆”与“合理”之间的取舍，这涉及中华文化中最为微妙的“度”的把握。大部分一线教师在面对这个问题时，多含糊其词，没有具体而有效的指导方法，仅用“要求”来强调，既希望学生做到大胆夸张地想象，又不希望在文中看到过于离奇的表达。大胆与合理，是一对总是聚头的冤家，无法在其间求得平衡。因此，学生的想象作文，总让人有莫名的遗憾，在文字与理性的张弛之间，总留下无法周全的缺陷。其实，这一单元习作的训练要素“列提纲”，已然为我们提供了解决困境的路径。

列提纲，至少存在两个方面显著的优势。

1. 提纲就是预先构思，构思能在大胆与合理之间维系平衡。

写作主张构思先行。从写作的流程讲，也必须事先构思再起草。无构思就直接开始写，正是当下学生“写着写着就写不下去”，创意容易枯竭的重要原因。学生会因为要完成任务而写，写就是重复自我，重复的仅仅是旧经验而已。当然，四川师范大学马正平教授所主张的“非构思写作”也是一种合理的存在。综合考虑，特别是关注写作学情后，我们认为：倘若写作者是较为成熟的成年作者，或是有丰富表达经验的写手，那么非构思写作更能够在灵感的促进下写出优质作品；而小学生练习写作，构思的存在尤为重要。从构思到非构思，是更适合于儿童写作的有效发展路径。

列提纲中的构思存在三种功能，能让想象的夸张与合理不断调和。

其一，提纲为线索。提纲直接挑明了写作的流程，明晰了篇章中的段落划分，具有明确作文结构的功能。以本案为例，《二十年后的家乡》的提纲提示全文至少分为五段，开头、结尾各一段，中间环节分三段——先写环境的变化，再写工作的变化，最后写生活的变化。篇末点题，表达对二十年后家乡生活的向往之情。见到提纲，学生就能够做到心中有数、表达有序、结构明晰，让表达趋于合理。

其二，提纲为提示。提纲提示本次写作的关键部分、核心内容。很明显，相对于开头、结尾而言，中间的三段就是本文的核心写作内容。将核心确证为核心，在写作时通过文字有效地呈现为核心，这就是运思对写作的观照和指引。这样的提示，能让文章呈现凤头、猪肚、豹尾的传统格局，能让文章具有橄榄形的总体形态，这就是提纲带给我们的重要提示。这一布局上的提示，也让写成的《二十年后的家乡》这一想象作文的样态趋于合理。

其三，提纲为规约。提纲规约了写作的目的，指定了写作的范围。提纲列好了，写作范围也就随之固定了，提纲中也体现了写作的目的。例如，教科书中《二十年后的家乡》的提纲，在结尾部分列出了“表达我对二十年后家乡生活的向往之情”。此条为最后一段的写作要义，也是这篇习作的人文目的。可见，即便我们的想象再大胆、再夸张，一旦借助提纲的“事先约定”，都能让作者记住要选取有助于目标的内容进行表达。规约，让想象更加趋于合理。同时，教师结合提纲评价习作，也是一种印证、一种衡量。

2. 就提纲本身而言，列提纲还涉及多种有利于写作的能力。

列提纲所涉及的第一项能力为组织能力。例如，组织已有的素材进行想象，组织写作的流程，组织写作的进展，让写作成为一个能够全程协调、前后一贯的系统工程。有组织地写，才能写出有思维色彩的作文。第二项能力是选择能力。列出提纲的同时，就完成了选择；列出提纲的过程，正在经历着选择。当素材充分的时候，哪些素材能被列入，哪些素材最后能被写入，思维不断调整的过程，也就是列提纲的过程。选择能力，也就在此过程中同步生长。第三项能力是自我约束力。优质的表达都是极为自律的。即便是成熟作家创作的文章，看起来给人感觉放荡不羁、随意而为、挥洒自如，实际上都是通过一种极强的内隐力量对文字进行自我约束与管理后写就的。管理的结果，就是让你看到“放荡不羁、随意而为、挥洒自如”的状态。而学生习作，更要加强这样的自我管理能力，这是未来写作必需的潜在动力。例如，通过列提纲，学生实现管理选材，管理文意与思想，管理文章结构、布局，管理语言文字规范……提纲，就是自我管理的“项目表”，让写作中自我管理的项目一目了然。提纲在前，有助于学生在写作时根据“项目表”协调各部分内容。

本单元习作，不仅是写出一篇《二十年后的家乡》，更重要的是学习编写提纲，让学生有篇章写作的意识，明确在整篇习作中要分段叙述，要突出重点。统编教科书的编撰，与新课标一一对应。此命题要求，就是针对新课标第三学段的写作教学目标所设定的。新课标明确指导第三学段的写作，应重视篇章写作，要从对段落的着力升级至全篇。那么，在列提纲的指导上，教师究竟应如何操作呢？是该有所作为，还是不予指导，让学生自由列提纲？我们主张要教，还要教好。因为这是教材首次要求列提纲，是可贵的第一次，教的意味要浓厚。具体建议如下。

首先，做到“段落结构可视化”。教师应指导学生借助提纲，列出构成一篇作文的段落分布图。例如，这篇文章到底要写几段？每段到底写什么？列出提纲，可做到心中有数，否则，很可能写着写着就偏离了方向。其次，做到“文章重点可视化”。教师要提醒学生列出本文写作的重要部分。一篇文章并不是平均用力，总有重要段落来体现写作目的。与第二学段的“段落写作”不同，第三学段习作更多指向篇章的建构，更多是协调各个组成部分，让读者通过阅读，理解作者的整体表达意图，明确文章的重点是什么，集中描写在哪个部分。提纲，有助于目的的达成。最后，做到“写作过程可视化”。列好提纲如同设定好写作过程，接下来就是按部就班，根据计划写出来。可视化，如同过去洗照片一样，是慢慢显形的过程。对文章的构思，原先沉寂在脑海，是模模糊糊的，或是飘忽不定的。而如今即将要写作了，列出提纲了，就让这些构思慢慢显露出来，固定下来，被作者看见。看见构思之后的写作，就是对照着自己的思路具体推进。

当然，写作不是一成不变的，写完后还可以修改，还可以调整。特别是有了提纲与完稿，可以将整篇文章和自己列的提纲进行对比修改：看看写的内容和构思的内容是否一致；看看能否在写作实践中超越原先的构思；看看能否继续调整构思，让全新的构思和最后的写作结果更为匹配。这样的修改，改在思维，改在结构，是更为有效的修改。以本案为例，中间环节安排了写出“环境的变化”“工作的变化”“生活的变化”。学生按提纲写，写后发现还可以写“自己的变化”。之前的提纲中仅注重了环境，关注周遭，但真正的想象，离不开自己。二十年后的家乡生活，自己很可能成为整个区域生活的主导者。所以，写作时对提纲的对应与调整，也是在大胆与合理之间求得平衡。

列提纲，是写作教学中不可或缺的一节，需要予以重视，不能对学生放任自流。

妙招 19　作文当堂写，实现“教—学—评”一致性

统编教科书中的单元习作，必须当堂写。

一方面，这是教科书中出现的具体的课程学习内容，必须在课内完成。另一方面，新课标明确指出：“课内习作每学年 16 次左右。”这里的“课内”，既是课程系统之内的意思，也指必须当堂写就，在学校内、课堂中完成——只有“当堂”才是“课内”。

如果把作文当作家庭作业，安排在周末由学生自己完成，或由父母辅导完成，应视为教师未能完成新课标所规定的课程内容，也就是“不达标”。

作文当堂写，难度系数高。教学要实现促进、引导、辅助作用，可行的方案就是遵循新课标提出的“教—学—评”一致性，即在学生“学”的过程中，嵌入教师的“教”以及师生互动的“评”，让三者保持一致（图 19-1）。

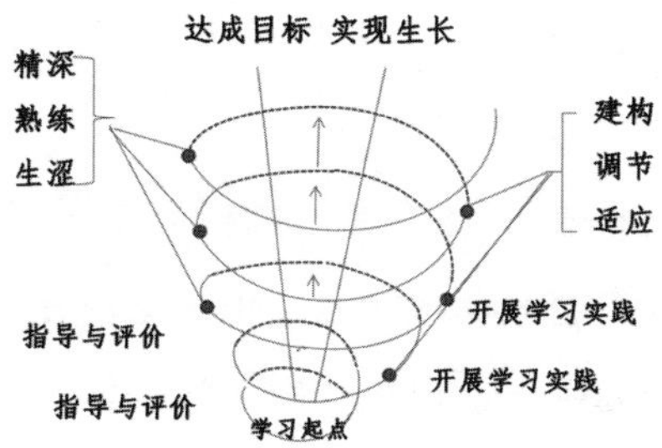

图 19-1“教—学—评”一致性

要想看懂这张图，先从“学习”开始。学生完成任何一次习作，都可以看作经历了一次学习，即通过写作去学习。既然是学习，就需要达成学习的目标。图中的顶端就是学习要达成的目标。目标，并非一步到位的，而是逐步达成的。学习，是有起点的，且在整个学习过程中，学生在教师的指导下，通过实践，朝着目标不断提升。在这个过程中，教师给予必要的指导，还要及时针对学习中展示的学业成果进行评价。教师的“教”，学生的“学”，师生互动的“评”，三者的融合，犹如周而复始的圆环。

随着实践频数的增加，学习水平的层级也不断提高。各个层级之间相互承接、关联、升级。在教师的指导与评价下，学生不断进行自我调节、监控、建构，经历着从生涩到熟悉再到精深、从新手到大师的发展路径。

“教”“学”“评”的互动，让写作过程极具学习意味。从“学”出发，辅以“教”，最终，经过“评”认定是否达成写作目标，学习是否完成，学生是否实现写作素养的生长。以统编教科书三年级下册的习作“我做了一项小实验”为例，落实“教—学—评”一致性，教师可以这样设计当堂写的教学任务。

1. 明确要达成的目标，“教—学—评”共同保障学习有始有终。

本次习作的目标为“观察事物的变化，把实验过程写清楚”。学习目的为提升观察能力，借助观察收集到的素材，清楚地记录实验过程。

对学习效果的评估，最关键的指标就是写清楚。什么是写清楚？即读者看了就知道你在做什么，也知道你是怎么做的。这是本次写作学习要达到的终点，也是“教—学—评”一致性必须围绕的核心。在这一目标的指引下，学生的学习起点是参与实践、完成实验，同时按教科书要求，事先填写实验的过程表。

在此基础上的学习，就是依托写作这一学习形式，向目标进发的过程。教师的“教”与学生的“学”，以及师生之间的“评”，始终伴随着目标的达成而共生、共长。

2. 由浅入深，层层提升，“教—学—评”联合助力学习进步。

作文当堂写，能确保学习在这一过程中真正发生。出于“学”的需要，学生在这一案例的写作过程中，最开始写的不是实验的开头部分，而是实验进行中的某一个环节，这一环节中包含着需要学习的写作知识以及需要提升的写作能力。“教—学—评”一致性就在聚焦后的写作环节中，助力学生不断获得阶段性的进步。

以“摩擦力实验”为例，实验分为三个环节。第一，将两本书逐页交叉叠放在一起；第二，用力尝试将两本书分开；第三，抖动两本书，降低书页之间的摩擦力，将两本书分开。在写作中，教师先让学生写出实验的第一步，用书面语言描述如何将书页交叉叠放在一起。学生写完后，教师组织个别学生朗读片段，并立刻进行评价。评价的标准就是是否将如何交叉叠放书页的过程写清楚。当学生指出哪些地方没有写清楚的时候，教师再让学生出谋划策，提议如何修改，怎样将写不清楚的地方写清楚。通过这一核心学习实践，学生能把知识掌握牢固，能力得到了锻炼与检验。

针对全班同学的修改，教师的“教”要及时跟进，明确指导学生“什么是写清楚”。例如，对句子而言，写清楚就是每一句话希望表达的意思和表达出来的意思要一致。因此，评价就是确保这样的一致性的重要力量。对于整段话而言，写清楚就是指一段话要集中表达一个意思，让读者一下子明白这段话写的是什么。评价依然对意思的集中呈现保驾护航。“教”对“学”有具体的指导作用，“评”对“学”也有监督、纠偏和推动功能。

作文当堂写，让学生自己及时得到学习成果的反馈意见，且能立刻进行迁移运用。例如，核心段落写好后，学生可以将片段写作的经验迁移辐射，再写出实验的其他环节。写作能力随着段落增加而提升，写作水平也在不断升级。教师的“教”在迁移学习环节，表现为对教学活动的组织，“教—学—评”一致性体现在学生的写作活动与评价活动互相嵌入、互为助力上。

如图 19-1 所示，全程教与写相伴，“教—学—评”融为一体。教师的“教”、学生的“学”和师生互动的“评”相结合，不断交替出现。随着实践活动的反复，学生的能力也在逐级提升。在实践中，通过一次次修正，学生知道了什么是写清楚，不断接近目标。当堂组织教学，教师的“教”始终不离开学生的“学”，给了方法指导，通过评价促进学生发现问题。从图中我们也可以看出，从生涩到熟练，再到精深，是需要反复多次实践，经过不断练习才能实现的。

3. 小微片段练习，师生高频互动，有益于“教—学—评”充分融合。

作文当堂写，最基本的设计框架是将全篇拆解为诸多的小微片段，马上讲，马上练，马上评，马上予以指导，“教—学—评”充分融合。

在写作学习中，学生最需要的就是解决具体而精准的问题，在不同的片段中，参与问题解决式的学习，而不是独立地、笼统地应对全篇写作中“复杂而集中”的综合难题。作文当堂写中最重要的片段练习，可以从全篇中最重要、最需要指导的段落直接切入，不必每次都从头写起。

例如写“我做了一项小实验”，不需要从头写起：“今天，天气不错，我们要进行实验……”这些惯常的开头，分散了学生的体力，消减了学习热情，让学生的当堂写从开始环节就陷入若有若无的应付状态，等真正写到实验的核心部分时，涉及每一个实验步骤怎么写的难点时，反而没了力气。学生写作学习上的最大难点，应该确保使用最佳的课堂学习实践予以完成。

这样的写作设计框架，符合“SMART 原则”，其设计逻辑有利于目标达成。SMART 原则包括五个维度：具体的（specific）、可衡量的（measurable）、可实现的（attainable）、相关的（relevant）和有时限的（time-bound）。小微片段写作可以让学生在规定的时间内完成具体的学习任务，立刻实现学习阶段目标，并对学习成果进行测量、评估，确保最终目标真正达成。

这样的设计，更有利于实现“教—学—评”一致性。教师在学生的片段写作过程中，精准执教，确保学生的“学”顺利实施。具体来说，“教”包括如下内容：讲清知识点；提供解决问题的方法；预估写作中的难点，搭建活动支架予以化解；等等。“评”则嵌入学习过程，是具有针对性的过程性评价。

当学生写不清楚实验过程的时候，教师还可以结合本单元的课文，回忆文中的写作方法，采用“读写结合”的方式，借助统编教科书的编撰系统，帮助学生化解困难。

例如，《花钟》的第 1 自然段，写的是不同的花开放的时间不同。围绕这个意思，每一句写一种花，并按照时间顺序从早到晚排列。段落中的句与句之间，做到了描述词汇的差别化——结合花的不同，采用不同的词语写。这些方法确保这段话的意思表达得清清楚楚。教学中，教师可以让学生温习课文，提取方法，迁移运用。

统编教科书的单元习作学习，必须实施全程辅写，进行“教—学—评”互动，实现“教—学—评”一致性。学生在课堂上就能提升，就会掌握，就有学习成果，学习就能真正发生。

妙招 20　习作提升不力的原因：总让学生周末自己在家写

新课标在学段目标中提出“课内习作每学年 16 次左右”。不少教师在理解这句话时，有一些误解。

“课内习作”，强调的是让学生在课堂教学时间内，即在学校完成习作。但实际情况是，大部分接受访谈调研的教师都表示——课内习作一般会让学生带回去，在周末完成。在接受访问的家长中，100% 的家长提供的信息是——孩子周末最怕写作文。

学生自己写，写后提交，大概一周后教师发回批改的作文，其实真没啥用，同时也未曾达到新课标提出的要求。习作，是正式课程，必须完成；课标，是保底目标，必须完成。单从这两个方面看，我们就需要重新审视关键词——时间。

美国学者厄克特与麦基沃合著的《教会学生写作》一书中转载了著名的精准教学体系创始人罗伯特·马扎诺（Marzano）博士的观点：他将“教学时间”清晰划分为强制安排的时间、教师授课的时间、学生投入注意力的时间、有效学习的时间四种。

1. 强制安排的时间：学校里用于教学活动的时间，如上课。这有别于非教学活动，如休息、午餐、娱乐。

2. 教师授课的时间：教师用于授课的课堂时间（有别于用于组织业余活动的时间）。

3. 学生投入注意的时间：在教学过程中，学生对教师所授内容实际投入注意力的时间。

4. 有效学习的时间：在学生关注学习目标的时间里，他们成功完成任务的时间。[①]

请注意，在马扎诺博士的划分中，即便是“在校区间”内的时间，也有不同的层次，更不要说部分教师将周末时间直接移用为“习作学习时间”。同时，马扎诺博士强调“有效学习的时间”对学生的成功至关重要，而“强制安排的时间”作用最小。

让学生习作进步的任务，不能由父母承担，它是专业教师的职责。

在课堂教学中，一学年安排好 16 次教学实践，实现教学收益最大化，让学生、教师共同参与“迈向成功”的学习之旅。教师必须加强学习，按照新课标在“教学研究与教师培训”部分提出的指导意见，学习并使用新知识和新技能，帮助学生了解需要学习的知识和技能，以便在新的环境中运用知识，解决问题。

从写作本身看，教师要全程参与，而父母在周末是无法完成辅导的。写作的全过程，包括准备、起草、修改和编辑。[②] 专业学者研究了从中学生到成人的实际写作过程，揭示了写作过程的主要特征和条件。

准备、起草、修改和编辑，具体指以下内容。

1. 准备：收集信息，组织思路，确认读者和目标，选择文体。

2. 起草：使用完整的句子表达整体写作思路。

3. 修改：检查表达方式是否清楚，词汇选择是否恰当，内容组织是否合理。

---

① 魏姬·厄克特，莫内特·麦基沃. 教会学生写作 [M]. 晋学军，译. 北京：教育科学出版社，2008.

② 根据珍妮特·埃米格、约翰·海斯和琳达·弗劳尔的相关著作提炼，参见厄克特与麦基沃的《教会学生写作》。

4. 编辑：根据写作思路检查话语的语态、语气和风格。

也有研究者将写作过程表述为五个环节：预写、起草、修改、校正、发表。不管如何表述，它们都有共同之处，教师要思考的是如何通过步骤的分割与嵌入，让“教”成为一种力量，以这样的力量让写作变得连贯起来，让学生能顺畅地表达自己所希望表达的观点。虽然每个写作步骤是相对独立的，但教学就是黏合剂，让过程不断组合。

这一切，有一个重要的前提：教师在场，写作学习活动在课堂上完成——当堂写作，当堂修改，当堂获得进步的动力与方向。

学生把作文带回家周末写，还会因为评价失效而继续造成无效。

在之前所提的不当的写作方式中，学生在写作后延期一周所收到的返稿，大多带有“批评性”，抑或是“泛泛而谈”的写作反馈。在早就冰凉的作文纸上，教师的评语也同样失去了应有的温度。

教师不大关注学生文章立意如何、选材如何、布局如何，而总是关注需要美化的“词句”，红笔批语都是“不规范句子”“错字”“语法不正确”。然而，这种反馈对提高学生写作水平几乎不起什么作用。长期对文章批改敷衍，评语含糊不清，提供延迟且无效评价的信息，都影响学生的写作信心。

更令人担忧的是，“周末写作文，自己先写，写后再提交批改”，这样的意识和行为，经过长时间、多人次的沿袭，成为流行的做法，很多青年教师刚走上岗位，也开始不自觉地模仿。

实际上，当堂写作，进行过程性评价，既符合新课标对评价提出的要求，也让写作学习变得有效，让评价本身也发挥出作用。

在学习过程中，教师及时针对学生写下的片段，予以精准、有针对性的指导，比学生得到一个“优”或者“良”更有效。同时，在指导过程中，师生还可以对话，可以让学生具体明确“这段话好在哪里”“如何去发挥、去强化”或者“哪里有不足，该如何去增补”“做何种调整”。这些才是促进学生写作进步的核心动力。而这些信息在事后评语中，是无法鲜活地呈现的。

打铁要趁热，在铁棒烧得通红的时候锻打，铁棒才能够塑形。

教师坚持这样做，能让学生更好地理解文章是如何写成的，把握写作的密码。这样学生能够将在课堂上获取的写作知识和能力迁移到课外，在自主写作中得以发挥。

学生把作文带回家周末写，也会让教师的执教能力停滞不前。

这是一个更隐蔽的问题。让学生把作文带回家周末写，不仅学生无法进步，教师自己也无法提升。实际上，真正的写作问题就是在写作过程中暴露出来的。例如：不会选材、不会表达、段与段之间不能连贯等，这些问题都需要在写作过程中发现。如果学生把作文带回家周末写，问题就会隐藏在最终的写作结果中，教师是无法发现的，时间久了，也就无法也无力发现。

在课堂上，与学生一起面对写作问题、帮助学生解决问题的同时，教师才能获得执教能力的提升。课堂就是阵地，是发展的关键路径，是无法回避的学习场所。

为什么学生一直写，却依然不会写？为什么教师都在教，但总是没长进？当堂写的缺失，就是重要原因之一。

妙招 21　小学里的话题作文，不要被降格，不能随意写

统编教科书六年级上册第三单元习作题为《____让生活更美好》。请注意，这是小学阶段尤其珍贵的一次话题作文学习，不容小觑。

如何认定这次习作是写话题作文呢？教科书上明确写着：“结合自己的生活体验，完成这次习作。从‘微笑、诚信、梦想……’中选一个话题写，也可以写其他话题。”这里明确地出现“话题”一词，编者给了教师提醒。

小学阶段少见话题作文，或者说，少见如此明确指示的话题作文。因此，学生的这一次写作经历非常宝贵，一切都须予以重视，才能保证教师教得得法，学生学得有效。但我在和青年教师一起备课以及听评课中发现，这一课常被人为降格为记叙文写作。教师指导学生选取一个词语，如微笑、诚信、梦想、旅行、集邮、运动、种花、创意……之后围绕这个主题词，记录和主题词相关的事件；在文章最后，简单增加几句感受，进行“首尾呼应扣题”。

这么写，不仅误解了教科书编撰的意图，而且浪费了极好的练习机会。如果将《____让生活更美好》降格为记叙文，即便学生写出的文章语句优美，也无法达成本次学习的目标。成甲在《好好学习：个人知识管理精进指南》中提出对有效学习的认识：衡量你的学习是否有效的重要标准是，在学习之后，解决问题的思路和方法

是否得到了改变。如果你在学习之后和学习之前，思考和行动都一样，那么显然这样的学习是无效的。[①]

试想一下，假如像之前无数次的练习一样，将这次习作写成记录生活小事、简单叠加感受的记叙文，学生的认知并没有发生改变——如果非要说有，也许就是加深了对写作的厌烦。

如何提升本次学习的效果呢？必须优先认清本次写作的目标——写生活体验，试着表达自己的看法。可见这一次写作是从体验到看法的演绎。体验，就是生活的事实，是对生活的感性认识；看法，是对这一事实持有的理念，是高年级学生应形成的理性观点。小学阶段的话题作文承载的功能之中，有“打通生活与成长之路径”这一项。

本次话题作文，值得好好教、好好学，具体可分为四步。

1. 选择话题，填补文题。

《____让生活更美好》是半命题作文，作文标题需要补充完整。教师指导学生在教科书给出的话题中选择，补充好题目，当然也可以让学生自由确定话题。选择的标准可以增加一条：话题所涉及的事件，需要作者本人亲身经历。

2. 下放话题，写好事件。

所谓下放，指的是引导学生从话题概念过渡到具体写作。在写的时候，为避免议论空泛，学生可以先从最熟悉的叙事开始。

文章进入正题后，学生直接写与话题有关的生活实例，写出自己真实的体验。例如题为《微笑让生活更美好》，“微笑”就成为话题主题词。学生在写作时，选择与微笑有关的事件，写清楚事件的起因、经过、结果，讲述事件的来龙去脉。注意，要特别突出事件

① 成甲. 好好学习：个人知识管理精进指南 [M]. 北京：中信出版社，2017.

中带有“微笑”的部分。例如，把笑容刻画清晰，让读者看明白。又如，写清谁为什么笑，笑后的结果是什么。和微笑有关的部分就是详写的部分，就是本文写作的重点。

之前在学生选择话题时，教师强调了亲身介入。所以，学生在写的时候，就要写出本人在场的真实见闻与体验。可见，写作的各个部分都是相关的，教学的各个环节都是有呼应的。写作教学是一个需要教师瞻前顾后的系统。

3. 回归话题，写好评述。

话题作文，评述写作极其关键。学生在写出体验之后，随即应写出自己对此事件的看法。“看法”是教科书在表述单元学习目标时的用词。在话题作文中，我们可以称之为对这一话题的“评述”。

写评述，能让话题作文更有分量。对于评述的写作，教师也可以教学生方法。本文提供三种方法。

（1）替换法。把自己替换为文中的人物，写出评述。例如，在《微笑让生活更美好》一文中，如果微笑的不是作者本人，那么作者可以将“我”替换进文中：如果是“我”在微笑，心里会怎么想？“我”的微笑会对周围的人、对这件事带来什么影响？

（2）假设法。做一个大胆的假设，通过设想不同的结果，对比写出自己的评述。例如：假设当时没有微笑，事件会怎么发展？会如何变化？

（3）联系法。联系事件的局部展开评述，联系相关的多个事件展开评述，或者联系自己的生活体验展开评述，让话题显得辐射更广、影响更大、内涵更厚重。

无论使用哪一种方法写评述，都要与话题相关，与描写的事件相关。别忘了，写作是一个系统，系统中的各个部分要有关联，要协同互动，一起突出这一系统的特征。从文章角度说，这一特征就是本次话题的主题。

4. 丰富话题，拓展延伸。

话题作文要有更丰富的可读性，给人以更多的可借鉴性。写作时，需要进行拓展。拓展，不能闭门造车，更不能凭空想象。六年级学生需要通过查阅资料，实现严谨、科学、有效的拓展。资料的介入，也让话题作文的写作服务于作者本人的认知升级。

围绕话题，查阅资料，增补内容，提升品位，是话题作文写作的最后一个步骤。这也是话题作文和一般的叙事作文的差别所在。仍以《微笑让生活更美好》为例：在叙述完事件，表述完看法之后，学生可以继续拓展，写出与“微笑”相关的认知，拓宽写作思路，延展写作的疆域，让话题变得更加深刻、多元、精彩。

例如，可以写微笑是人类特有的表情。因为大部分动物面部不具备触发微笑的肌肉群，微笑成为人和其他动物的显著差别。因此，更多报以微笑吧。又如，可以写艺术类的著名微笑——穿越多年的迷雾，至今依然神秘且迷人的蒙娜丽莎的微笑；可以写来自外太空的微笑，展示太空照片，让学生发现其中隐藏的调皮的笑容，一下子拉近了宇宙间不同星系的距离；还可以写国家间的微笑，国与国之间的友好往来、相互支持，让微笑成为国家之间交往的特别方式……

话题作文绝对不是简单的叙事作文。话题作文有三个特殊之处：

其一，短话长说。该具体时要具体描述，才能让读者对这一话题所涵盖的事件有充分的了解。

其二，小题大做。话题可以小，但要多联系、多拓展，让话题变得丰富、厚重。

其三，文以载道。谈论话题，即便是提出批评意见，也要带有正能量，要让读者知道问题所在，要让问题得以改正。学生写话题作文，教师应指导其弘扬正能量，通过话题作文，传播真善美，让学生在明理中获得成长。

按照上文步骤执教，写作带来的价值不仅在于写成一篇文章，更在于学生通过写作学习，提升了认知。教学的有效，还让认知提升也显得与众不同。通过话题写作，学生能看到一个全新的自己，进入一个自己未曾抵达，或者是从来想不到的全新空间。

这一全新空间，指的是元认知。周岭在《认知觉醒：开启自我改变的原动力》一书中，对“普通认知”与“元认知”做了区别，绘制了图谱（图21-1）。[①]

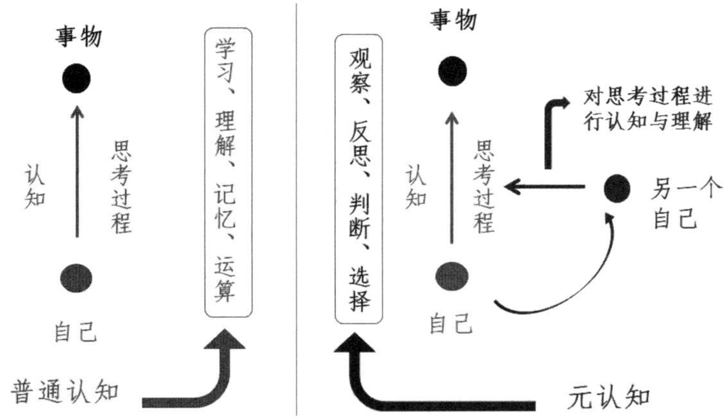

图21-1 普通认知与元认知的区别

学习是否发生，要看认知的改变。无效的学习，认知是没有改变的。然而，有时候认知发生了改变，也只是以最为基础的记忆、运算等重复方式进行，这就属于普通的认知改变。但是，如果每次学习都能主动通过观察、反思，获得新经验，同时让判断、选择、

① 周岭.认知觉醒：开启自我改变的原动力[M].北京：人民邮电出版社，2020.

鉴赏等思维活动参与其间，对自己的思考、行动过程进行理解的话，提升的不仅有普通认知的水平，还有元认知的水平。

元认知，让你经过学习后，成为一个新的自己。话题作文写作，让写作成为一个有效的、走向全新领域的学习活动，加深学生对一个话题的理解，提升学生的认知。整个学习过程，学生的元认知也实现改变。

因此，小学阶段这一次习作，教师不能草率对待，更不能将其降格为记叙文写作。珍贵的话题作文机会难得，教师好好教，学生好好写，师生一起好好学。

妙招 22　小学生写作文，是否有必要掌握技法

小学生写作文，有必要掌握技法吗？

答案是肯定的。有方法，事半功倍。也许学生在第一学段起步时不需要学习技法；到了第二学段可以初步学习、体验技法的运用；到了第三学段，可以在写作目标的指引下调用技法，有意识地主动写，进而实现目标。

不排斥技法，也不迷恋技法，得体地运用，恰当地表达，应该是学生在小学阶段写作的美好状态。

技法，在教科书中也常被提及。例如，统编教科书六年级上册第二单元的学习目标为“尝试运用点面结合的写法记一次活动”，写作内容是“一次活动”，写作学习重点则是“尝试运用点面结合的写法”。这一单元的习作为“多彩的活动”，教科书中明确提示学生要“写清楚活动过程，把印象深刻的部分作为重点来写”。可见，活动为“面”，印象深刻的部分为“点”。同时，教科书还提示“写活动的场面时，既要关注整个场景，也要注意同学的表现，写一写他们的动作、语言、神态”。可见，“点”与“面”不能分开，要结合在一起。“点”中有“面”，“面”中带“点”，相互结合。最后，教科书还提示“把活动中的体会写下来”，这里的“体会”，多少也算是个“点”。

这些要求固然明确，确实对“点面结合”的写法有所顾及，有

所提示。但要求是要求，真正到了实践的层面，学生就遇到了困难——没有方法。少了方法，自然感到力不从心，学生也只能应付了事。

优质的写作教学，不应仅停留在命令层面，还应给予学生切实可行的方法。

1. 教学的起步，在于对“面”的理解上。

按照教科书的提示，“面”指的是整个活动的场景。学生只要参加了活动，就可以依靠经验储备，按活动的顺序写出不同的活动场面；写的时候用上积累的词，尽量将活动的真实场面表达出来。可见，这一部分的写作以学生自由发挥为主，以实现新旧知识的相互支持与运用。

2. 教学的力量，集中在对“点”的突破上。

教科书中提出的要求，大部分集中在“点”上，强调把“点”写清楚，提出要写哪些“点”。实际上，学生缺乏的不是提示，而是方法。没有方法，“点”是不容易被突出的。教学就是给方法。

最好用的方法就是“拆分法”。如何拆？拆什么？

“面”虽大，却不用拆分，因为“面”就是求完整。“点”虽小，却越小越要拆分，拆分写，才能写具体。教师可以指导学生在写“点”的时候，用多个分句写，一个句子写一个方面，点点不同，但点点集中围绕表现一个主题。例如本单元《开国大典》中的阅兵式部分，就是最好的示范，一整段都围绕着“阅兵”这一重点。其中，海军重在突出制服，体现海军的精气神；步兵重在突出整齐的方阵，齐步行进；炮兵和战车师突出装备，战士则突出精神状态；骑兵师突出马的训练有素……一句一个点，点点不同，点点不离中心。

习作“多彩的活动”要求写活动，重点突出印象深刻的地方。

可见，在活动中要选择一个环节，其中必定要有人作为活动中的焦点和写作中的重点。具体到“选什么人”的时候，教师可以指导学生偏向写“同伴”或“对手”，方法具体而翔实。写他人，可以观察，可以交谈，可以给予评价。针对重点写作对象，可以写出语言、心理活动以及观察到的样貌、动作等。以多方面的“点”，从不同角度集中写出焦点人物。

3. 教学的成败，聚焦在“结合”上。

确定按顺序写“面”，拆分写“点”之后，文章基本能做到条理清晰、重点突出。而这只是基础，要想完成建筑，需要更自然地结合。本次写作的层次差别，就在于结合。结合得好，文章顺畅，融为一体；结合不当，文章割裂，读起来没有通畅的感觉。

如何结合？结合自然是“面”中有“点”，“点”与“面”并行。这样的安排，就要考虑在整个写作中“点”的出现顺序了。排序，有讲究；排序，也决定了写作的效果。例如统编教科书五年级下册《两茎灯草》中，写了严监生临死时的场面，聚焦在“两茎灯草”这一焦点上。作者吴敬梓在描写时，就做到了合理排序，让点面自然融合，协作产生效果。

严监生临死时的场面中，作者安排了大侄子、二侄子、奶妈、赵氏四个角色出场，突出写严监生的吝啬。重点落在严监生的身上，以多人与其对话，严监生予以回应来突出“点”。微妙的是，不同人的对话重点以及排序是极为讲究的：大侄子第一个发言，提出最重要的“两个亲人不曾见面”，这是头等大事，但一下子被否决了；二侄子提出“两笔银子……不曾吩咐明白”，对于严监生而言也是大事，但居然也被否决了；奶妈说到的“两位舅爷不在跟前”，自然算不得什么大事；作为最了解严监生的人，妻子赵氏最后说的“灯草”

是最微不足道的，但说到点子上了。多点一茎灯草，费不了多少油，连这样的事都要惦记，可见严监生的吝啬。严监生的关注焦点，和其他人提示的真正重点的反差，还有从“重要”到“次要”的巧妙排序，都造成了让人意外的结果，都表现了严监生吝啬的特点。作者精心布局，各个“点”的有序出现，与“面”完美融合，让整个场面极有秩序感，又极有层次感，融合得天衣无缝。

回到本次写作指导上。教师可以让学生欣赏这一片段，提示学生在写的时候运用“穿插”的方法，按照活动的流程，在不同的阶段选取不同的点进行描写，写好“点”之后，继续推进活动，展示“面”，实现点面结合。

小学阶段的写作学习，要不要方法？答案已经很明显了——要！其实，写作从开始的自由放松，到之后的小心谨慎，古人早就为我们展示了发展提升的路径。特别是到了高年级，学生所有的写作都不应肆意而为，而应想好再写；写的时候，也不能毫无章法、全靠灵感、自由发挥。

学习必需的技法，在写作前先谋划，在写作中以思维主导自己的写作行为，才能让写出的作品有章法，让写作提升有持久的助力。

妙招 23 写作中须重视的“四步模型”，做不到就等于瞎忙

美国作家詹姆斯·克利尔在《掌控习惯：如何养成好习惯并戒除坏习惯》中，为习惯下了一个定义：习惯是一种固定程序或定期实施的行为，且在许多情况下，是自动执行的。[①]

习惯，让实质性的改变发生。

为了让学生在写作中有实质性的进步，我们设计了“百字作文天天练”这一系统。这一系统最重要的意义就在于让学生养成每天写的习惯。学生怕写作文，是因为写作文要一步到位，既要写得多，又要写得好。于是，“百字作文天天练”就逆其道而行之，主张写得少，写在日常，写出心中的原样；从习惯养成的角度出发，要求学生天天写，直至将写转化为一种自动执行的行为。

习惯养成了，就和生活无法分割，就能伴随每日生活而不断提升。每日写，写就成为生活中不可或缺的表达工具，成为人与人的交际平台。此后，学生继续坚持写作，不断以阅读输入来提升写作，就有可能从技术层面升级到艺术层面，成为作家。

任何一位作家，都有写的习惯，这一点毋庸置疑。

设想虽好，但养成“百字作文天天练”习惯的学生并没有想象中的那么多。其一，坚持是可贵的品质，不是人人具备的，可以说，

① 詹姆斯·克利尔. 掌控习惯：如何养成好习惯并戒除坏习惯 [M]. 迩东晨，译. 北京：北京联合出版公司，2019.

大多数人不具备这一品质。这点我们早就有预估。其二，写的过程中，某些习惯养成的操作细节，并没有得到理解，不曾被日复一日地强调执行，也造成了学生坚持不下去，直至效果不佳。

在《掌控习惯：如何养成好习惯并戒除坏习惯》一书中，作者列出有关培养习惯的四步模型——提示、渴求、反应和奖励。从这四个步骤中，我们可以比对并找到需要理解、养成、强化的写作习惯，因为它们决定着写作水平的提升。

1. 关于“提示”，切记“坚持”。

从开始进行“百字作文天天练”那一天起，就不要再问“可以两天写一次吗？”“一周能否就写四篇？”。这些问题的提出，就表明了学生对“百字作文天天练”训练系统的误解。请参加“百字作文天天练”的学生提示自己：每日写百字。每日参与，不论多少，这是习惯养成的第一个步骤，已经在“百字作文天天练”的系统名称中彰显了。

假如第一步都没有走出去，或者说走错了，还期待什么结果呢？

2. 关于“渴求”，希望建立信仰。

不少父母看到子女写的只言片语的百字作文，感到焦虑，不断地质疑——这就可以了吗？就这样也算作文？记住，父母的每一次质疑，都在阻碍子女写作习惯的养成。

我们好不容易让学生开始写百字作文，从一开始就要树立信念，让学生对成功有巨大渴求，这是支撑学生持续练习的动力。

从一开始，就让学生明白——我要坚持写百字作文，这样我会成为作家。

“成为作家”，就是一种对身份的渴求，这是坚持写下去的内部动力，万万不可被成年人的负面影响所消耗。从心理学上看，真正的习惯养成，产生的最大意义就是“身份的改变”。

例如写百字作文，学生可能会出于某种动机而进入百字作文练习系统，试图培养写作的习惯。学生无法长期坚持，最大的原因是仅仅靠所谓毅力来维系，而没有把这样的行为与自己渴望拥有的身份融合。就像任何一个想要减肥的人，都可以说服自己去健身房，甚至办年卡，但如果你的目标只是减去几斤赘肉，很快你会在“初战告捷”后，停止了健身。

不改变行为背后的信念，就很难长期坚持下去。改变身份，改变信念，是坚持的关键。信念如何改变？例如可以这样树立目标：

目标不是阅读一本书，而是成为善于阅读的优秀读者。

目标不是做好引体向上，而是成为体魄健美的人。

目标不是学习弹钢琴，而是成为音乐家。

说到“百字作文天天练”，目标不是写百字作文，更不是坚持写百字作文，而是通过写百字作文成为作家。所以，在“百字作文天天练”中的每次练习前，学生都可以在大脑中反复坚定一个信念：我要成为作家。练习之后，学生还可以反复强化第二件事：今天写百字作文了，我向着成为作家又迈进了一小步。

如果有教师、家长愿意围观，效果更好。教师可以让学生将写好的百字作文展示出来，这就是证明：我向着成为作家又迈进了一小步。因此，我们也主张写百字作文的朋友聚集起来，组成“打卡群”，每日公示，在观众效应的作用下，一个“作家”会更快地成长。

3. 关于“反应”，修订为“反射”。

学生在开始“百字作文天天练”的第一天，就要建立一种条件反射——写后立刻改。

为了强化这一反射，我们很固执地要求学生“用黑笔书写，用红笔修改”，改的时候，使用修改符号，保留原始写作痕迹，对比观看修改后的结果。每次红笔与黑笔的切换，换笔时笔落在桌面的声响，都在刺激并帮助学生形成“自己写，自己改”的条件反射。

这一条件反射看起来微不足道，实际上极为重要。它是习惯养成的“叠加公式”，即“继‘当前习惯’之后，我将养成‘新习惯’”。

例如，我现在写好草稿了，我将继续修改。写的行动付出后，立刻迈向新的行动，两个行动的推进和叠加，助推写的习惯养成。此外，自己写的草稿自己修改，看起来好像是一个形式，实际上揭示了写作进步的所有秘密——好文章是改出来的。

修改的习惯养成不容易，需要多次条件反射。也就是说，好的修改习惯，源于每一次修改的“小习惯”的叠加。每次叠加 1%，累积起来，最终就是 100%。反过来，如果常忽视“小习惯”，甚至认为“一两次没有改不碍事”，则会造成巨大损失。

例如，今天吃了一顿不健康的饭，你的体重并没有增加多少；今晚工作到很晚，冷落了你的家人，他们会原谅你；拖延时间，把手头要做的事推迟到明天，到时总会有时间完成它……人们总是觉得放纵一次自己算不上什么大事。但是，日复一日地重复哪怕 1% 的错误，久而久之，我们也会养成坏习惯。

每日修改，培养写好必改的条件反射，是成功的保障。

从这个角度，再看新课标。在第一学段学生初步写话时，新课标没有对修改提出要求；第二学段仅提出“修改习作中有明显错误的词句”；第三学段又跳跃到“修改自己的习作，并主动与他人交换”。这是值得深度研讨的。起步阶段没有让学生养成改的习惯，不鼓励学生自己修改——应改尽改，能改都改，学生的修改能力怎么能提升？学生连自己写的都改不清楚，怎么能去改别人的？

习惯养成就是小碎步前进，每一步都走得踏实、有节奏，才能够步步为营。

4. 关于“奖励”，考验的是情怀和智慧。

大家总觉得奖励是一件容易的事，实际上最容易的，往往最难做到。

在已经建立的“百字作文打卡群”中，我发现坚持奖励是一件关乎情怀和智慧的事。父母总是觉得子女写的百字作文不尽如人意；教师总是觉得学生的百字作文没有达到预期的要求，因此很喜欢挑毛病。

切记，习惯养成期间，只要坚持就有价值。百字作文写完后，学生只要能自己改，就是可喜可贺的进步，我们就应该给予鼓励——并不是写得好才鼓励，写得好反而不需要太多的鼓励。鼓励，主要针对写不好的学生。

找到学生的一个优点并使劲夸，将优点无限放大，这就是教学智慧。相信学生是奔着成为作家的目标去的，这就是教育情怀。试想一下，即便是作家，也有不同的风格、思想，也有暂不为人知的地方，更不要说学生正在进步，我们为什么盯着错误不放？

用“百字作文天天练”的系统促进写作进步，须重视以上“四步模型”。做不到，就等于瞎忙；做到，养成写作习惯并不难。

妙招 24　教科书作文当堂写，学生需要一张“施工蓝图”

在建造楼房之前，我们需要事先绘制一张“施工蓝图”。

写作，犹如盖房子，用语言的砖瓦，将内隐的思想一砖一瓦地累积、展现出来。必须注意的是，积累时不能够随意叠加，需要事先设计并“出图”——提前绘制好“施工蓝图”。

写作是“按图施工”的过程。蓝图，就是作者对文章的事先构想、判断、分析、设计。有了蓝图，内心的思想就变得可见、可评、可修订。写作过程，就是将这些设计付诸现实的“施工”过程。

不得不说，在写作教学现状中，有两种莽撞的“施工”行为，导致盖出来的“房子”看上去漂亮，但不实用；看上去酷炫，但经不起推敲。

“不实用”表现为生造句子。部分教师指导学生写作时，提供了不少句子、词语，要求学生在写作文时都用上、串联起来，不断强调“这样写，就能写出来”。学生的确写出来了，但只是一句一句地串联，一个词一个词地拼接，写出来无数像多胞胎一样的作文，教师称之为“保底式教学”。

实际上，“底”没有保住，这样的写作制造的是假象。只要教师不提供词句，学生就一句话都写不出来；而学生一旦有了教师提供的词句，写出来的就是海市蜃楼，文章也只能是“提线木偶”，没有灵魂。

“经不起推敲”表现为生造方法。不知从何时起，写作开始流行套用方法。这些方法还很有个性，名字都可以现编。例如写美食，有人发明了舌尖触碰法、舌根回味法、舌面平铺法……用这些方法写出美食在嘴里的万般滋味。真正去吃的时候，谁这样折腾？用得着这样操作吗？但写作中就有这么多“言之凿凿”的方法。无怪乎顾黄初先生说：写作的流程和生活不匹配，和文章本身产出的流程不匹配，写的都是“半截子”的作文。

套用方法写，目前很“受宠”，因为看起来学习正在发生——学生在写的同时，还能获得方法，学习的“性价比”高。实际上，这些方法并没有实用价值，是典型的花架子，不能应对写作实战。而且，只要换一个作文题目，刚学会的方法就无用武之地了。

以上两个情况，问题都出在“管中窥豹”上，教师没有指导学生对写作进行整体观照，写作前遗失了对文章的构思。这就如同建筑施工，没有绘制蓝图，就开始莽撞地砌墙码砖……

优先绘制施工蓝图，之后写作，会带来怎样一种学习体验呢？

以统编教科书五年级下册的单元习作《他____了》为例，我们一起感受“施工蓝图”对写作产生的策划、辅助、完善的指导价值。在“施工蓝图”上，教师应指导学生做好“三定”。

一、定题目

蓝图本身就需要一个标题，写文章更需要一个标题。特别是这道习作，属于半命题作文，迫切需要将标题补充完整。结合本案的写作目标“尝试运用动作、语言、神态描写，表现人物的内心”，学生在补充命题时，应倾向于突出展示人物的内心，直扑主题，补充展示内心的关键词。

例如《他平静极了》《他开始激动了》《他释怀了》《他解脱了》《他兴奋起来了》等。定好了题目，就定好了具体而精准的写作目标。不同学生确定的不同主题，都围绕着目标中的核心意图——展示人物内心来进行。

定好了题目，学生就知道本次写作的方向是什么，最终写出来的是什么，题目中补充的内容和本次写作的目标是匹配的。这一步的功能是去除写作的扁平化、庸俗化、随意化。类似《他走了》《他来了》《他笑了》《他哭了》等题目，看起来完成了补充，也符合命题完整的要求，但没有直指人物的内心，流于表面。

二、定事件

本次写作的目标为“展示人物内心”。人的内心是复杂的，在事件的发展过程中，是即兴生成的，是变化的。可以说，事件就是人物内心生成的载体，是内部状况生发的环境，是内在情感的培育基地。因此，定好事件，是本案写作最重要的构思环节。

如同施工，“事件”设定了整个建筑物的外框架构。定好了事件，文章的大致样貌就凸显出来了。

定事件时，教师让学生借助之前掌握的列提纲技巧，写出事件的起因、经过、结果。例如写《他兴奋极了》，事件是通过练习百字作文，获得写作进步。列出的提纲如下。

起因：怕作文。

经过：用百字作文练习。

结果：作文测试得了满分，兴奋极了。

提纲中出现的三大关键词为起因部分的“怕”、经过部分的“练”、结果部分的“兴奋”。定好了事件，列出了提纲，要盖的“房子”就具备了雏形。列提纲，是事先构思的基本环节，也是容易被忽视的重要环节。

三、定内容

需要特别指出的是，这里说的“内容”不是指事件中的具体描写，而是指能服务本次写作目标的，事件中涉及的人物语言、神态、动作等的描写成分。也就是在具体的事件叙述过程中，要确定运用哪种描写以表现人物的内心。

例如，要表现“他”之前对作文的“怕”，教师可以让学生思考：为了凸显“怕”的心理，可以着力描写人物的哪些方面呢？可以以神态描写为主，从神态上直接体现“怕”，还可以借助语言描写体现“怕”。有了内容设定，学生写起来就很方便、顺畅，写下的作文片段可以是这样的：

> 一想到作文，他就皱起眉头，满脸不高兴，浑身不自在，脸色也没有了玩游戏时的红润。一旦他写作文，那个周末全家就鸡犬不宁，随时可以听到爸爸喊：“还不去写，都浪费一个小时了，一个字也没有写出来。”当然，你也可以听到他声嘶力竭地争辩：“急什么，不是还有星期天吗？大不了明天不出去玩就是了！”

再如，表现“他”练习百字作文取得了进步时，教师可以指导学生优先构思人物的动作描写，具体刻画“他”如何开展练习，获得进步；还可以添加神态描写，让人物的内心喜悦更为明显。有了方向，学生很容易写出文章，且与写作目标相匹配。例如，学生最终写下片段：

> 他的手紧握着笔，头也不抬，笔尖唰唰唰地在稿纸上飞舞。

写着写着，他的嘴角露出了笑，酒窝也变得深起来。原先一写作文就皱紧的眉头，舒展了，脸也红润起来了，就像他真的遇到了什么好玩的事。

学生还可以添加语言描写，让人物内心展现得更明显，表现过程更聚焦：

写了一段后，他自言自语地说：“原来，写作文是这么回事啊。”“哎呀，太惊讶了，我写100多字了，我写的可不仅仅是‘百字作文’啦。”“嘿，我怎么啦？这是我写的吗？我居然写到了300字！”

类似这样的内容，学生可以在写作前就设定好，写的时候就轻松自在。“定内容”可以和“定事件”相配合，协同支持，让学生更为精准地明确在写作过程中：我的写作目的是什么？我要写些什么？我要突出什么才能实现目标？以上文案例为例，“定内容”和“定事件”的配合，使得“蓝图”本身也可以得到加工，结果如下：

起因：怕作文（写神态、写语言）。

经过：用百字作文练习（写动作、写神态、写语言）。

结果：作文测试得了满分，兴奋极了（写动作、写语言）。

一目了然的“施工蓝图”，除了让学生完成写作构思，还能让学生明确最为核心的写作内容，知道要详写的是哪个部分。这些准备都为即将开始的写作服务。

磨刀不误砍柴工。绘制“施工蓝图”，就是做好构思。教写作，重在教构思。当学生心中有了这样的“施工蓝图”，并按图施工的时候，写作就成了一件非常有趣且相对简单的事。学生每次按计划写，就是逐渐迈向成功，看到自己的设计逐步变成现实的过程。在这个过程中，他们对于该付出何种行动是很明确的。偶尔，学生还可以制造一些小惊喜。例如，在写作过程中，发现少了语言描写，人物的内心展示不够充分，他们就可以添加一个人物，让其和文中的“他”对话，以语言描写继续助力目标的实现。于是，我们在作文中就可以看到妈妈的惊呼、奶奶的赞叹等。

凡事预则立。这样的写作过程，充满安全感，还可以随时迎接创意的到来。有了“施工蓝图”的保障，写作过程就是富有创意的艺术加工过程。

妙招 25 新课标“图文结合创意表达”的新写法：图中插文

新课标多次在“表达”方面建议进行“图文结合创意表达”。其实，一线教师对这样的提法并不陌生。在作文中插入图画，也称为“为作文配插图”，这是常见的，是大部分教师能熟练操作的。本次和大家说的是“图中插文”，即“图”作为主体，“文”是插入图中的一个部分，是“图”的附件。

相对而言，这是新颖的图文结合创意写法。本文以统编教科书四年级下册第五单元的《游____》为例，阐述这一创意写作的实施步骤。

学习任务

1. 整合知识、技能与态度
2. 变式练习
3. 从简单到复杂排序
4. 提供支持与指导的支架

专项操练

1. 适用于部分再生性任务
2. 提供重复练习
3. 在丰富的认知情境中开展练习

相关知识

1. 适用于创造性任务
2. 心理模式
3. 认知策略
4. 认知反馈

支持程序

1. 适用于再生性任务
2. 指导如何做
3. 矫正性反馈
4. 即用即学

图 25-1 图文结合创意写作的实施步骤

其实，任何学习任务，直接抛给学生都很难预估效果。应将学习任务转化为各种有针对性的专项操练，在操练过程中补充相关的知识，提供支持程序。如图 25-1 所示，四个板块相互助力，才有助于学习者真正学会、掌握并且运用。采用以下三个步骤，符合学习规律，能让学生在整个写作过程中，不再是为了写出一篇作文而实践，而是为了通过写作不断参与学习、获得提升。

一、按要求画一张图

根据教科书提出的要求，学生结合游览的经验，绘制一张游览路线图。

这张图上有什么呢？有所游览的景区之内提取的多个景点。一个景区中，涵盖多个景点。根据教科书提示，学生可以选取几个给自己留下深刻印象的、有特色的景点，作为写作的重点，选取后绘制成游览路线图。绘制的景点可以用简笔画简单勾画，也可以直接用文字代替。此外，图中还应提示游览的顺序——本人如何游览，就怎么安排景点出现的顺序。我建议用不同颜色的笔，标出游览的路线。最后，不要忘记在图中标注出不同景点的不同特点，依然使用关键词，将景点给人最深的印象清晰、简洁地表达出来。

这样的图怎么画呢？分为三步。首先，选取景点，定点；其次，串联景点，连线（按照游览顺序，用线条将景点连起来）；最后，标注特点，定调（用关键词概括景点的特色）。

为什么要画这张图呢？画图就是构思，画好了图，就完成了写作顺序的构思，以及写作内容的设定，还完成了对那些需要重点写的印象深刻的景点的选择。画图，也是教科书要求在写作前完成的“规定动作”。此外，本次习作的目标是“学习按游览的顺序写景物”。画图就是厘清顺序的过程，是朝着目标进步的关键。特别提示：本次写作，并非一定要用上古诗词、比喻句、成语等，将景物写得美不胜收，主要的意图是让景物有序地出现在文中，并且突出景物特点，给读者留下深刻的印象。让“我”的印象，借助文字传播，成为“你”和“我”的念想。

二、按步骤写好段落

图绘制好后，学生可以根据教科书要求，在图中选取一个景点作为重点，就在图画的空白处，就近添加一段文字，进行图文结合创意写，完成在图中插入文字。

如何写好这段话？可以分三步走。

其一，写出“是什么”。清晰地写出景点的名称，可以自己命名，也可以选用景点原有的名字。例如课文《记金华的双龙洞》中，就记载了罗店、洞口、外洞、孔隙、内洞等景点，为了表述方便，在不同的区域，作者使用了不同的名称，这是写清楚的操作方法。简单的命名，让读者阅读时一目了然。

其二，写出“有什么”。用清楚的语言直接表述游览的这一处景点中，到底有什么。这类似于《颐和园》中写长廊的片段：

> 进了颐和园的大门，绕过大殿，就来到有名的长廊。绿漆的柱子，红漆的栏杆，一眼望不到头。这条长廊有七百多米长，分成二百七十三间。每一间的横槛上都有五彩的画，画着人物、花草、风景，几千幅画没有哪两幅是相同的。长廊两旁栽满了花木，这一种花还没谢，那一种花又开了。微风从左边的昆明湖上吹来，使人神清气爽。

本段写了长廊中有横槛，横槛上有不同的画，画面上有些什么内容，长廊两边还有花木。有什么就写什么，把景点罗列清楚，段落也就写清楚了。

其三，写出“怎么样”。不同景点的特点是怎么样的？可以用简单的词进行概括，也可以用一两句话进行描绘。例如《记金华的双龙洞》中，写孔隙的一段话尤为精彩：

> 在外洞找泉水的来路，原来从靠左边的石壁下方的孔隙流出。虽说是孔隙，可也容得下一只小船进出。怎样小的小船呢？两个人并排仰卧，刚合适，再没法容第三个人，是这样小的小船。船两头都系着绳子，管理处的工人先进内洞，在里边拉绳子，船就进去，在外洞的工人拉另一头的绳子，船就出来。我怀着好奇的心情独个儿仰卧在小船里，自以为从后脑到肩背，到臀部，到脚跟，没有一处不贴着船底了，才说一声“行了”，船就慢慢移动。眼前昏暗了，可是还能感觉左右和上方的山石似乎都在朝我挤压过来。我又感觉要是把头稍微抬起一点儿，准会撞破额角，擦伤鼻子。大约行了两三丈的水程吧，就登陆了。这就到了内洞。

孔隙的特点就是黑暗、低矮、窄小，即便什么都看不见，作者依然能围绕其特点集中表述，给读者留下深刻印象。

这样一来，就形成了“是什么+有什么+怎么样”的基本表达格式，这是可以迁移使用的写作“话术”，四年级的作文练习，拥有“话术”是大部分学生写作成功的保障。

之后，再进行添加，将特点写得更清楚。仅针对“怎么样”的部分，对景点的特点进行更为清晰的描述。可以使用举例子的方式，将符合特点的例子罗列出来。如，写湖水的“静”，可以写：“我的船桨划过水面，才一收起，湖面立刻恢复了平静，似乎没有哪一处水面曾被划开。”还可以继续添加，如：“整片湖水，犹如一块美玉，你看不到一丝裂缝，找不到一处瑕疵。”

描述特点之后，再写出自己的印象。印象就是将“我的感受”“我的评价”“我的情绪”等直接输出。例如：“我坐在船中，好像在一幅静谧的油画中，几乎感觉不到自己在移动，同时心情变得更加舒缓、平静。”

通过对“是什么＋有什么＋怎么样”基本格式的运用，再追加对特点的描述，叠加对印象的表述，这一处的景点就成为全篇的重点，能被写清楚了。

定完一处之后，再选择另外一处，迁移模仿，依然按照“基本格式＋特点描述＋印象表述”的路径，完成对另一个重要景点的描述。写完两处之后，根据游览顺序，在靠后游览的一处景点的段落开头，添加表示作者行走路线的句子。例如，先游览石孔桥，再游览人工湖，就可以在写湖的段落开头添加一句话：“过了石孔桥，就看到一大片人工湖。”这样，这个景点和上一个景点，就按游览的顺序被串联起来了，也就做到了教科书中提出的“按顺序写”。

三、添补与修改

学生根据上文所述，将图中出现的几个景点进行逐一表达，就近写在景点周围的图画空白处。如果不是重要景点，只要完成“是什么＋有什么＋怎么样”的基本写作即可。教师可以重点提示学生检查，是否在每个景点的段落前，都添加了一句表示作者游览路线的话。例如“出了大门，向右转”“向北拾级而上，登上一层又一层的台阶”“下了山向东北角的小树林走去”等，借助这些话把游览的顺序表述清楚。最后，学生可以在图画的空白处，草拟一段全文的开头，再选择一处写出全文的结尾，完成“图中插文”这一创意写作的全篇草稿初拟。

起草之后就是修改。新课标对评价给出的建议很多，例如，改进评价的方式，进行可视化、多样化的评价，鼓励学生自我评价，进行过程性评价，等等。这些评价落实到写作中，主要体现在修改环节。本案的修改也具有创意，教师可以根据本次写作的目标，设置具有高度匹配性与针对性的专属评价。教师设定评价标准，设计评价表单，让学生根据表单逐一核对，自我检测是否达标。具体来说，专属本案的评价标准有三条。

1. 图文中是否清晰呈现游览的顺序。

2. 图文中是否清晰表达景点的特点。

3. 文字是否能给读者留下清晰印象。

修改之后提交的，就是这张配有文字的游览路线图。这是独具创意的“图中插文”，这样的与众不同的写作成果，必将给学生留下深刻的印象。

妙招 26　学徒制中的特殊案例，给写作教学带来三大启示

在《情景学习：合法的边缘性参与》一书中，作者介绍了裁缝行业中学徒的学习特点。近乎 100% 的学徒都在学习后获得成功，成功率让我们不得不对其学习模式产生兴趣。

同时，我们也很自然地联想到写作教学。同样是教学，为什么写作教学中，教和没教基本一样？教了，教过，学生依然不会写。较高的失败率，让人不得不思考——能否从裁缝行业的学徒制中总结学习的基本规律，迁移至写作教学领域，让写作成功率得到提升？

先看书中介绍的裁缝行业的学徒制。

裁缝行业的学徒，在学习如何制作衣服时，学习的内容先后顺序，和衣服的制作程序是完全颠倒的。学徒从学习衣服制作的最后阶段开始。例如，先学习如何熨烫衣服、钉纽扣等，然后学习缝制，最后才学习裁剪。

同时，关于裁缝课程，学习分为“入门”和“实习”两个步骤。“入门”指观察并试图勾画衣服的近似样子的过程；“实习”则以一种特殊的方式来进行，即学徒从头至尾重复每一个生产环节。①

梳理总结后发现，裁缝行业的学徒制中，有着明晰的阶段式推

① J. 莱夫，E. 温格 . 情景学习：合法的边缘性参与 [M]. 王文静，译 . 上海：华东师范大学出版社，2004.

进：学习阶段—实践阶段—独立操作阶段。经历这三个阶段后，学徒才能成为独当一面的“小师傅”；之后，经历岁月的打磨，不断成长与进步，成为“大师傅”。学徒在学习阶段，“只看不做”是最大特点。看，提升的是眼力，看的同时，学徒心里在想，收到“心明眼亮”的学习效果。

到实践阶段，学徒首先进入局部的、细小的、微观的操作。学徒先不进行整件衣服的裁缝，更不进行关键的“裁剪布料”“量体”等高级别的实践活动，师傅只是要求学徒反复进行一项操作。例如，反复缝扣子，缝 10 个、20 个、30 个，乃至所有需要缝制的扣子，直到缝的扣子针脚细密，且牢固又轻巧。实践阶段的推进，主要体现在不同细小环节的重复操作上，姑且将这一阶段的学徒形象地称为帮工。

帮工阶段的“倒置”设计，在写作教学中有着极大的借鉴意义。

裁缝行业的帮工阶段，学习顺序是颠倒的。学徒能够在为衣服钉扣子、缝袖口的过程中，先掌握有关衣服的粗略的整体印象；之后的缝制过程，能让学徒注意到衣服各部分缝制过程的条理性、顺序、定位。反过来的学习步骤，让学徒明白了衣服为何要这样裁剪。这种顺序最大限度地降低了整件衣服裁剪失败的概率，确保每一个学徒在不出意外的情况下，都能够分步学成。

将裁缝行业的培训方式和学习流程移植到写作教学中，可以带来如下重要启示。

启示 1：成功源于对“成功的操作”反复的观摩

学生学习写作，几乎没有机会观摩教师是如何写的。教师很少当堂示范写出一篇作文，大多数情况下，教师所做的只是命令学生写。看起来，教师能够把怎么写说得头头是道，但这种“纸上谈兵”式的写作不会练就真正的写作本领。具体落实到操作层面，对于写作要求中的那些标准，一些教师自己都达不到；他们所写的“下水文”，甚至还不如优秀学生作文精彩。究其原因，不得不承认，一些教师既缺乏写作应有的技能、技巧，也缺乏实际的练习与积淀，不具备“师傅”的风范与能力。

作为“学徒”，学生很少亲眼看见一篇文章是如何产出的。所以，轮到自己写起来的时候，他们自然感到无从下手。生搬硬套“作”出来的文章，最多就是一份“作业”，不是真正意义上的“作品”。

启示 2：大而笼统的学习方式，让成功显得偶然且缥缈

学生学习写作，都是一步到位的。例如，教师布置一道题目，学生依据要求写出一篇文章。教师针对文章评点，评点取向大多是“词句要好”“结构要精巧”“立意要高”“文体要恰当”……写好一篇文章，其中的要求太丰富，太周全，几乎囊括了和写作相关的所有要求，各个标准都汇聚在一次性完成的一篇文章中，难度是可想而知的，但我们从未想过这一点。不仅是这一次写作，小学六年，次次都如此。作文写好后，评价的标准也几乎一样。

很少有人质疑这种习以为常的写作教学流程。我们从来不去想：这样写，学生有多难。因为学生都能提交作文，看起来都成功了，所以我们也更理直气壮地这么做了。然而，裁缝行业中的“倒置”设计和局部细节的反复操作练习，应当让我们逐渐清醒——

应让学生先进行局部的片段练习，反复强化，直至熟练掌握，之后再进行全篇写作练习。

我建议教师借助“百字作文天天练”的方式，让学生每天练习一个小片段，一段时间之后组合成较为系统的全篇写作。例如，一周五天，第一阶段以人物外形刻画为目标，练习写出五种眉形：新月眉、大刀眉、倒竖眉、卧蚕眉、柳叶眉……每一种眉形的写作练习，都可以单独成为一篇百字作文。专项练，可以不顾头尾，不管是否完整，只精准地指向目标。这就好比裁缝学徒学习钉扣子。

不要以为过细的练习，会导致学生练习量剧增，乃至多到无法完成。其实，学生完成类似对眉形的分项练习后，最大的意义是获得对人物外貌细致刻画的写作经验。经由练习提升的是写作的真正实力，获得的是学习的基本路径。这就和裁缝学徒会钉扣子，也就能缝好裤脚，是一个道理。此时，教师可以让学生自由选择，也可以由教师设计练习的项目，学生举一反三、触类旁通地加快学习。

局部练习能够最大限度提升学生的真实写作能力，去除对通篇写作笼统、宽泛的追求，同时将每一个细节都打磨得非常精致。教师根据自己班级学情而精心设计的“百字作文天天练”微型课程，能够有效地推动学生写作能力的提升，“教的程序”符合“文章产出的程序”，教学有实效。

启示3：倒置的程序设计，是确保写作提升的关键

为什么裁缝行业的学徒学习的成功率高？从局部做起，而不是从裁剪一件衣服做起，是关键。

从局部进入，掌握技艺，能够让学生了解最为基本的方法。“百字作文天天练”就是用“短、频、快”的局部集中训练，让学生了解文章组合、句子拼接的基本方法。

倒置的程序设计，让裁缝行业的学徒得到机会，不断推演、理

解一件衣服组合的基本原理。对百字作文的写作、串联、加工、组合，也能让学生更为透彻地理解一篇文章是如何写成的。这类似于先完成一个袖口，再完成一个袖管，然后将二者结合起来，最后缝制在衣服的主体上……每一个环节都得到精致的加工，整篇文章的成功率大大提升，学生的写作自信也大大加强。

相比之下，漫无目的地写、写、写，一篇又一篇地写、写、写，学生深陷其中，到底写得好不好，全凭教师一句话。久而久之，教师的评价就成为学生写作进步的天花板，因为每次写好，都由教师进行“终审”。这一处于高位的教师如果没有很好的写作素养，不具备高级的写作能力，就可能成为全班写作能力提升的最大灾难。

由此看来，无论教师的写作水平如何，让学生参与“百字作文天天练”，是最佳的“减损”型设计。

一方面，学生每天参与百字作文练习，便于得到教师指导。对局部的指导，教师是游刃有余的，这类似于对某个句子表达效果的审定。另一方面，不同阶段，教师可以有针对性地给予不同的专项指导，而这些指导大多是有范式、有模型的，不涉及全文写作中的各方面的相互制约、牵扯。简单的片段指导较为纯粹且易于执行。例如，写各个眉形的片段时，评价集中在“像不像”；将人物各部分外形串联成面部素描时，评价集中在“全不全”；在将人物的外貌描写运用到全篇中时，评价集中在表现人物特点的效果“好不好”。集中、专项、简单的评价指标，对教师本人提出的要求也不高。

反过来说，每次让学生完成整篇“大作文”，学生写得稀里糊涂，教师评价泛泛而谈、套话连篇，双方都在消耗各自对写作的激情，都在写作实践中与写作能力的提升渐行渐远。

以上分析也会引起一种担忧：这样练习，会不会导致千篇一律？

实际上，这种担忧是多余的。基本功的夯实，不会形成阻挠创作灵性的力量，只会在写作的各种复杂需要中，在文章的各种变式形成中，发挥作用。

我们主张学生从小学第二学段三年级开始学习写作时，就进行“百字作文天天练”。从一个片段写起，不要在意文章的完整，不要在意字数的多少，不要在意文字是否优美，也不要刻意使用成语、比喻等，而是通过“百字作文天天练”，让写作的学习过程更得法，让学生的写作发展更有潜力。

妙招 27　学习“写了什么”还不够，需要继续探索“怎么写的”

一线教师在备课与执教中，最重要、最核心的行为是什么？毋庸赘言，就是理解目标。

对目标的理解，往往被轻视。正是这样的疏忽，导致学生所学并非课程计划中的所教。所学不等于所教，就是无效。

理解目标本身，并不困难；恰恰因为教科书中呈现的目标为一段陈述性语言，在一看就懂的错觉主导下，才容易被轻视。以统编教科书为例，教师都知道目标标注在单元导读页面，是一条精准且清晰的信息。教师很容易简单获取信息，而不去对信息做出分析。没有分析，也就没有理解。

正确理解目标，在不同的学术主张中有不同的方法，以四年级下册第五单元为例，本文给出简单可操作的三个小方法。

第一，把握目标中的学习指令词。本单元设定的学习目标为“了解课文按一定顺序写景物的方法”。此目标中对学生要进行的学习行动做了指示——了解。目标明确指示要去了解陌生的方法，了解时要做到：有样本，可以借鉴；有过程，可以展开；有成果，可以证明。

目标陈述中的“学习”“初步学习”“体会”“感受”“了解”“理解”“掌握”“运用”等，都是学习指令词。对学习指令词的认定，是理解目标的钥匙。

第二，确定目标中的学习要素。要素，就是关键、重要的元素。本单元目标中的要素就是“按一定顺序写景物的方法”，其落脚点在“方法”。因此，本单元最重要的学习内容就是学会方法，而不仅仅是获得一些“按照什么顺序写”“写了什么景点”等事实性结果。教学中，教师要探寻支撑结果的方法、技巧、策略。

第三，设计证明学习成果的评估方式。在“教—学—评”一致性的理念下，对目标的理解最终要落实在评价层面，要通过评估，确证目标是否真正达成。这是真正理解的标志，也是学习有效的表现。以本单元的学习为例，评估的内容之一是“知道方法是什么”，更重要的评估内容是“方法能否被使用”，这就是“知其然，知其所以然”。本单元是习作单元，学生在精读课文中学会方法，在习作中运用方法，单元是一个自洽的系统。检测评估可以在习作课中完成，在单元写作实践中予以检验。

教师理解目标后，如何教就显得异常清晰了。学习这一单元中的精读课文《记金华的双龙洞》，学生除了要知道作者“写了些什么”“按什么顺序写”，更重要的是继续探索，直至发现“作者是怎么写成的”。课堂学习的终点是获得作者的写作方法。

有效抵达目标的学习，共分三步完成。

步骤 1：认定事实，对写作结果的信息提取

所谓的写作结果，就是课文。教师先让学生略读课文，发现作者在游览金华的双龙洞的过程中，到底欣赏了哪些景点。学生略读课文后，很容易就获得学习成果，厘清作者的写作顺序，因为本文作者叶圣陶表达得非常清楚，文章段落结构清晰，有利于学生获得学习成果。

学生可以结合课后练习，归纳出作者写作的顺序：入山—洞口—外洞—孔隙—内洞—出洞。请一定记住，针对四年级学情而言，获得这一成果绝非难事，它有着经验累积后的必然性。但这一学习步骤必须执行，因为这是抵达目标的预备动作。

步骤2：探索写法，对局部文字进行赏析研读

初步归纳出作者的写作顺序后，教师可以让学生进行局部文字的欣赏、分析、研究。文章按一定顺序写了几处景点，各处的景致究竟如何呢？教师可以引导学生优先关注金华双龙洞的核心景区——内洞。文中描述如下：

> 内洞一团漆黑，什么都看不见。工人提着汽油灯，也只能照见小小的一块地方，余外全是昏暗，不知道有多么宽广。工人高高举起汽油灯，逐一指点洞内的景物。先看到的是蜿蜒在洞顶的双龙，一条黄龙，一条青龙。我顺着他的指点看，有点儿像。其他那些石钟乳和石笋，这是什么，那是什么，大都依据形状想象成神仙、动物以及宫室、器用，名目有四十多。这些石钟乳和石笋，形状变化多端，再加上颜色各异，即使不比作什么，也很值得观赏。

通过分析可以发现，内洞部分的描写涉及三个方面：“有什么”“什么样”“像什么”。作者用“看到的＋想到的”组成了这段文字。获得这一写法，用简单的公式进行归纳总结，之后在其他几个景点的描写中去印证，学生会发现，洞口、外洞等几处都使用了这样的方法。唯独孔隙部分特殊——由于过于黑暗，看不到，因此作者极大地调用了感觉系统，着力从“想到的”方面，表述了自己的感受。例如文中如此描写：

眼前昏暗了，可是还能感觉左右和上方的山石似乎都在朝我挤压过来。我又感觉要是把头稍微抬起一点儿，准会撞破额角，擦伤鼻子。大约行了两三丈的水程吧，就登陆了。这就到了内洞。

可见，以想象、感受为主来写，成为此文写景的又一方法。对文字细节的学习，依然指向目标，为抵达目标服务。

步骤 3：回顾全文，进一步对目标进行检验与落实

本单元的核心目标是“了解写法”，学习的最后一个步骤，集中对目标的落实情况予以检验、认定、巩固。

教师指导学生回读全文，特别关注各个自然段的段首句以及段尾句，发现作者暗藏其中的写作方法。请注意摘录出来的几处段首句以及段尾句，学生就是在这些地方获得进一步的学习成果的。

第 3 自然段首：一路迎着溪流。

第 3 自然段尾：入山大约五公里就来到双龙洞口，那溪流就是从洞里出来的。

第 4 自然段首：在洞口抬头望，山相当高，突兀森郁，很有气势。

第 4 自然段尾：泉水靠着洞口的右边往外流。这是外洞。

第 5 自然段首：在外洞找泉水的来路，原来从靠左边的石壁下方的孔隙流出。

第 5 自然段尾：大约行了两三丈的水程吧，就登陆了。这就到了内洞。

第 6 自然段段首：内洞一团漆黑，什么都看不见。

第 7 自然段段首：在洞里走了一转，觉得内洞比外洞大得多，

大概有十来进房子那么大。

第 8 自然段：我排队等候，又仰卧在小船里，出了洞。

作者在写每一处景点时，各自独立成段。段首点明“是什么景点”，段尾承接了“下一处景点”。紧接着，在下一段的段首又与上一段的段尾相连接。这样的连接方法，清晰点出了游览的顺序，使文章段落与段落之间衔接流畅，全文呈现出清楚的写作脉络。分析这些关键部分的语言，可以得出作者“按一定顺序写景物”的具体方法，这是一套“组合拳”，由三个方法组合而成。

第一，选择游览的景点，按游览的顺序排列。

第二，写作顺序与游览顺序合并，一边走一边看，一边看一边写。

第三，在段落首句点明游览的地点，在段落尾句做好景点与景点之间的承接。

如此一来，学生才真正获得了“怎么写”这一核心密码，抵达了本次学习的目标。

其实，在这篇名家经典中，叶圣陶先生还暗藏了一条写作线索，那就是溪水。请看文中开篇部分的描写，溪水从一开始就藏在文字中：

> ……山上开满了映山红，无论花朵还是叶子，都比盆栽的杜鹃显得有精神。油桐也正开花，这儿一丛，那儿一簇，很不少。山上沙土呈粉红色，在别处似乎没有见过。粉红色的山，各色的映山红，再加上或浓或淡的新绿，眼前一片明艳。
>
> 一路迎着溪流。随着山势，溪流时而宽，时而窄，时而缓，时而急，溪声也时时变换调子……

从入山所见的繁花盛开，我们可以感觉到溪水的存在；再到“一路迎着溪流”，路上的各个景点中，作者都不忘记点出溪水的存在。就连最为紧张刺激的“孔隙”部分，其实也是溪水的流淌通道。最后离开时，作者还不忘说一句“上源在深黑的石洞里”。可见，“按一定顺序写景物”，写作时既有明线，即游览路径；也有暗线，即特别的景物。只不过，针对四年级学情而言，教师点到即止，让学生知道有这一暗线存在即可，不必讲得过多。

请牢记：理解教学目标，是教学第一要义，是教学成败的关键。

妙招 28　以创造为先，重构写作教学设计模型

写作究竟是什么？

写作是人的行为，是人的特殊、有目的的实践活动。人运用语言文字符号这一特殊的精神产物，记述事物、表达思想、传递信息、实现交流沟通。写作是极具创造性的脑力劳动过程，是人的精神创造。特别是文学作品，表现的就是人类与其他物种的差别，体现了人类无穷的创造力。

照这样看，与写作相关的教学，最为核心的就是指导并促进学生进行创造——在写作中，展示自己与众不同的思想结晶。

将思想书写下来，转化为文字，这是人类独有的、特殊的文明产物，具有交往、交际、交易等功能，满足了人们的需求。同时，由于群体生活的现状，写作也成了社会生活中的一张名片，让人们之间形成互动、互通、互助，在群体中形成个性特征，或组合成共同的思想观点。人的写作能力是持续发展的，也是伴随终身的。因此，写作从开始就应该与创造相伴，并持续为激活创造而写。教学既要产生意义，也要在激发创意上形成助力，反之就是一种阻力。

这也就是在写作教学中，优秀的教师显得尤为珍贵的原因。写作教不好，不如不教，这是有些教师持有的观念。他们选择不教，从根本上说是因为无从下手，没有掌握具体方法。

写作到底应该怎么教？

如果认定写作是一种创造，是否应该从“创造”直接入手？写作者根据创造的需要，选择素材，积累语料，确定表现方式，选择合适的表现手法，并根据表达的效果设定，做出通篇以及每个细节的调整。以安德森修订的本杰明·布卢姆教育目标分类学[①]中列出的六层级认知培养目标为例，如图 28-1，在图的顶部，位列最高级的认知目标就是创造。传统的教学观念，总希望从记忆积累开始，到充分理解、应用、分析，之后做出自我评价，直至拥有创造能力。按照从底层到顶层的教学，是典型的“传统教育阶梯”。这就是现如今的教学流程，教师不断从最基础的一个词、一句话、一段话教起，然后缓慢过渡到一篇文章，如果学生偶然间产生一点创意，就足够让人惊叹。现实中，在按部就班地传授知识与启发自我表达之间，普遍存在着严重脱节的现象。教师教到学生毕业，也很难出现预期中的创意。写作中所涉及的“获得发明、创造和设计所必需的高级思维技能”，如同天外来客般稀缺，极少成功出现。

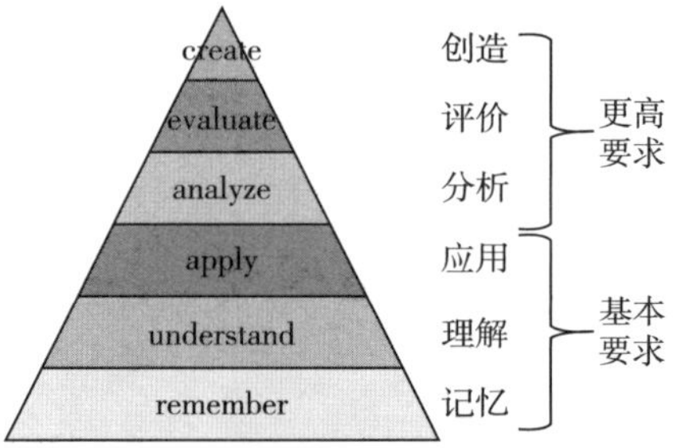

图 28-1 六层级认知培养目标

根据写作教学的本质属性，优质的写作教学，可以直接从顶部的“发明、创造、设计”开始，展开倒推式的教学：以本次的写作目标为努力方向，直接鼓励学生进行整体构思，形成文章的初稿。之后，教师结合目标进行指导，为学生完善并实施构思，积极辅助学生获取本次写作所需的支撑，包括各种信息、技能、知识、辅助材料等。在此过程中，师生均对写作目标产生更全面深入的了解，学生的构思也

① 安德森.学习、教学和评估的分类学：布卢姆教育目标分类学修订版[M].皮连生，译.上海：华东师范大学出版社，2007.

随之变化，最后将构思转化为文字，定稿、修改、发表。

这样的教学翻转，符合风靡美国的“设计型学习法”。其始创者美国教师多琳·盖里·纳尔逊以城市建设为学习项目，经过大量的教学实践案例研究，提出了一个让人惊叹的学习模型——倒置设计。具体阐述可以参考她的著作《设计型学习法：教学与学习的重新构想》[①]。写作，如同为遥远的未来创建作品，并进行修改完善。杜威在实验性探究中，将这种倒置的思维和实践过程描述为“非常接近科学思维的态度”。

借用多琳·盖里·纳尔逊的逆向思维法（图 28–2），我们尝试设计“以创造为先”的写作教学流程。

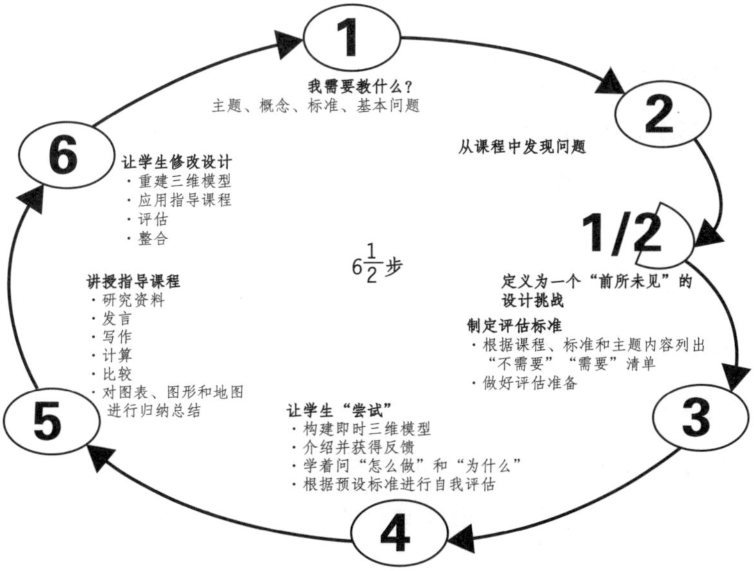

图 28–2 逆向思维法

第一步：明确目标——本次写什么。

以统编教科书为例，这一目标的确定由教科书编者设计，具体

① 多琳·盖里·纳尔逊. 设计型学习法：教学与学习的重新构想 [M]. 王伟，译. 北京：中国青年出版社，2022.

参考单元导读页面中的“习作教学目标”，例如统编教科书四年级上册第五单元的目标是“写一件事，把事情写清楚”。本次写作目标就是自己确定事件内容，之后清楚布局，呈现事件的发生—发展—结局，并在每个部分让读者明确作者到底为什么这样做，做了什么，做的结果是什么。

第二步：发现问题——本次写作的困难在哪里。

为实现目标，预估即将遇到的难题。例如：写事件，可以遵循的最佳的写作顺序是什么？如何让读者清楚地知道我要表达的意思？一件事的完整度，到底包括哪些方面？学生在预估困难的同时，也在寻找解决困难的方案。这一过程包含设计主题立意、选材、布局、文体设定等，针对全文的写作构思，已经开始了。

要特别说明的是，纳尔逊的逆向设计中，在第 2 步和第 3 步中还有“第 1/2 步”：定义为一个“前所未见”的设计挑战。我们在设计写作教学时可以删繁就简，直接进入第三步。

第三步：制定评估标准——如何写，写成什么样才好。

对即将写成的作品设定评估的标准，列出成功的作品应有的模样。例如，上文提及的案例中，我们可以根据本文的写作目标，将标准设计为：

1. 是否可以明确区分事件的起因、经过、结果。

2. 是否可以清晰看见事件发生的时间、地点，确定事件中出现的人物。

3. 段落中的句子是否完整，包括准确使用标点符号、句子的意思是否完整。

4. 所描写的内容是否能让读者身临其境。

第四步：开展写作实践。

根据预设进行学习，准备好写作素材，进入写作并结合标准进行自我评估。在此过程中，教师可以随时叫停，组织学生围绕写不下去的地方进行讨论。学生通过互助，不断推进写作进程。

第五步：专题指导。

结合本次写作目标，采集过程中发现的问题，进行专项指导。指导的课程将会产生的辅助有加深对目标的理解，加强对问题解决的实力，提供有效的解决方案、方法，提供优秀的范本进行解读，等等。

第六步：确保目标抵达。

学生通过对自己的作品进行检验、修改，对比目标中的设定进行调整，以目标为终点。这一过程还可能促进学生对目标的理解更多元、更深入。因此，学生在修改时可能会颠覆性地“撕掉重来”。这也意味着学生在写作学习中，进入了更高层次的思考之中，实践过程提升了学生的责任感，使之成为自己作品的责任人。

以创造为先的倒置型设计，符合写作这一特殊的学习行为的发生规律，与传统教学比较，区别体现在以下五个方面。

其一，完整的体验。以创造为先的写作设计，让学生完整体验整个写作流程，从构思到起草，再到修改，到校正，最后到发表，学生全程参与，经历完整的“从无到有”的创造过程。传统写作中，学生往往“直奔主题”，一开始就进入“写”的阶段，写后交由老师批改，写作流程是不完整的。

其二，成功的驱动。创造为先的设计，从写作开始，学生就进入对即将写成的作品的初步构想，心中就绘制了写作的蓝图，充满着激动和成功的体验。学生即便写不出来，构思不下去，在老师的辅助下，优先确保作文雏形产生，也是有成功感的。传统写作中，学生一句一句地“熬”出来、“憋”出来，写作的过程极为艰难，是一眼望不到头的痛苦经历，最后是否成功也无法预估，动力不足是“硬伤”。

其三，有效的学习。创造为先的写作直指写作的核心能力，能够培养构思力，优先发展写作中最重要的创造力。之后的学习，是以创造力为核心，牵动其他能力发展的综合性学习，相比传统写作而言，更为有效，更有价值。

其四，丰富的成果。以创造为先的写作是为实现目标而展开的综合性学习。在学习过程中，产出的学业成果是丰富的，例如资料查证、构思立意、素材收集、炼字炼句等。丰富的学业成果将带来真实的体验，提升写作的综合实力。学习发展过程也能够激发学生有意识地去理解知识、使用知识，并反复使用知识，在学生整个学习过程中，提升的是元认知。相比传统写作教学而言，以创造为先的设计不再是为了凑成一篇文章而写，而是围绕写而开展的综合性学习活动。

其五，格局的提升。传统写作中，学生作文往往是一个词一个词、一句话一句话地叠加，看似认真，实则捡了芝麻丢了西瓜。以创造为先的设计，抓大并不放小，教学的视野、格局也实现了重要的扩容。整个写作学习的目的就是培养并形成教育目标分类学中最高层次的“创造”。创造力是可以迁移的。学生根据目标去搜集素材、掌握词汇，这些学习能力都将在不同的学习和生活环境中，实现迁移与创新。

以创造为先，重构写作教学设计，借助学生心中早就生成的写作蓝图，不断以整体构思倒逼教学，让心中的图景不断得到充实与完善，让写作成为一种综合性学习，在整个写作过程中，学生围绕目标获得素养的整体提升。

妙招 29　越教越复杂，学生写不了，更写不好

也许是因为太心急，不少教师总喜欢在一篇作文中进行“一步到位”的教学。

“一步到位”，即希望通过一次写作教学，把涉及此篇的所有能想得到的写作知识全部融入其中；教学中，不遗余力地把所有的要求做到极致，试图让学生写出一篇完美的作文。

例如，执教统编教科书四年级上册第三单元的习作“写观察日记”，教师在指导的时候就提出了和观察有关的全方位要求：既要长期观察，又要细致记录观察结果，还要写出观察中的变化，同时能从看到的、听到的、想到的等多方面去写；在观察时，必须用眼睛看，用鼻子闻，用耳朵听，用手触摸……多种感官都要参与观察。这样的“一步到位”的观察指导，叠加在一篇文章中进行，把第二学段的学生看作叶圣陶、法布尔一类的观察行家。显然，这既不现实，也不可能。但现实是教师真就这么做了，而且不这么教，总觉得心里不安。

再如，统编教科书三年级上册第一单元习作“猜猜他是谁”，一旦被判断为“写人”的作文，写作要求立刻就被拔高了，关于人物描写，学生必须做到方方面面都丝毫不差。要知道，这是学生在小学阶段第一次写作，教科书在单元导读页面明确标注了学习目标“体会习作的乐趣”。乐趣从何而来？就从“猜”这个游戏中来——

只需列举人物最为突出的、典型的特征，满足表达清楚、规范，读者能猜中即可。反之，一味对如何写人进行教学，让学生写出人物的语言、相貌、神态、心理等，在第一次习作教学中就希望学生将人物写细腻、极致，与实际学情不符合。但不少教师就这么做了，也不觉得有什么差错。

在“一步到位”的思想主导下，作文被越讲越复杂了。教师一厢情愿地觉得“这是为了学生好”。然而真正的结果是学生写不了，更写不好。也许有人还会怀疑：学生明明写出来了！很简单，学生借助了教辅资料，做的是“搬运工”的工作。基于这样的情况，习作教学的改良与优化，不应是做加法，而应是注重突出核心目标，做好减法。

说到减法，我自然想起哲学中著名的“奥卡姆剃刀”——删繁就简，去除一切不必要的，留下核心。做减法，实际上是一种非常高级的思维。美国学者莱迪·克洛茨所著的《减法：应对无序与纷杂的思维法则》一书中，举了一个例子来介绍减法思维的稀缺性：在一个关于乐高积木的实验中，研究人员给参与者一个用 8 块或者 10 块积木组成的结构，以及更多散落在边上的积木，要求他们对结构进行改造和调整。结果发现，只有 12％的参与者用了减法，而 88％的参与者都是增加了积木数量。在另一个实验中，参与者需要改变含有 5 种食材的汤的配料。在 90 名参与者中，只有 2 人减少了食材的种类，其余参与者都是增加了各种食材。可见，人们是极其喜欢和习惯做加法的。因为做加法几乎成了一种条件反射，无须任何人的催促，近乎本能。而做减法对抗的就是后天培养、学习而来的“本能”和习惯，需要别人的提醒和自己强大的意志力，克服的是业已形成的思维定式。①“减”即“剪”，剪除多余的，剩下的就是

① 莱迪·克洛茨. 减法：应对无序与纷杂的思维法则 [M]. 杨占，译. 北京：中信出版社，2021.

最紧要的、最核心的。教学，紧紧把握核心，抓住目标，才能产生实效。

以统编教科书六年级上册第五单元习作“围绕中心意思写”为例。本次写作如何做减法？不要试图在作文中把所写事件的方方面面都表达出来，也不要在叙述事件时，把事件中所涉及的人物的各种表现都写出来。教师在教学时应围绕显而易见的目标，明确三个问题：第一，作文中要确定的中心是什么？例如，根据教科书提示，选用汉字“乐”为中心，写作的主题就立刻明确，即写出“快乐”这一核心意思。第二，围绕着快乐，选择哪些材料来表现？是表达自己的快乐，展示伙伴的快乐，陈述校园生活的快乐，还是家庭生活的快乐？选择的材料应与“快乐”有关。第三，在选择后，如何安排写作结构？为了突出“快乐”这一中心，材料不能简单堆砌，而应做好排序、详略处理。最有利于突出中心的，优先写，突出写。想让读者感到快乐在升级的，可以做好段落安排：把“我”的快乐排在第1自然段，让人一眼就看到属于自己的独特快乐；再将快乐扩散，由“我”及彼写出周围人的快乐，让快乐扩大；继续推进，跳出“人”的写作视野，写到周围环境，乃至更大范畴的快乐，让文章在思维的运作下不断优化。

教学中，需要教师搭建支架、提供辅助的地方并不少，但所做的努力都和目标有关。也就是说，做减法不是教得简单，而是教得集中，教出实效。在考虑“围绕中心意思写”的教学时，教师不要总是盯着比喻、拟人、夸张等修辞手法的运用，不要在某一事件写作的局部下功夫，而应着力指导学生确定自己能够掌握的中心，选取自己熟悉的材料，让构思的力量集中在对材料的层级部署上，让思维不断深化，让中心不断凸显。

做减法，才有助于聚焦目标，让学习的核心力量得到发挥。做好减法，才能让学习思维不断深化，不断迈向高阶。

高阶思维，不是越复杂越好，更不是越多越好。在美国资深培训师 R. 布鲁斯·威廉姆斯所著的《高阶思维培养有门道》一书中，作者提及高阶思维的培养方案涉及思维的三个层次的划分与五个维度的组合。高阶思维的三个层次分别是理解信息（understanding information）、概括洞察（generating insight）、发现应用（discerning implications），五个维度分别是相关（relevance）、丰富（richness）、关联（relatedness）、严谨 / 专注（rigor）、迁移 / 递归（recursiveness），组合起来揭示了高阶思维培养的路径（表 29-1）。①

表 29-1　高阶思维培养路径

走向深度理解	相关—同时代性	丰富—复杂性	关联—联系性	严谨 / 专注—挑战性	迁移 / 递归—概念性
理解信息	比较 / 区别（信息的不同方面）	分类 / 整理 / 排序（信息）	建立联系（与先前知识）	解释为什么（从信息中找到意义）	分析（信息的主题及概念）
概括洞察	评价 / 判断（融入个人观点）	视觉化 / 想象（材料的表征）	强制建立关系（看到不寻常的联系）	推断（发现言外之意）	类比（发现概念关系）
发现应用	应用（至个人生活）	创造 / 创新 / 发明（迈向未知领域）	推广（至新的情境）	定序（辨别出下一步）/ 预测	迁移（至其他情境）

① R. 布鲁斯·威廉姆斯 . 高阶思维培养有门道 [M]. 刘静，译 . 北京：教育科学出版社，2021.

学生随着习惯不断叠加材料的时候，并没有让思维随着材料的叠加而迈向高阶。相反，由于材料叠加得过多、过难，超越最近发展区太远，反而导致学生放弃、反感、应付。使用减法后，学习能够更为精准地朝着目标，学生优先理解目标后，能更快获取学习的核心信息。紧接着，剪除不必要的内容，集中对目标产生更为深刻的洞察，充分顾及目标在未来的真实应用场景中发挥的作用，评估所学的实用功能——这些集中精力去完成的学习活动，更有助于学生在整个学习过程中做出准确且合理的判断。学习中的行为时刻围绕着目标，同时与学习者的生活认知关联着，严格地维护着目标。学生的学习在这样的过程中，能集中力量，不断迈向高阶。

可见，在教学中做减法，学生经历的是学习时最美妙的“心流”，完成的是思维的锻炼。

以写作教学为例，结合减法思维，教师在设计时应遵循以下三“变”原则，确保“减法”在运用中实现——“少”，却能清晰被看见；“少”，却能真实保证提升。

原则1：主动改变。减法思维的形成，需要行为主体积极主动的转变。因此在设计教学时，教师不要想着“我要做得多花哨、多圆满”，而要想着“我要做得有效”，集中地解决问题。牢记“深挖一口井，胜过乱凿十条沟”。

原则2：因人而变。无论要减什么，要减多少，都不是刻板的，而是服务于学生、服务于教学的。只要学生有需要，不该减的必须保留；只要学生学不了，再好的也要减掉。减法的实施，就是为了学生的发展。

原则3：随机应变。在减法思维成为新的习惯后，教师又要警惕是否减得过多，考虑哪里应该增加。加法与减法是一对矛盾，也是一种协调。

2021 年 11 月 10 日，联合国教科文组织发布了《一起重新构想我们的未来：为教育打造新的社会契约》。这份报告关注为何学、怎样学、学什么、何时学、在哪里学。既然未来的学习有这么多不确定性，我们就更应该做好减法，轻装上阵，把握核心，用灵活的知识系统从容应对每一个不确定的未来。

妙招 30　在写作进步上，学生要有高愿望，还要被赋予高期望

先明确本文中的两个概念：“高愿望”与“高期望”。

高愿望，来自学生本人，是对某项学习可能抵达的水平、程度的期待。高愿望是学习中来自学习者内部的驱动力。

高期望，来自他人，本文中指的是教师或者父母对学生的学习可能抵达的水平、程度抱有的期待。高期望是来自学习者之外的助动力。

接下来看一个故事——皮格马利翁之爱。

在古希腊神话中，有一位著名的雕刻家皮格马利翁，这位雕刻家爱上了自己雕刻的象牙少女像。由于爱得深刻，他感动了爱神阿佛洛狄忒。因此，爱神将雕像变成了一个真正的少女。

故事呼唤出心理学中的“皮格马利翁效应”。

这一概念由美国心理学家罗森塔尔和雅各布森经过实验验证后共同提出。“皮格马利翁效应”暗示了人在本质上是受情感和观念支配的，在不同程度上受到这些因素的影响。这一影响还会导致人们自觉地接受各种暗示，诸如被喜欢、被信任、被崇拜等。暗示的力量不容小觑，这种力量也许正是梦想成真的基石。

与之相对的“戈莱姆效应”，也是从心理实验中得出的，它较为冷门。“戈莱姆效应”是消极的期望效应，特别是在教育领域中，表现为教师对某些学生的未来预测持否定态度，即学生被教师或者父

母认定为前途不佳，发挥不利，学业不精，学不出什么名堂，再怎么努力也无法取得好的成绩，随之而来的是对学生的态度显现出轻视、冷漠、敷衍、嘲弄、责难、讽刺、挖苦、训斥等。那么，学生在接收这些信息后，便会产生消极态度，随后学业真的退步，发挥真的不利。

对一个人持积极的态度，会促使他进步得更快，发展得更好。相反，对一个人持消极的态度，会影响他的进步与发挥。

现在，我们明确了“高愿望”与“高期望”的概念，同时又掌握了“皮格马利翁效应”与“戈莱姆效应”，接下来就要理解学习科学家们经过实验得出的两个结论。

第一个结论：有高愿望但被赋予低期望的学生，表现不佳。

研究者在英国的学生中做了实验，发现有高愿望但被赋予低期望的学生，表现不佳。例如，英国学者布拉德利·布什与爱德华·沃森合著的《学习的科学：每位教师都应知道的 77 项教育研究成果》一书中，记录了这样的案例：低愿望与低期望的学生在 GCSE（General Certificate of Secondary Education，普通中等教育证书）考试中的成绩最差，相比之下，有较高愿望与较高期望的学生的成绩平均多出 2 个 A 等。有高愿望和低期望的学生往往会导致低成就，这些学生在 GCSE 考试中获得低于 5 个 A 等成绩的可能性，是那些既有高愿望又有高期望的同龄人的两倍。①

在低期望中，学生自身拥有的雄心壮志和为实现愿望而表现出的日常行为习惯之间出现了差距。没有学生会在教师的低期望中进步。

---

① 布拉德利·布什，爱德华·沃森. 学习的科学：每位教师都应知道的 77 项教育研究成果[M]. 滕梅芳，袁博，译 . 北京：中国青年出版社，2021.

第二个结论：有高愿望且被赋予高期望的学生，进步明显。

当学生对自己的学业具有高愿望，且教师赋予其高期望，对其提供必要的支持时，这对学生取得成就有很大帮助。如《学习的科学：每位教师都应知道的 77 项教育研究成果》一书中，研究者记录了实验中的发现：对自己有较高期望的学生有信心正确地回答更多问题。在学年或新项目开始前，对学生有较高期望是最有益的，因为此时学生没有任何负面的先入为主的想法，能够促使他们去实现期望。

如果学生本人原先具有的是低愿望，那么让其具有高愿望，并赋予其高期望是很重要的。教师可以选择那些有低愿望与低期望的学生来制订干预计划，可能会有更好的效果。实验中发现：当教师期望学生有更好的智力发展时，学生真的会表现出更好的智力发展。

该怎样让学生具有高愿望，同时赋予其高期望呢？以写作教学为例，在“百字作文天天练”的系统中，这样的“双高”策略很容易实现。

1.“教”中的高期望：教师明确传递对学生进步的高期望。

根据调查，不少教师对作文教学充满畏惧，本身带有低愿望，总觉得“教不好”“不会教”。这样的低愿望产生后，也顺带造成对学生的低期望。

教师应正确认识小学阶段的写作，设定符合学生年龄特征的教学目标，让写作与学生的生活相关联，与学生的成长相适应，明确作文就是“书写生活，书写自我，与人交流”。的确，这样的书写不是日常交流的常态，因此学生有一定的陌生感，但确实没有想的那么难。

去除陌生化，最有效的就是进行“百字作文天天练”。

教师可以在指导百字作文的时候，明确传递出对学生进步的高期望。例如，教师可以说："相信大家一定会写的，因为只要写百字。""写作就是自我表达以及与人交流，就是把你心中想要说的话经过整理，有序表达。""如果文章传递后，能得到别人的回应就更好了。""作文的进步就在每一天所写的文字中，写出来本身就是一种进步。"……

教师明确地告诉学生，相信学生能实现目标，并能不断进步，这样的高期望会带来良好的学习效果。

2."学"中的高愿望：引导学生树立自我进步的高愿望。

借助"百字作文天天练"，学生可以在每一次的练习中，自我设定进步的高愿望。

"只要坚持每日写，就是进步。""坚持每日写后拿起红笔，自我修改，就是一种进步。""如果我每天能比昨天多写一个字，依然是一种进步。""当我无话可写时，我愿意去做一些阅读摘录，愿意去记载下今天的流水账。"……只要学生愿意动笔，就是一种进步。

教师应鼓励学生看到自己的进步空间，有成功体验，树立高愿望。进行"百字作文天天练"，让这样的高愿望每日都能实现。学生在不断产生的成功体验中，实现真正的进步。

3."评"中的一致性：以评改让高愿望与高期望相契合。

"教"中的高期望与"学"中的高愿望，更多是注重理念的树立，要真正落地，关键在于评价。

教师在评改学生的百字作文时，要以发现优点为主要目的。学生在自我修改中，除了修改明显的差错、疏通语句，更重要的是通过修改，让自己表达的意思更清晰，交流的信息更通畅，让自己能凭借作文实现与人互动。

一篇作文在改进过程中，要挑毛病是挑不完的。同样，一篇作文在改进过程中，要发现优点，也是能发现无限多的。就像一个故事说的那样：

> 一位画家画了一幅画，希望知道这幅画到底怎么样，于是就把画放到路边，留言说："请指出缺点。"
>
> 晚上，画家取回画，发现留言中指出了无数的缺点——这是一幅一无是处的画。画家觉得意外，第二天将画再次拿到路边，留言说："请指出画的优点，在觉得完美的地方画圈。"
>
> 晚上，画家取回画，同一幅画上，到处画满了圈，都是优点。

所有的故事，都需要自己阅读和理解。但写作这件事，需要我们统一认识。因为教学的结果一旦是坏的，就会很严重：不恰当的指导、对学生的低期望，可能导致一个学生终身和写作绝缘。

因此，教师如果希望学生在写作中不断进步，请务必回到儿童立场，以儿童的视角去看待儿童的习作，发现儿童精神世界的闪光点，这就是让高期望与高愿望契合的关键秘密。

妙招31　光喊“大胆想象”是没用的，用四个思维工具实现梦想升级

小学写作，记叙文与想象文各占半壁江山。在想象文写作教学中，教师的指导往往显得无力且空洞，我们总听到这样的呐喊：“请同学们大胆展开想象！”似乎这么一喊，学生就获得魔力，能够顺势写出带着奇幻想象色彩的文章。

观察写作结果可知，这样的呐喊是徒劳的。会写的、能想的，总是写得风生水起；不会写的、想不出的，依然左顾右盼，该写成什么样还是什么样。“大胆想象”这句话，与其说是指导语，不如说是指令，不具备指导价值。

例如，统编教科书五年级上册第四单元的习作《二十年后的家乡》，倘若教师仅提出要求：“大胆展开想象，写一写二十年后的家乡会是什么样的。”这种要求基本是无效的。教科书中的要求很具体，要写出二十年后的家乡的变化，变化中要有场景描写，要有事件。同时新课标还提出第三学段的写作总体要求：“内容具体，感情真实。”可见，这些要求都需要落实，光靠教师的一句呐喊，学生毫无疑问是力不从心的。

写出大胆的想象，可以借助工具。本文提供四个思维工具——思维之桥、思维之像、思维之钻、思维之线，以工具帮助学生落实想象与表达，让想象变得更大胆，助力学生顺利达到“内容具体，感情真实”的写作总体要求。

工具 1：思维之桥

所谓思维之桥，就是在今天与未来之间搭建桥梁，让学生具体可感地表达出想象。教师要指导学生在想象的时候，注意进行关联与对比。例如，提示学生从今天的家乡入手，在“家乡的河流”这一具体表达内容上，在今天和未来之间搭建一个思维之桥：河水今天是这样的，未来会怎么样？现在的河水到未来的河水，会有什么发展变化？思维之桥连着两端，不断进行对比，分别表述，让读者在一个写作对象上看到经由想象产生的变化。学生借助思维之桥可以写成如下片段：

> 今天我的家乡，有一条小河。河水虽然没有发黑发臭，但看起来并不清澈。河中的小鱼，时不时因为缺氧而遭殃。二十年后的家乡，河水清澈见底，河边的绿色植物惹人喜爱。河水直接流入了家乡的水厂，经过过滤，就是我们的饮用水。人与自然更和谐了。

关联与对比，让想象之桥联通了今天和未来，想象就变得具体了。使用思维之桥的技巧有三个：第一，确定好关联的点，例如上文的“河水”就是今天和未来关联的点；第二，写好对比的模样，例如上文写到今天和未来的河水变化，都有模有样；第三，梳理好变化的脉络，例如上文中的河水，不断往好的方向变化，越来越透明、洁净，这就是发展的脉络，体现了写作的思路在延伸。

工具 2：思维之像

所谓思维之像，即让学生在大脑中展开具体的画面，之后将画面内容表达出来，让心中的图像成为笔下的想象。在画面形成中，学生借助提问支架，可以让画面更为充实。

例如，写二十年后家乡的果园，教师可以先让学生在脑海中形成一个果园的画面，借助提问支架，围绕着果园提出几个问题：果园里有哪些果实？果实是什么样的？果实的收成如何？果实的色彩有什么变化？果实的采摘是怎么做的？有了这些问题，学生自己给出答案，不断丰富心中的画面，接下来就是熟悉的“看图写话”——把心中的画写成笔下的话，在作文稿纸上展开想象。

想象，就要有画面。思维之像就是提醒学生：脑海中的图像，要和读者共享，要让读者通过文字看到你心中的画面。这就如同作者和读者共同在一幅画面前欣赏、共同指点江山一样。

图像的形成是至关重要的。首先，这是大胆想象、具体表达的基础；其次，图像的形成让想象作文中有了整体描述的段落，“面”的组建得以完成；再次，图像与之后的思维工具形成联动，便于作者在写作时捕捉到一个具体的细节，在画面中找到一个“点”，进行点面结合的描写；最后，图像助力完成了想象作文的整体构思。以《二十年后的家乡》为例，教科书提出学习列提纲的要求，而图像的形成就类似于提纲的梳理。

我们需要使用提问支架，辅助图像的写作。在具体使用时，可以是教师示范提问，还可以是同伴互助提问、补充提问。问得越具体，就越能在筛选问题后选择出关键问题组织成像，越能写具体。

工具 3：思维之钻

所谓思维之钻，即在想象作文中，至少聚焦在一个点上，进行集中刻画。

《二十年后的家乡》一案属于第三学段。想象中光有画面，未必能真正达到新课标提出的要求。因此，必须有一个具体的细节让文章有闪亮的焦点，犹如一颗钻石镶嵌在戒托上，熠熠发光、夺人眼球。

还以果园为例。之前学生写出了果园的概貌，如今可以写一写果园中的采摘活动，体现二十年后家乡的先进性与自动化程度。写的时候，可以追踪一个对象，反复多次写，做长线的表达。例如可以聚焦在一个桃子上：先描写桃子娇艳粉嫩的样子；然后写机器人手臂对桃子的一夹、一扯、一转臂、一安置，桃子就进入了水果筐；之后写这个桃子进入了冲洗车间；最后写桃子摆上货架时的样子。追踪这个桃子，写出采摘的全过程，让读者在“一个桃子的旅程”中，感受到想象丰富的细节之美。

有了思维之像，配合思维之钻，学生写出的想象文既真实又大胆，让读者产生真切之感。写好一个细节，实际上就是写作核心力的体现。细节的想象与描写，自然涉及细节刻画能力——写出想象中的事物是什么样的，描写的基本功得到锻炼；写出想象中的事物有什么用，涉及写作中的叙述能力；写出想象中事物会如何发展，顺势抒发对事物寄托的情感，涉及抒情写作。可以说，思维之钻考核的是作者的综合写作水平，最能体现作者的写作功力。教师在思维之钻的指导中，应多提供范例，多组织“教—写—评”的时时互动，让学生切实获得提升。

工具4：思维之线

所谓思维之线，即让想象文写得有序有理，就是串联各个写作内容的线索。就像用丝线来串珍珠，想象的内容就是珍珠，设定好的写作序列就是丝线。

以《二十年后的家乡》为例，如果学生思维混乱无序，东写一点，西写一些，那么写出来的作文也就零零散散、不成体统。教师可以指导学生想好怎么展开想象之后，再动笔写。例如，可以以地点转换为线索，按顺序写出家乡的河流、果园、学校、农场的变化。或者以时间为线索，写出早上参观家乡的何处景致；中午在哪里进餐，感受家乡的美食升级；下午在何处考察，感受家乡的何种变化；晚间如何在夜空下感受家乡的静美。跟着课文提出的要求，事先编订好写作提纲，设计好文章结构，然后补充内容，如此一来，想象就变得有序，也就更加真切。

使用工具，最大的价值就是让学生真正知道“我可以怎么办”。同时，工具设计的科学性能确保用了就能写得出来。无论是写实还是想象，教师都要参与其间，都要“教”。最糟糕的就是教师当“甩手掌柜”，觉得写想象作文就是学生自己的事。

日本教师大村滨在《教学这件事：感动几代人的教师专业成长指南》一书中，有这样一段描述：

> 大家常说在学生中转来转去会抹杀他们的个性，果真是这样吗？可有什么证据？个性难道是这么容易被抹杀的？……大多数人都不是天才，都希望得到老师的谆谆教导。只是孩子不懂得把这些说出来罢了。[①]

快去帮一下那些正在为“别人会写，自己却写不出来”而发愁的孩子吧！不难想象，教室里无从下笔的孩子不在少数。你不妨走到他们身边，给他们写个问题，以便引导他们发散思维，比如：“那棵树是什么树呀？”“你在那里看到了什么？”于是，他们会去回忆

① 大村滨．教学这件事：感动几代人的教师专业成长指南[M]．李凌洁，译．北京：中国青年出版社，2023

自己的所见所闻，并将它们写下来，这样一来，文章不就越写越长了嘛！

这才是真正的教学生写作。

妙招 32　作文学习力，不仅是“写得很努力”，更是“提升很得力”

机器人与人最大的区别是什么？

在《认知觉醒：开启自我改变的原动力》一书中，作者做了描述：

> 机器人没有“潜意识”。
>
> 它的每一个动作，包括转动“躯体”、弯曲“手指”、提高“说话”的音量等，在其“大脑”中都由精确的数值控制，一旦断电，机器人就会停止工作。但人不同……
>
> 如果和机器人一样，用数值控制每一块肌肉，调节每一种激素，处理每一个神经信号，那么人根本无法存活，因为即使是举手投足这种看似简单的动作，大脑需要处理的信息都是海量的。为了更好地生存，进化之手巧妙地采用了意识分层的手段，它让潜意识负责生理系统，让意识负责社会系统，如此分工，意识便得到了解放，可以全力投入高级的社会活动。①

我们可以从写作学习的角度理解与运用这一观点。例如，学习写作，就是一种“高级活动”。学习的目的是“消除模糊”，获取明确的知识、技能，完成作品。其过程与方法，正是逐步消除心中对写作的模糊意识，使之变得清晰、明朗起来。在学习中，学生如果

① 周岭．认知觉醒：开启自我改变的原动力 [M]. 北京：人民邮电出版社，2020.

出现效果不佳、行动力不足等问题，真正的原因就是他们不知道应该怎么做。面对需要掌握的写作知识、技能，学生无法做出清晰、明确的选择，无法跟着流程与步骤推进，如同在十字路口，不知道该往哪里去，只是随着潜意识行进。

模糊地写，即便写出了结果，也是偶然的、不确定的，对未来的写作能力提升不能产生持续的动力。然而，在一线教学中，这样的“模糊”较为普遍。

统编教科书五年级上册第四单元习作《二十年后的家乡》，不少教师在教学中，仅将其当作想象作文，让学生写出来。学生经常遇到这样的想象作文，每次想的、写的都差不多。重复练习已经会的，作文教学失效的原因就在于此。

更关键的是，教师每次的写作指导也差不多，都是模糊的：请大胆想象，写一写——二十年后的家乡什么样？你的生活会变成什么样？你会过得怎样？学生坐在教室里凭空遐想，还要增加“高科技含量”，写作的结果是让二十年后的家乡变得不可想象。

如何让指导变得清楚呢？教师需要清楚：本次写作的核心目的——学习列提纲，分段叙述。教科书在单元导读页面，就明确地陈述了这一次的习作目标，同时也列出了标准的简洁版提纲。每一次写作，除了要“写出一篇作文”，还要通过本次写作，提升写作的学习力，掌握和写作相关的知识、技能，获得写作认知的提升。

教师要清楚地执教，可以这么做：

步骤 1：看一看，教科书示范的提纲。

教科书中示范了标准的提纲，有题目、开头、结尾，中间进行了分段表达。教学第一步，就是让学生认清楚提纲的样式，提取提纲的要点，让学生知道提纲是什么样的，由哪些部分构成。

步骤2：练一练，列出自己的提纲。

让学生以《二十年后的家乡》为题，尝试练习，列出自己的提纲：根据之前的学习，一一对应写下即将写作的题目、开头句、结尾句，再列出中间需要分段表述的各段大致意思。

步骤3：加一加，修订自己的提纲。

让学生对自己列的提纲进行加工。在这个过程中，教师要有清楚的程序指导，具体加工步骤如下：

第一，在提纲上做批注。批注的内容就是标记，先让学生对照教科书提纲的示范，看看自己的提纲有没有遗漏、是否完整。

第二，在提纲上做区分。让学生根据构思的结果，在提纲上标注出计划详写与略写的部分，这也是教科书提出的要求之一。

第三，列出二级提纲。让学生对需要详写的部分进行拓展，列出二级提纲。比如“二十年后家乡的果园”是要详写的部分，可以继续推进：二十年后家乡的果园会是什么样？果园中的果树是什么样的？果树是如何栽培的？果实口感如何？果实的经济价值怎样？

二级提纲的罗列，让提纲有了拓展，也使得提纲中重点的部分得到突出。

步骤4：写一写，根据提纲写两段。

根据提纲，选取计划中要写的两个片段进行练习。至少练习两个片段，分段表述。至此，“学习列提纲，分段叙述”的目标达成。

从以上四个步骤，我们可以发现清晰的教学思路、清楚的教学流程。步骤越清楚，教学成功率越高。同时，学生获得的知识、技能也就越明确，不至于每一次都是学生含含糊糊写出一篇作文，教师简简单单布置一些指令——双方其实没有“交集”。

以上案例，在写作教学中带来两个方向的启发。

1. 理念居于上位尤其重要。

学生自己完成写作任务固然重要，也需要练习，但更需要教师提供方法指导，需要居于上位的理念指导。

著名的吉他演奏家刘传提供了他的学琴理念，批判那种只顾最低层级重复性练习的方法——业界称其为“跳过原理”。不少人学琴，喜欢直接练习，不管琴理。刘传认为，这样的操作方式仅适用于学习的初级阶段。也就是说，采用这一方式，学生能快速达到60分的水平。但越到后面学生提升越慢，到了中级或高级阶段，就非常需要系统地学习原理，否则就走不远。

写作也是如此。学生练习了大量的比喻、拟人、夸张等低级方法，到了进阶水平，这种套用的方法就暴露出无可救药的缺点。有的学生能依靠灵感支撑一段时间，但很快就江郎才尽了。没有居于上位的理论指引，学生走不远，也走不长久。

教师不要一味强调学生努力认真写。要提升写作学习力，非常努力当然需要，但更有效的在于理解和思考写作的逻辑层次。以本案为例，列提纲有其无法取代的价值——提示学生写作前务必进行构思，这是当代写作教学中普遍缺乏的重要环节。

我们习惯直接下笔，想都不想就开始写，或者总爱说“你们想怎么写就怎么写”。实际上，学生真正需要的是“想清楚再写”。根据国际写作学研究成果显示，预写、起草、修改、校正、发表五个环节是写作完整的、应有的流程。列提纲正是一种作前构思，是构思的可视化，是不可少的。教师只有掌握这些理念，才能让教学思路更清晰，让学习效果更好。

2. 掌握支持写作发展的技能尤其重要。

写作教学中的种种问题都在澄清一个事实：写作力的提升，依靠的是对写作的认知升级、掌握的技能升级，以及对写作的热爱升级。

相比之下，学生对已知已会的内容重复输出，意义不大，甚至会产生厌烦的反效果。思考能力的提升需要不断明确核心困难和心得感悟，并专注于此。

例如本案中的列提纲，是写作的必经步骤。本次练习的意义正在于此。同时，列提纲本身就是一种支架，是一种思考的媒介，是未来写作力提升的重要工具。

相比写出一篇大同小异的《二十年后的家乡》而言，列提纲意义非凡。从当前的“习作”，到高中的“写作”，再到未来的“创作”，学生要经历阶梯式的提升。列提纲有助于学生创作出一部大作品。作品越是恢宏，内容越是充分，越需要事先列定提纲，甚至提纲都得分项列定，如涉及人物的提纲、涉及情节的提纲、涉及场景的提纲……学生先学会列简单的提纲，再随着需要列复杂的提纲，在训练中不停地提升列提纲的能力，为写作服务。

综上所述，写作就是学习。学习力的提升，不能仅仅“写得很努力”，更要“提升很得力”。教师观念的转变、教学方式的转变，直接决定了教学效果。我们不是要培养写作上的机器人，而是要通过写作发展人。

妙招 33　作文要进步，服用“特效药”不管用，需要做到这三点

美国学者斯塔科所著的《课堂中的创造力：充满好奇和愉悦的学校》（第 4 版）中，介绍了著名教授加德纳的研究。

加德纳教授的研究方向是“创造力的产生”，其研究成果带给我们启发——任何技能的形成，都是刻苦练习的结果。

“刻苦”二字，并非我们想当然的那个程度。

以写作文为例，由于长期受其困扰，我们开始逃避刻苦练习，信奉那些“讨巧”的方法，这好比久病之人，听说有特效药时，便丧失理智去盲目追寻。所以，一时间有那么多人声称“跟我学，就这么简单”，他们像神医一样在兜售自己的“灵丹妙药”；有那么多的成功案例在告诉你“只要掌握了这个方法，就能成功”，背后的缔造者们在利用幻象制造假象……

因此，我非常希望被作文困扰的学生、父母、教师，都能了解加德纳教授的研究成果。至少，这项研究成果能让他们对这些一看就知道的“忽悠”具备一定的免疫力。

加德纳研究了 19 世纪多个领域卓越的创造者生平后，发现了两个条件和一个“十年法则”。

条件 1：进行创造性活动时，得到周围人的支持。

“在创造性工作十分紧张的阶段，创造者既需要那些能够与其分享新想法的人提供的认知支持，也需要来自好友的情感慰藉。”支

持，对创造性活动的成功起到了不可或缺的作用。

我们提倡写作要提升，必须进行“百字作文天天练”。在百字作文的写作之初，学生非常需要得到鼓励。不论是老师，还是父母、同伴，都要给学生尽可能多的鼓励。当然，鼓励不是非常简单的“你很棒”，而是具体说出“哪些地方打动了读者”——哪怕是一个词、一个小小的灵感、一个小小的创意，或者是一个小小的句式变化……

找准一个点，狠命夸，让学生的创作得到支持，拥有安全感。

从这个角度去想一想：在学生初学写作时，成年人吹毛求疵，高高在上地展示自己的写作水平，高人一等地碾压学生，到底是对还是错？是爱还是毁？

条件 2：做“浮士德式的交易”（Faustian bargain）。

先了解歌德不朽的名篇《浮士德》。

《浮士德》看起来是向魔鬼出卖灵魂以换取知识和青春的古老传说，但其实也展示了广阔、深邃而崇高的人性，为人类自强不息的进取精神唱了一出迄今仍响彻寰宇的凯歌。

浮士德为了寻求新生活，和魔鬼签约，把自己的灵魂抵押给魔鬼，而魔鬼要满足浮士德的一切要求。如果有一天浮士德认为自己得到了满足，那么他的灵魂就将归魔鬼所有。于是魔鬼使用魔法，让浮士德有了一番奇特的经历：他尝过了爱情的欢乐与辛酸，在治理国家中显过身手，在沙场上立过奇功，又想在一片沙滩上建立起人间乐土……沉醉在对美好未来的憧憬中时，他不由自主地说，那时自己将得到满足。这样，魔鬼就将收去他的灵魂。就在这时，天使赶来，挽救了浮士德的灵魂……

像浮士德那样，杰出的创造者为了自己的工作做出了巨大的牺牲。很多时候，他们牺牲的是人际关系。有些人过着极端禁欲的生活，为了他们的工作积蓄超群的力量，这些人在消遣娱乐或人际关系方面几乎一片空白。

依然回到“百字作文天天练”这个系统来说。期待进步的学生，是否正经历“浮士德式的交易”？是否让每日写百字作文成为自己的生活习惯？

“百字作文天天练”，就是一种“浮士德式的交易”，可以让学生保持一种写作的状态，在写作提升的路上义无反顾地前进。学生如果能坚持“百字作文天天练”，进步就是必然的结果。

最重要的是“十年法则”这一成功模式。

加德纳发现，不同领域的个体，想要产生重要思想、重大突破或其他创造性产品，大约都需要十年的时间。在知识大爆炸的 21 世纪，通过研究创造者生平来验证“十年法则”依然有效，是一件很有意思的事情。①

其实，不仅创造需要“十年法则”，任何技能、技巧的提升，都暗藏着“十年法则”。只不过在写作路上迷茫的人，明知道这一规则却不愿意承认，或者说可以承认，也不愿意执行。因为想到“十年法则”，他们就不自觉地担心起来——难道没有别的特殊通道，只有“板凳要坐十年冷”？

是的，写作提升，必须下苦功夫。即便你拥有绮丽的人生经历，文字的累积也需要经年累月的练习，否则，真会浪费了上天给你的好生活、好故事。

想到这一点后，我们也应该能理解，为什么“百字作文天天练”

① 阿兰·乔丹·斯塔科．课堂中的创造力：充满好奇和愉悦的学校 [M].4 版．王贞贞，宛小燕，李萌，译．成都：四川人民出版社，2016.

是写作进步的不二法则。

想到这一点后，如果你依然迷信一些人售卖的“特效药”，无异于服用“麻醉剂”进行自我催眠。当然，结果也只能是看到昙花一现的幻境，最后依然在“不会写”“写不出”的困境中沉沦。

妙招 34　用好这三个模型，就能轻松写出故事，也许还能留下经典

统编教科书的单元习作训练系统，非常重视让学生编故事。例如第二学段让学生“编写童话故事”“续写一个故事”；再如第三学段，直接给出《笔尖流出的故事》的题目。不同年级，要编写不同的故事，足见编故事的重要性。

创意写作学认为，写作就是写故事。会编故事，几乎等同于会写作。故事创作的过程，包含着一篇文章从无到有的创造过程。单单一个“编”字，就代表着创作，代表着生成，就是创意写作的灵魂词。

编出一个故事，看起来是学生的天赋。哪个孩子不是故事喂养大的？因此，在“怎么编”的指导上，教师给出的建议显得“有水分”，无非是“结合你的观察体验、生活经历、内心感受，大胆地编一个故事吧”。其实，这样的指导意见可有可无——会编的学生自然能应声而作，不会编的学生依然无法动笔。

对于会编的，教师千万别干涉；对于不会编的，教师好好给支架。这里提供三个好用的编故事的模型，能够让学生轻松编出故事。

一、买卖模型

这一类故事，可以从“开一家店，卖一些商品”写起，任意安排一个“老板”，然后让店铺按照自己的设想开张；之后，安排不同

的“顾客”前来购买商品。编故事，就是写买卖双方的对话。故事的结局，可以是“成交”，更耐看的就是“零成交”。

大家最熟悉的是统编教科书二年级下册课文《蜘蛛开店》。内容上不再赘言，要特别关注故事是如何编下去的。故事中，商品统一定价为一元钱。出售口罩，来的是河马，口罩太小，亏损太大；商品是围巾，顾客是长颈鹿，围巾太短，生意不顺；商品是袜子，面对的却是蜈蚣，袜子不够……显然，作者用了“零成交”的思路，让读者理解故事在“不匹配”中造成的欢乐氛围。这个故事可以在这种反差中不断编下去。一旦交易成功，故事也就结束了。

使用“买卖模型”编故事，最重要的是设计好买家、卖家、商品，最主要的是写好卖家与买家的对话。

二、三足鼎立模型

这种模型可以任意设计一个主题编故事，故事中有三个角色。三个角色各做各事，各说各话，各往各的方向发展。故事可以采用“花开三朵，各表一枝”的方式写，分别写出三种不同的结局。

绘本《安的种子》就是范例。老和尚给了三个徒弟莲花种子，让他们各自栽种，故事就开始了。得到种子后，三个徒弟采用三种不同的栽种方式，展示了三个人不同的个性、人格，产生了三种不同的结果。三个徒弟一个拒绝付出心思和努力，一个过度呵护，还有一个遵循规律、静待花开。这样一来，故事中的徒弟们，就有了不同的结局，莲花种子也有了不同的结果。

“三”是故事中的“常数”，情节中安排“三次反复”的故事很多。本文提供的三足鼎立模型，和“三次反复”情节的故事有所不同。编写三足鼎立模型的故事，关键在于“差别”的设计——三个角色，集中面对一件事，要有三个不同的选择，呈现三种不同的结果。

其实，使用这一模型写故事，借助的就是“分”的智慧：将一个大故事，分为三个小故事。各个小故事还可以分段写，一个角色写一段话，写到结局出现为止。之后，再写一人……将一个大故事分为三个小故事，写起来轻松。

三、“VS”模型

“VS”表示双方的对比，在这里可以理解为“某某和某某”，例如“大头儿子和小头爸爸”“父与子”“龙兄与虎弟”等。请不要将这种模型当作是将三足鼎立模型减去一个角色，两个模型编写起来是有所不同的。

三足鼎立模型，编写的时候是“分”的逻辑，分开写，各自写；“VS”模型，编写的时候是“合”的逻辑，交织写，融合写。

任意设计一件事，让某某和某某共同参与，这就开始采用“VS”模型了。某某和某某共同去做某件事，这是故事的相同点。在共同完成一件事的过程中，某某和某某又有不同的表现，而这些表现是交织在一起写的。例如，可以写某某和某某的对话，写某某和某某各自的行动，写某某和某某各自的想法，等等。

“交织”与“融合”，是“VS”模型故事写作的具体方法。用通俗的话说，意思就是在写某某和某某共同参与的时候，写一句“我”说的话，再写一句“你”说的话；写一句“我”做的动作，再写一句“你”做的动作；写一句“我”的想法，再写一句“你”的想法……“我”一句，“你”一句，交织在一起，融合在一起，共同推进故事的发展。

例如，在《在牛肚子里旅行》这篇课文中，青头和红头在克服困难时，就是“你”一言，“我”一语，“你”做一件事，“我”做一件事，共同解决问题。当然，这类故事还可以用反差法编写，即“你”说东，“我”偏往西；“你”说南，“我”偏向“北”……两个角色闹矛盾。不同的性格设置，让故事有不同的发展方向，结尾也不同，一切都在于作者怎么编。

本文提供以上三种编写故事的模型，就是为了帮助学生快速构思，用最短的时间打造故事，就好像制作一个艺术品，先拉出一个框架、捏一个粗胚。至于故事中写什么对话，有哪些细节，突出什么情感，还是靠作者本人的积累。

其实，故事就是你的心事。故事中的每一个细节，都在向读者展示你的内心。因此，有了模型之后，不能应付了事。在使用三个模型中，要特别注意一些操作上的共性。

第一个共性：事先设计。到底写什么故事，希望学生想清楚再开始。

第二个共性：精心安排。到底写什么内容，希望学生重视细节的打造。

第三个共性：结局慎重。到底写成了什么，希望学生谨慎决定故事的结局。

故事中的人，实际上就是“我”，故事中的角色，是作者的“代言人”；角色说什么话，就是作者在说什么话。所以，即便安排了一个反面角色，这个角色的想法、做法，也有可能是作者在成长过程中心中闪过的一念；如今，作者将其通过故事写出来，只不过在做一个反思，在进行一次自我解释而已。故事的结局，就是作者对这个世界的看法、追求。

最后，我们来回顾经典故事《卖火柴的小女孩》。故事中的小女孩一次次擦燃火柴，眼前出现的场景，就是作者心里所想，是作者对贫苦之人的仁爱，他期待人们获得这些帮助。卖火柴的小女孩最后即便离开人世，也显得那样凄美，体现了作者真实而善良的童心，同时也展示了作者对当时社会现状的愤怒与无奈。

可以说，卖火柴的小女孩必定会死，她的死不是作者安排的，而是故事决定的。

在童话《卖火柴的小女孩》中，我们可以见到“多次反复”的故事编写模型，故事中融入了作者对社会的认识、对人性的探察，因而成为世界级经典童话故事。本文提供的三种模型，如果使用得当，再融入作者本人的童心、天趣，也许能成就新的经典。

妙招 35　总强调观察，效果却不好，因为学习的方法不对

一、从新课标谈起，观察的确是个重点

新课标在第二学段“表达与交流”目标中提出要“观察周围世界，能不拘形式地写下自己的见闻、感受和想象，注意把自己觉得新奇有趣或印象最深、最受感动的内容写清楚”。观察，在这一学段的学习中显得尤为重要。

统编教科书三年级上册第五单元的学习，在落实新课标上发挥的作用不可小觑。本单元是习作单元，单元导语写着法国雕塑艺术家罗丹的名言：“生活中不缺少美，只是缺少发现美的眼睛。”同时，单元的学习目标也设定为“体会作者是怎样留心观察周围事物的”。可见，学习观察周围事物的方法，在观察中有所发现，并将观察与发现的结果记录下来，成为写作结果，正是这一单元的核心学习项目。

因此，本单元所选的《搭船的鸟》特别契合这一目标。课文以一个孩子的视角，写了他在搭船回家的途中，认识翠鸟、观看翠鸟捕鱼的过程，字里行间充满了对自然的好奇、对偶然间发现的惊叹、对分享发现的喜悦。

二、发现日常教学中的问题

也许是看到了此课不可或缺的教学特质，在教学过程中，教师特别注意强调“观察”，不断地叮嘱学生：“观察要仔细，要全面，还要持久。”为了印证这些必须掌握的“知识”，教师从文字的细节中分析出作者观察时与之匹配的地方，如：从“它的羽毛是翠绿的，翅膀带着一些蓝色”发现作者观察时关注了颜色、形状等方面；从翠鸟捕鱼的整个过程，又得出观察需要持久的结论；从“比鹦鹉还漂亮”得出观察要对比的结论。

教师期待这样教能够落实目标——让学生课内得法，迁移到日常，注重观察，获得结果，转化为文字。但实际上，效果并不佳。为什么呢？

所谓观察方法，只是干巴巴的条款，高高在上，存活于实践之外。它们是强加给学生的指令，类似于“你要怎么做”“必须做到什么”。毫无疑问，条款是正确的，但也是空泛的，是普遍存在的概念。当普遍的概念没有落在特殊的个案中时，概念就是陈列着的文字条款，无法指导实践。

方法要被激活，必须放置在生活中，要融合在切实可感的任务中，要让学生为达到目标而主动使用，此时的方法才是“活”的，才能产生效果。

三、借助思维“还原”真相

当时的情形应该是这样的。文中的小男孩在搭船去外祖父家的路上，一定是一边走一边看的，这就是人之常情——观察，不需要提醒，自然而然就发生了。偶然间，他看到一只奇怪的、漂亮的小鸟，当然特别意外、惊喜。在好奇心的驱使下，他做出再正常不过的反应——盯着看，一边看一边琢磨这到底是什么。后来，他看到小鸟捕鱼，向妈妈询问后，得知这是翠鸟。

回家后，男孩依然兴奋，他希望将自己的发现和大家分享。注意，他并非要传递什么“观察的方法”，仅是和大家分享自己的惊奇、喜好、所见的特别之处。试着想象：如果你就是那个搭船的孩子，看到一只奇特的鸟，你会用哪些方法观察？会有意识地从形状、颜色、行动上去观察吗？当然不会！你就是看到一个活生生的画面，一个“打包了的信息团”，到要写下来的时候，你会回忆、拆分出看到的一个个细节，安排好顺序写出来。

哈佛大学教授史蒂芬·平克从认知心理学角度将这一过程解释为：从网状的思路，经过树状的梳理，到线性的表达。网状，就是当时所见的场景，是一个“打包了的信息团”；树状，是写作前的决定，如何表达更顺畅、更清楚；线性，就是一句一句的文字输出，是最终呈现的写作结果。

我们必须想明白：究竟是什么力量使得作者做了这样的写作序列安排，做了这样的文字陈述，将笼统的观察结果做了形状、颜色、行动的拆分呢？

答案是强烈的写作意图。作者要和你分享的是“瞧，这就是当时我的惊奇发现”。其实，这句话换作罗丹来说，就是“瞧，我发现了生活中的美”。

问题的关键在于“我”发现的时候，读者不在场。所以，“我”要用文字，带读者来到现场，复现、分享“我”的发现。因此，“我”的文字要能还原当时冲击“我”视觉、震撼“我”心灵的每一个细节——“我”也要让读者看到这只翠鸟。

因此，你会发现原文有这样一段话：

> 我看见一只彩色的小鸟站在船头，多么美丽啊！它的羽毛是翠绿的，翅膀带着一些蓝色，比鹦鹉还漂亮。它还有一张红色的长嘴。

作者小心地写出鸟的羽毛是什么颜色的，同时注重描写一些细微的地方，补充说了一句“翅膀带着一些蓝色”。但他依然担心读者不能理解，又用生活中最熟悉的鹦鹉做了个对比，说完之后，一再检视是否有遗漏，又补充说了一句“还有一张红色的长嘴”。作者在写作时是不是小心翼翼？是不是满心期待和读者一起分享当时的画面？所有观察的方法，都源于表达的意图——分享惊喜。

我们不断重复叮嘱的“观察要细心”“观察要讲究方法”，其实更适合专业人员。例如法布尔，他是昆虫学家，他的观察就是“从方法到结果”的。而小学生的观察，实际上是日常生活中的本能，是人在环境中的自然反应。因此，教师在教学时一直强调的“观察方法”，在学生的内心深处是无处安放的，是找不到实践佐证的。

教师要做的更重要的事是找到作者的表达意图，在目标的驱动下，发现作者梳理思维的过程和表达的路径。

四、重建教学现场

本单元教学目标是“体会作者是怎样留心观察周围事物的”，同时，作为习作单元，还要同时达成“仔细观察，把观察所得写下来”的写作目标。

在此前提下，教师可以重建教学现场，安排如下教学步骤。

1. 读文，把握内容。

这是“起”的基本准备工作，让学生读课文，把握文章大意。

学一篇课文，学生必须知道课文中写了什么。梳理后我们可以获得写入课文的五方面内容。

（1）一件事：搭船去外祖父家。

（2）一种天气：雨天。

（3）一只鸟：停在船头。

（4）一只鸟：不停追问。

（5）一只鸟：捕鱼。

其中，第3、4、5条与“一只鸟”有关，能体现当时作者的惊奇发现，可以初步定为学习重点。

2.理解，体会主题。

这是“承”的重要一步。

学生畅谈阅读体会，理解作者为什么要写“搭船的鸟”，到底要传递什么意思。学生能在文字中感受到作者发现翠鸟时，发自内心的喜爱、惊奇。

3.探索，掌握核心。

这是“转”的关键部分。教师和学生一起转而去探索“作者为什么这么写”。这一步不能含糊，要分为几个教学环节有序推进。

环节1：转化文字，口语表述。教师让学生借助课文内容，描述“我”看到了一只怎样的翠鸟。

环节2：出图对比，图文对照。教师出示几幅图，图中有各种鸟，进行干扰，让孩子选出哪个是翠鸟。三年级的学生能准确选中翠鸟，则实现了“图文对照”式的学习。

环节3：说理印证，提取核心。教师让学生说理，解释为什么这是文中所说的翠鸟，结合课文，对选中的图片进行论证。原文是作者将观察转化为文字，如今是学生观察图片，印证作者观察和表达的真实。整个论证过程，说明作者观察得好，写得好，完成单元学习目标“体会作者是怎样留心观察周围事物的”。

在这一环节的师生互动中，我提取了作者写作的三个核心方法。

（1）用精确的词语写出翠鸟的色彩，例如使用“带着”一词，说明色彩存在的区域与面积。

（2）用对比方法写出翠鸟与鹦鹉的差异，让读者心中有个图像。

（3）反思并补充细节，让表达更完整，例如对“长嘴”的补叙。

环节 4：创设情境，拓展运用。教师让学生思考：假如在生活中，你也发现了一个新鲜事物，你会怎么做？要把发现写下来，写的时候，要注意些什么？

4. 统筹，实现目标。

这是最后“合”的部分，回到学习目标上，让各部分表达形成合力。

在教学的最后环节，教师可以乘胜追击，让学生重点关注第 3 自然段，向学生提出一个有思考价值的问题：“为什么作者在这一段集中写了这么多想法？”

以往的教学，我们更多地强调让学生明确“这段话写的是想法”，提示学生要“一边看一边想”，这是强加的、僵化的、没有生命力的学习结果；此时转化为对作者写想法原因的探索，则瞄准了目标，让学生体会到有惊奇发现时，心中自然有无限的问题，很自然会产生各种想法。作者把想法分享出来，能让读者感觉到当时作者是多么惊奇，这就是写想法的意图。这一教学过程依然和单元学习目标合拍。

五、看似多余的话

最后来个补叙:“一边看一边想”真的不需要交代。面对好奇的事物，每个人都会这样做。叮嘱学生做到这句话，就类似于说“一定要闭着眼睛睡觉啊”。

让学生明确观察的重要性，学习观察的方法，是必须做的。但教学不能总是干巴巴的，不能仅限于传递知识，强调背诵。如何还原生活，如何在任务驱动下明确目标，在具体情境中运用方法，这才是关键。

一线教学

何捷——著

70个实用妙招

阅读教学妙招

（35个）

江苏凤凰科学技术出版社·南京

图书在版编目(CIP)数据

一线教学 ：70 个实用妙招 / 何捷著. —南京 ：江苏凤凰科学技术出版社，2024. 9. — ISBN 978-7-5713-4661-4(2025.2 重印)

Ⅰ. G623.202

中国国家版本馆 CIP 数据核字第 20246NH339 号

一线教学:70 个实用妙招

著　　　者	何　捷
责 任 编 辑	刘文芳
责任设计编辑	孙达铭
责 任 校 对	仲　敏
责 任 监 制	周雅婷

出 版 发 行	江苏凤凰科学技术出版社
出版社地址	南京市湖南路 1 号 A 座,邮编:210009
编 读 信 箱	skqsfs@163.com
联 系 电 话	(025)83657623
印　　　刷	溧阳市金宇包装印刷有限公司

开　　　本	718 mm×1000 mm　1/16
总　印　张	23.5
总　字　数	260 000
版　　　次	2024 年 9 月第 1 版
印　　　次	2025 年 2 月第 2 次印刷

标 准 书 号	ISBN 978-7-5713-4661-4
总　定　价	69.00 元(共两册)

本书系 2024 年度福建省基础教育课程教学研究课题“国家事权教科书‘单元习作’备教学评一致性的教学策略研究”（课题编号：MJYKT2024-115）的阶段成果。

目　录

妙招 1 “路线”与“地图”，两种学习模式的对比与理解

在《创设联结：教学与人脑》一书中，作者雷纳特·N.凯恩提出一个有趣的观点：教学中，教师在起步阶段需要帮助学生建设“路线”的学习模式；但从终身发展的角度看，教师需要让学生完成对“地图”学习模式的建设与拓展。

一、理解两种模式的概念

“路线”，隐喻着简单、机械地实现训练目标的学习方法。

例如，人们来到一个陌生区域，想要从酒店到达某一个餐馆的时候，需要了解抵达目的地的路线。人们可以通过各种方式，如查找、打听等，找到去这个餐馆最近的路。之后人们通过沿途关键的几个标志性建筑物，顺利到达餐馆，这种从一地到另一地所经过的道路，称为“路线”。人们需要忠实地按照路线行进，这样才能确保到达餐馆。

使用“路线”，是抵达目的地最简单的方式，达标的效果也能得到保证。使用路线的弊端是单一、固定，而且在使用的过程中，人们所有的注意力都集中于“路线”中的“打卡”，也就是按部就班地完成每一个“规定动作”。在抵达目的地的同时，人们忽略了沿途的风景。这样的体验，无疑是枯燥的，收获也是贫乏的。

依然以在陌生区域中行走为例，来理解“地图”。

人们在这个区域生活一段时间后，开始熟悉周围环境。此时，即便每天依然从酒店到餐馆，行走的路线不变，人们也会开始留心沿途的风景，形成“地图”。也就是说，在原有的路线基础上，又增添了沿途的植物、商铺、车辆、行人等丰富的形象。再过一段时间，人们会更加了解这个区域内的建筑以及相互之间的关联，发现周围的剧院、洗衣店、购物区以及其他的住宅区等。在人们的感受中，这个区域不再是生硬的“路线”，而是有了烟火气。

此时，人们对这座城市获得了许多的个人了解，不但可以自由地抵达餐馆，甚至在时间许可的情况下，会绕道去看当地的风景，或者购物。至此，“地图”在人们的脑海中形成——人们获得关于这个区域总体的印象，建立了更为复杂与庞大的网络图谱。人们可以借助地图实现更多样的目标，解决随机生成的各种问题。更有意思的是，“抵达餐馆”的路线也变得丰富起来。

“路线”和“地图”在四个方面有着明显的差别。

（1）信息量。“路线”简单，“地图”复杂。

（2）获取方式。“路线”的获取方式是接受，是他人告知的。“地图”的获取方式是探索，经历的是个体的实践。

（3）体验感。按照“路线”行进，容易按图索骥。形成“地图”后，体验更为个性且丰富。

（4）变通性。“路线”局限性大，不容易变通，一旦某个“路线”损毁，很容易产生多米诺骨牌效应，导致系统崩溃。“地图”有较大的灵活性，因为是个人自我建立的，因此人们可以灵活运用，随机应变。条条大路通罗马，此路不通时，还有备选方案。路径不同，体验感、学习结果也不同。

二、认识“路线”与“地图”两种模式下的学习

1. 二者可以综合运用，我们既需要“路线”，也需要“地图”。

从短期学习效果看，“路线”能立竿见影。例如课程学习中，教师指导学生使用“路线”模式，基于要实现的目标，直接付诸行动，使目标和结果保持一致。“路线”模式也提醒教师：指导中需要优先设定目的地，同时计划好抵达目的地的方式、路径，让学生借助科学、简约的流程，采用有效的方法精准抵达。

从长期的学习效果看，专用“路线”会让学习索然无味，造成学生思维的僵硬与固化。因此，教师必须建设“地图”学习模式，让学生在“路线”中获得的基础知识和形成的基本技能，成为建构“地图”的阶梯。“地图”的建设，能让学生在各种复杂的情境中做出反应，创造性地解决问题。

为获得“地图”而设计的学习，教师必须帮助学生更为灵活地掌握知识，将各种学习材料和已有的经验不断组合、加工，联系在一起，让学生利用学习过程中获得的经验，将全新的学习内容嵌入真正的实践中，调动全身心去参与，激活对未知的好奇，从而富有创意地完成计划，实现目标。

2.“路线”与“地图”的博弈，须让“地图”模式逐渐占据上风。

在学习中，“路线”的优势显而易见。“路线”学习可以给出快速的、可见的结果，而且结果很容易衡量。例如是否计算正确，是否写出比喻句，是否完成画作，等等。“路线”学习容易被测试，教师更容易控制。为了追求高分，某些教师明确发出呐喊——“为考试而教”，生产出许多专为获得高分的教法、教学模式。这些行为的本质，就是抛弃了对人的基本认识、对学生发展的预期，是极为露骨

的功利主义。

有时候，教师出于对“路线”的维护，会提出“按照设定的训练方法，可以将学生培养成爱因斯坦或莫扎特”的荒诞但诱人的口号，在很大程度上让不明就里的教师和学生陷入对“路线”的迷恋，毫无疑问是愚蠢的。《创设联结：教学与人脑》这本书中，摘录了爱因斯坦自述的一个故事：

> 年轻时，爱因斯坦曾进入一个德国的军事学校。在那里，考试期间的压力影响了他，以至于他暂时失去了对自然科学的兴趣。在 1949 年，爱因斯坦回忆了这所学校带给他的很坏的影响：“这种压迫对我产生了如此决定性的影响，以至于在我通过终考之后的一年时间里，我发现自己对思考自然科学的问题感到十分厌恶。”[①]

为了避免类似情况的再现，教师的职责就是让“地图”模式逐渐占据主流。为实现目标，教师有必要了解人们大量采用“路线”模式而非“地图”模式的原因。

原因之一：“路线”模式简单，看起来有效。例如“路线”模式下，教师以考试分数为借口，以完成课后练习为抓手，让学生一道题一道题练，一遍一遍重复，达到几近自动化的效果。教师用尽各种各样的方法，力求学生在规定时间内算出更多的题目，回答出更多的问题，写出更多的报告，或抄写完更多的黑板上的句子……所有这些做法，不断强化“路线”，逼迫学生的大脑几乎完全倾向于机械记忆系统。

为了确保抵达目的地，在此过程中，教师会动用显而易见的

① 雷纳特 · N. 凯恩，杰弗里 · 凯恩 . 创设联结：教学与人脑 [M]. 吕林海，译 . 上海：华东师范大学出版社，2004.

“惩戒”方式，对几个具备“路线”性质的关键知识点的获得进行评估，且严厉地予以纠正。学生经常被训练去记住必要的信息，却很少理解所学知识的意义或含义。更让人担忧的是，学生总是潜移默化地学习着“如何为了获得外部奖赏和认同来完成规定的工作”，缺乏对自我的回望与观照，很少体验过由创造性的、独特的、富有争论的和冥思苦想而得出的解决方案所带来的纯粹快乐。

原因之二：“路线”模式好操作，容易成瘾。“路线”模式的教学方法，总是按部就班地进行强化训练，让人脑更多地依赖机械记忆系统。但是，这将导致学生的无助与慵懒，使之缺乏对学习过程复杂性的预判，以为“学习就是做练习”“学习就是为了考试”；而且一味认定“考卷就是原先的那个样子”。殊不知，随着新课程时代的来临、新课程标准的颁布，试卷正在发生着变化。

教师和学生一同缺乏对学习的充分认识和调控，在事实上抹杀了“地图”的创建。创建“地图”的前提是对信息的充分掌握，是对信息内在组织、包含元素的统筹运用，是从凌乱到清晰的变化过程。其对个体的要求，远远多于、高于对练习题的作答，因此，一直被冠以“不好学”“不容易掌握”的“恶名”。殊不知，当每一步的学习行为都被预定时，学生就没有机会去应对突发情况，久而久之，学生最擅长的就是记忆而非思考。这样的依赖，让学习与复杂的、多变的、个性化的现实格格不入。当意识到教师放弃丰富的“地图”学习，选择单一的目标导向的“路线”学习时，我们应该感到有危机。

二者对比，教师应该做出正确的选择。

三、为素养而教，合理设置“路线”与“地图”两种学习模式

1. 在某项技能的练习掌握起步阶段，以“路线”模式为主。

为了让学生尽快获得某一学习项目的基础知识、基本技能，教师可以设计“路线”的学习模式，但不应将其视为终极的学习方法。

2. 在提升与进阶时段，创设情境，创建“地图”学习模式。

教师可以根据《义务教育语文课程标准（2022 年版）》（以下简称新课标），以任务群的理念，重新组织与呈现学习。首先，充分理解目标，掌握与目标相关的多元内涵。其次，根据目标创设情境，设计丰富多彩的学习活动，让学生深入其间，完成学习感受与体验。

以统编教科书三年级上册第四单元为例。学生要在此单元学习并掌握“预测的一些基本方法”。学方法，用方法，是本单元的学习目标。除了让学生在课文学习中结合文中批注体会预测生成的路径，教师还可以提供一篇较长的文章，让学生尝试自由预测；之后让学生进行讨论，总结出多种预测的结果，在预测结果和原文结局的差异对比中，让学生总结并提取“准确预测”的规律。教师不应满足于教一些“口号式”的预测方法，诸如根据插图预测、根据标题预测等。教学的重点要放在预测的实施过程中，让更为多样灵活的预测方法为学生所掌握。

课内学习还可以结合课外学习，在单元学习中，教师可以让学生更多地参与预测的实践活动，在更为复杂的情况下真正去预测，在真实的预测活动中掌握有用的预测方法。

妙招 2　提问很随意，如何能够解决问题

统编教科书四年级下册第二单元的学习目标：阅读时能提出不懂的问题，并试着解决。继四年级上册“提问”策略单元的学习之后，这一单元的学习落在对提问的检验与实践上：在提问中学习提问，在解决问题中反观提问的质量。

执教本单元首篇课文《琥珀》时，教师大多能做到心中有目标，也着力于如何去实现目标，于是把课上成让学生自由提问，自己尝试解决所提出的问题。由于没有指导，针对本课内容，学生提的问题不外乎以下三个，解决问题也就在提问的同时发生。

第一个问题：琥珀是怎么形成的？

第二个问题：琥珀有什么特点？

第三个问题：琥珀有哪些价值？

这三个问题，实际上“不问也罢”，因为一问就能得到解决。关于琥珀的形成，文中第 1~12 自然段讲得很清楚，是作者推测的故事；关于琥珀的特点，只需要查阅读链接、查资料就可以明确得知；关于琥珀的价值，课文第 18 自然段最后一句写道：

> 从那块琥珀，我们可以推测发生在几万年前的故事的详细情形，并且可以知道，在远古时代，世界上就已经有苍蝇和蜘蛛了。

问题在提出的一刹那就被解决了，一切看起来非常顺利。我们不妨扪心自问：学生在这样的提问和解决问题的过程中，有成长

吗？这样“为问而问”、随意提问，提出的问题不经思考就能够获得结果，学习有意义吗？

新课标提出了语文教学的总体旨归是实现语文核心素养的提升。其中关于“思维能力”，新课标明确提出：“思维能力是指学生在语文学习过程中的联想想象、分析比较、归纳判断等认知表现”，“思维具有一定的敏捷性、灵活性、深刻性、独创性、批判性”，要“勇于探索创新，养成积极思考的习惯”。

可见，核心素养观照下的教学，应该让学生真正通过思考，去发现，去探索，最后在自己的努力下解决问题。可以说，从提出问题到解决问题，学生的经历就是真正的学习，即“提出问题＋解决问题＝真正的学习”。如果提问太随意，问题解决太轻松，学习就没有真正发生。

然而，有的青年教师在尝试失败后提出自己的观点：既然提问就是学生自己提出问题，这还用教？这一问题问得理直气壮，确实值得讨论。

其实，提问可以教，提问需要教。特别是在本单元中，学习提问，学习解决问题，正是本单元设定的学习目标。以《琥珀》为例，教师可以从以下三个方面做引导，让学生学会提问，学会解决问题。

一、从事实开始提问

针对《琥珀》的内容，学生确实会提问：琥珀里有什么？这一问题的答案也很明确：琥珀里有苍蝇和蜘蛛。学生阅读第18自然段就可以得到答案。此段中的表述如下：

> 在那块透明的琥珀里，两个小东西仍旧好好地躺着。我们可以看见它们身上的每一根毫毛，还可以想象它们当时在

黏稠的松脂里怎样挣扎，因为它们的腿的四周显出好几圈黑色的圆环。

基于这一事实，结合本段的阅读，教师可以指导学生继续针对事实内容提问。学生能提出如下问题：一只苍蝇和一只蜘蛛，在琥珀里做什么呢？阅读课文，学生能找到答案：蜘蛛想要捕食苍蝇，没想到被松脂包裹，最后和苍蝇一起挣扎。琥珀里的蜘蛛和苍蝇，上演了一出垂死挣扎的大戏。

基于事实提出的问题，是提问学习的预热环节；更重要的是让学生不断阅读课文，在文本的细节处提出问题。例如第 18 自然段中写到“它们的腿的四周显出好几圈黑色的圆环”，学生质疑：为什么它们的腿上会有黑色的圆环？黑色的圆环说明了什么呢？当时在松脂中，还发生了什么？问题层出不穷，思考永不停歇。

二、从推测展开追问

关于琥珀的形成，确实是本课中大家都关注的问题，不是光靠阅读文中的第 1~12 自然段就能轻松解答的。本文作者是德国科普作家柏吉尔，“琥珀成形”的故事，其实是作者的推测。也就是说，作者是从“看到琥珀”这一结果，倒推事件发生的原因与过程。就如文中所说，“我们可以推测发生在几万年前的故事的详细情形”。教师可以指导学生围绕着“推测”不断追问，获得全新的学习体验。既然读的是故事，就从故事的元素入手追问。

追问 1：这个想象的故事中，都有哪些要素？分别是什么？

学生会发现，故事的要素很齐全。

时间：几万年前的一个夏日。

地点：海边的松树林。

“人物”：一只苍蝇和一只蜘蛛。

事件：起因——苍蝇停歇下来，休整自己，而蜘蛛想要捕食苍蝇；经过——此刻太巧，一大滴松脂落下来，包裹了蜘蛛和苍蝇，它们俩拼命挣扎，难以逃脱；结果——形成了一个松脂球，再历经地壳运动，万年沧桑巨变，终于形成了琥珀。

这是学生根据教师提出的问题引发的追问。在完成提问、解决问题的同时，学生将几个要素串联起来，也就完成了课后练习的第 2 道题：“用自己的话说说这块琥珀形成的过程。”

追问 2：故事的细节，想象得到位吗？写得够真切吗？

从写法入手，再次追问，可以帮助学生更为深层地去解构文章，去寻找不一样的答案。这是一种青年教师较为稀缺的教学思路。以《琥珀》为例，教师可以让学生将“琥珀成形”故事中事件的起因、经过、结果和时间、地点、“人物”等元素进行一一核对、印证。

学生在解决这个问题的过程中，能发现作者构思这个故事相当周全。例如，故事必须发生在夏天，因为没有高温就没有松脂；故事必须发生在海边的松树林里，有松树林才有松脂；海边是地壳运动频频发生的地点；故事中必须有一只蜘蛛，还要有一只苍蝇，不然琥珀中就少了大半的风采。

同时，在解决问题的过程中，教师可以引导学生发现疑惑，在作者想象的情节中找到漏洞——松脂。根据文中表述，松脂是松树分泌出的，而且非常黏稠。例如文中写道：“许多老松树渗出厚厚的松脂”“两只小虫都淹没在老松树黏稠的黄色泪珠里”“它们当时在黏稠的松脂里怎样挣扎”。

试问：缓慢分泌出的松脂如此黏稠，又怎会滴下来呢？再设想一下，滴下来的松脂要足够大，大到能够一下子包裹住一只苍蝇以及一只要吞下苍蝇的蜘蛛。这两个小家伙的合体，得是多大的体积，被滴下来的松脂包裹，松脂得多大？而且，松脂还要不停滴，才能形成这个琥珀。如文中写道：“松脂继续滴下来，盖住了原来的，最后积成一个松脂球，把两只小虫重重包裹在里面。”即便“阅读链接”中强调松脂会流动，也让人很难理解：松脂过于黏稠，怎么会像牛奶一样不断滴落呢？

学生在解决问题的过程中就会发现，作者在构思这个故事的时候，可能没有注意到这个细节，以至于细节的漏洞成为一个新的“问题”。一波未平一波又起，于是，追问就可以继续。

追问 3 ：合理的故事怎么编？

既然这个故事有漏洞，不如自己思考，重编故事，弥补漏洞：学生针对故事中的“松脂漏洞”，重建故事中不合理的地方，解决问题。

例如，学生可以改变顺序，完成重构。起因——苍蝇停落下来，不停地整理自己，除去灰尘，而就在此时，分泌的松脂触碰到了苍蝇，苍蝇被粘住了，不停挣扎；经过——身后的蜘蛛怎肯放过落到眼前的美食，欲要上前捕食时，被不断溢出的松脂触碰到，蜘蛛的身体慢慢被包裹其中，难以挣脱；结果——松脂不断分泌，将苍蝇和蜘蛛完全包裹。

故事重构完毕，问题也得到解决，追问也就此告一段落。

三、从延伸中厚积学问

此课学习后，教师可以布置作业。例如，可以组织学生给作家写信，告诉他学生的想象与他的想象的差异。虽然作家已经去世，但隔空的书信依然可以撰写。也可以让学生阅读柏吉尔的《乌拉波拉故事集》，这本书中除了《琥珀》，还记载了很多有趣的科学小故事。

不仅如此，教师还可以梳理出“学问”成长的路径：不简单接受事实，而是反复印证；不轻易放过发现，而是不断寻找；不躺在已有的成果上安睡，而是不断地去创新突围。相信这样的提问与解决问题的过程，才是真正的学习。

妙招 3 “预习时多读几遍”，有几人会将同一篇文章读上好几遍

好像有预约一样，形式化的教学变革正以意想不到的速度蔓延。不少地区倡导将语文课明确分为三个板块：课前预学、课中共学、课后研学。起初，教师还被“预学”“共学”“研学”等陌生词语所困扰，但很快就习惯了，自觉地借助各种“预学单”“导学单”“共学单”等，条分缕析地将语文课严格地区分，刻板地执行着三个阶段的教学流程。

特别是在课前预习时，教师花费心思设计了花样繁多的“预学单”，让学生超前完成对生字词的把握；对课文内容的品读，特别强调要反复多读几遍，读通、读顺、读懂为止；之后的课堂学习，则要求学生将自己读时的理解带到课堂，进行汇报交流。

上课时，教师总爱问：“你们读懂了什么？一起分享吧。”之后就是学生的展示，你说、我说、大家说，营造出民主分享的学习氛围。教师是极其为难的，害怕讲得多，被评课的专家诟病为“牵着学生走”。因此，教师大多以“组织者”的身份出现。

渐渐地，教师不敢教了。渐渐地，学生都靠自学了。令人担忧的是，我们一直这么做，且不觉得这么做是有问题的，很多时候还将其标榜为“正在进行的教学变革”。对这种所谓的变革，别的不说，就说阅读一篇文章：开卷时产生的冲动，难道不应该在课堂上完成吗？阅读中产生的疑问，难道不应该由教师予以指导吗？品味

中的惊喜发现，难道不应该由教师陪伴着揭晓吗？

如果教师不能带着学生完成精读品味，不能和学生一起经历从初次见面到深入了解的学习过程，仅靠学生在家预习时多读几遍，那么上阅读课的意义又是什么呢？更何况，有多少学生会真的做到将同一篇文章读上好几遍？

例如统编教科书五年级上册第一单元的《白鹭》，这是郭沫若先生创作的优美的散文诗。学生读第一遍会惊叹，能立刻被作者的文字所吸引；再读一遍，在原有基础上，依然能感受到美；但三遍、四遍地朗读，自己在家漫无目标地朗读，学习的意义在哪儿呢？这是新课标时代所希望的语文学习样态吗？也许你会说，这是为了塑造语感，是为了加深体验。说的人不妨自己试一下：读几遍，体验是否加深，理解是否形成？也许加深的是体验，形成的是误解……

最糟糕的是，初读时的那一种欣喜，那一份激动，在家里就被消磨了。课堂学习中，学生反复在一些看起来熟悉的文字上停留，谈论的是最粗浅、来自直觉反应的话，课文中最精妙的文字组合后所产生的意境便无法品味。例如，《白鹭》一文中写道：

> 或许有人会感到美中不足，白鹭不会唱歌。但是白鹭本身不就是一首很优美的歌吗？
>
> ——不，歌未免太铿锵了。
>
> 白鹭实在是一首诗，一首韵在骨子里的散文诗。

不经教师指导，学生只是滑过文字表面而已，只觉得作者在反复地强调“白鹭是一首诗”。然而，如果有指导地学习，学生就能发现白鹭之所以为诗，是因为它有歌的优美，而没有歌的铿锵与生硬；相对于雄壮激昂的曲调而言，诗更优雅、更恬静。这是需要去品味、去琢磨的。白鹭特有的韵味，也在细节中体现，在字里行间被捕捉。

回到文中，对反复出现的“白鹭是一首精巧的诗”，以及“增之一分则嫌长，减之一分则嫌短，素之一忽则嫌白，黛之一忽则嫌黑”等部分的赏析，也会在教师的指导中变得深刻。

诗人郭沫若的作品，需要教师和学生一起去发现，去品味。这样的协同学习，五年级学生理解尚且有一定的难度，更不要说让学生在家多读几遍后就能够自发感受到，在课堂上就能畅所欲言。

我们并不否认自主探究的价值，也重视与欣赏学生的主动发现，只不过需要引起教师关注的是，当下的教学中，教师正在不断地丧失自己教学的主导权，在课堂中逐渐失去自己存在的价值。这应该引起我们的重视，至少应该引发讨论。日本教师大村滨所著的《教学这件事：感动几代人的教师专业成长指南》中，也谈到了类似的观点：

> 在教的时候务必要让大家获得初次阅读的感动。然而，孩子们的初次感动却是在家里获得的。他们在家里读第一遍的时候的确会觉得“很有趣”，可是如此一来，课堂上的阅读便成了第二次读，而且一小时内还要被迫读好几遍……这是多么可悲的一件事！[①]

生活当中，我们读文章一般都只会读一遍而已，哪有人会将同一篇文章读上好几遍的？但我们的语文教学却要求学生“预习时多读几遍”，这样做无非是为了方便，多读几遍好让学生们快点学完文章内容。

有人回忆说：“多读几遍，是小学语文教学中值得继承的优秀传统。”的确是的，但需要界定的是何时读、如何读、读哪些、为何而

① 大村滨.教学这件事：感动几代人的教师专业成长指南[M].李凌洁，译.北京：中国青年出版社，2023.

读。之前的熟读成诵，在一定程度上是为了服务考试的需要。背诵、记忆、默写，都依赖于多读几遍，成为应试得分的关键。然而，随着新课标的颁布，在注重学生核心素养的全新教学时代，不仅试卷的命制方式有变化，学习的核心要义也发生了划时代的改变。

在语文学习中，提高学生的审美与创造能力，需要教师不断给予学生实践机会，做出判断与指导；增强学生的思辨能力，需要教师不断与学生展开论证、辨析、反思；对文化充满自信，对中华优秀传统文化、革命文化、社会主义先进文化的传承与理解，也是需要教师指点与不断开启的。而这些，除了需要学生本人拥有大量的阅读积累作为支撑，更需要教师在教学过程中的引领、点拨。

新课标提出以“学习任务群”为课程的组织方式，让学生在一系列实践活动中发展核心素养。这就意味着新时代的语文教学正在发生变革，涉及语文学习的方方面面，绝非一种方法、一个模式能够涵盖的。所以，依靠阶段划分，将学习任务全面甩给学生，让其自己在家中读一读，之后来课堂上讲一讲，把学习异化为各种单子的填写，并固执地以为“填了单子，就是展示了学习成果”，这样简陋的形式主义，应该引发我们思考了。保护好学生开卷的初次感动，在学生遇到文章的第一时间就与之相伴，和学生尽可能地发现阅读中的问题，对症下药，根据学情特点给予不同的指导，这难道不应成为新课程改革中最美的学习风景吗？

学生到课堂中学习，就是为了获得专业教师的专业指导，否则，语文课很快就被“机器人”所取代。教师再以各种借口和所谓的先进理念躲避教学，沦为预习作业的检查者、课堂教学单子的设计者、课后作业的布置者，只坐拥学生自己的学习成果，势必被新时代所淘汰。

当然，任何一种变革在开始之初，都是从形式入手的。因为形式能够带来惊叹。然而，如果拘泥于形式或者被形式绑架，甚至是躺在形式之上标榜自己获得变革的成功，那无疑是作茧自缚式的鄙陋与愚蠢。此文要结束时，分享一个故事，从故事中，我们也将得到启发。

> 一天，正当修行者在路边休息时，一个男人拉着一辆满载行李的车子从他身边经过。
>
> 泥泞的道路让车子深陷泥沼，动弹不得。男人很努力地去拉车，可不管他怎么使劲，车子依然一动不动。修行者不动声色地看着眼前这个拼命做着各种尝试、汗流浃背的男人。
>
> 过了许久，他趁着男人不注意，伸出手，在关键部位推了车子一下。就在那一瞬间，车子嗖的一下滑出了泥泞，男人哐当哐当地拉着车子走了。

故事中的修行者和拉车人，就像课堂学习中的教师和学生。教师全程在场，陪伴着学生学习。教师关注学生的一举一动，知晓学生遇到的困难，即便没有出手相助，也在分析与陪伴。当学生确实无法胜任时，教师该出手时就出手。而最巧妙、最高级的教学，就是让学生依然感到“是自己努力才获得了成功”。教学，也就在那一刹那实实在在发生了。

这也许就是我们所期待的真正的自主学习、探究学习。从这个故事中，我们能得到更多的启发——不要迷恋形式，不要全面转嫁，不要一味地让学生自己回家去读。“甩锅”，不利于师生成长。

妙招 4 《昆虫备忘录》，不容错过的珍贵学习体验

统编教科书三年级下册第 4 课是略读课文，选编了汪曾祺先生的《昆虫备忘录》——多么新奇的题目啊！可惜了，就因为是“略读”，这篇课文被不少教师忽视。具体表现如下。

其一，不教，让学生自己读一读完事；其二，根据导读提示，让学生随意聊一聊完事。

说到导读提示，课题下的一行字是这样表述的：

> 蜻蜓、瓢虫、蚂蚱……这些昆虫你了解吗？它们身上的秘密你知道多少？默读课文，说说你最感兴趣的内容。

就像是得到了许可似的，教师让学生自己读一读，之后说说“最感兴趣的”。学生在课堂上有一茬没一茬地聊一聊，这课也就算是“学习”了。这篇文章就像一个拼盘，拼接了作者对 4 种昆虫的简单记录，每种不过一两百字，确实让人有些不知从何下手。

各位青年教师对课文的教学，绝不能因为课文的“出身”而厚此薄彼。自读课文《昆虫备忘录》，具备精彩异常的学习资源，将给学生带来不容错过的珍贵学习体验。

1. 以“备忘录”为题，统编六年学习中只此一处。

仅凭这一点，这一课必须得到重视。认真有效地学习《昆虫备忘录》，将成为学生无法磨灭的美好记忆，给学生留下深刻且影响终身的学习体验。

备忘录，顾名思义就是怕自己忘记，赶紧记录下来的东西。备忘录大多数情况下是随手记录，以备咨询、调阅。最初的随记训练，可以追溯到三年级上册第二单元的习作“写日记”。写日记，最大的意义就是通过每日随记，养成写的习惯。三年级下册通过《昆虫备忘录》这一课，将备忘录这一文体教学与之呼应，让随记持续发力，使学生真正养成每日动笔、持续写作的好习惯。

习惯的养成，特别是让写作和生活融为一体，让写作成为证明生命个体独特存在的方式，毫无疑问是“终身大事”。产生写作灵感，养成写作习惯，才是新课标所提倡的指向核心素养的教学。

从这个角度看，《昆虫备忘录》就是稀缺的教学资源，因为它带来的改变是彻底的。

2. 以备忘录为线索组织教学，可以让自读自学变得异彩纷呈。

牢牢抓住备忘录这一“牛鼻子”，可以将教学分为三大板块进行。这样的设计与划分，能让略读课文也呈现无与伦比的精彩。

板块 1：检索备忘录究竟备忘了什么。

让学生自读《昆虫备忘录》，检索、归纳全文四个部分究竟都“备忘”了哪些内容。例如，关于蜻蜓，作者备忘的是它的复眼；关于瓢虫，作者备忘的是它的斑点；关于独角仙，作者备忘的是它的大力；关于蚂蚱，作者备忘的是它飞起来的声音与吐口水的特点。

其实，写了什么并不是学习的难点，学习成果的获得依靠学生阅读时的直觉反应，当然，也考验学生的概括能力。这是学习全过程的预热阶段。

板块 2：发现备忘录究竟是怎么写成的。

指导学生从写法角度分析课文，提取作者的写作方法，获得作者的写作密码。

教学中，教师依然可以做好示范。本课分为四个部分，各个部分有各自独立的特点，教师可以选取“复眼”这一部分进行示范。作者写复眼，是通过“阅读＋思考”的方法进行的：通过阅读，知道蜻蜓有复眼，之后加上自己的思考，设想人类是否应该有这样一对复眼。全段写得天真、可爱。

经过教师示范后，学生可以展开自学，发现其他片段的写作密码。

例如“花大姐”这一部分，则是通过“观察＋经验”写就的。作者观察瓢虫落下的状态，结合日常生活经验，区分瓢虫中的益虫与害虫。

例如“独角仙”这一部分，就是根据“经历＋经验”来写的。作者先写自己意外抓到独角仙的经历，再写对独角仙的认识，从日常累积的经验中提取资源，并增加了一次“听闻”的信息，证明其力气大。

例如“蚂蚱”这一部分，是根据“观察＋经验”写成的。作者观察蚂蚱飞行时声音大，又回忆另一种蚂蚱会吐口水，借助生活经验写就。

四个部分分别解读后，还要进行综合梳理，归纳并发现作者真正的写作密码——勤于观察，饶有兴致地参与体验，最后还可以通过阅读进行补给。

备忘录是如何写成的？这一秘密通过学习可以获取。而获取这一秘密，将有助于学生在课内得法，在课外学习中迁移；有助于学生日后在写相似的文章时运用。

板块３：了解备忘录究竟有什么特色。

好不容易遇到仅有的一次备忘录学习，必然要归纳、梳理，挖掘得更多、更深。汪曾祺先生的《昆虫备忘录》究竟透露出备忘录的哪些特色呢？教师可以组织学生进行小组讨论，展开合作学习，共同总结出备忘录的三大特点。

第一，形式上：备忘录的篇幅短小，形式多样，写作有足够的灵活性。这有点类似百字作文，随手记录，形式不拘。

第二，文笔上：例如此文，汪曾祺先生笔下的备忘录，选材独特，写得非常亲切、通俗易懂，文字展示了作者的平和、温润，人见人爱。每一位读者看过汪曾祺先生笔下的蜻蜓、瓢虫、独角仙和蚂蚱，都会对这些昆虫产生兴趣，甚至也想捉一只，养一对，看个够，写一写，来个亲密接触，这就是优质表达带来的体验。

第三，功能上：汪曾祺先生写备忘录，如同为自己建设了一个写作素材库。可见，备忘录的写作，类似我提倡的“百字作文天天练”。每一个写备忘录的作者，都在为自己的写作大厦囤积素材，以便随时扩充。

灵感来的时候，手中要有“粮”，心里才不会着急。心安了，写作才能稳，写出来的文字才耐看。

3. 以备忘录为基础，学习上的迁移拓展可以怎么做。

检索资料，我发现汪曾祺先生后来的写作还真的用上了《昆虫备忘录》，并做了拓展。1987 年第 9 期的《北京文学》上，刊发了汪曾祺先生的《夏天的昆虫》。他在题记中写道：

> 我只是希望现在的孩子也能玩玩这些昆虫，对自然发生兴趣。现在的孩子大都只在电子玩具包围中长大，未必是好事。
>
> ——汪曾祺

发表出来的《蜻蜓》，和之前看到的“复眼”片段不同。文章节选如下：

家乡的蜻蜓有三种。

一种极大，头胸浓绿色，腹部有黑色的环纹，尾部两侧有革质的小圆片，叫作“绿豆钢”。这家伙厉害得很，飞时巨大的翅膀磨得嚓嚓地响。或捉之置室内，它会对着窗玻璃猛撞。

一种即常见的蜻蜓，有灰蓝色和绿色的。蜻蜓的眼睛很尖，但到黄昏后眼力就有点不济。它们栖息着不动，从后面轻轻伸手，一捏就能捏住。玩蜻蜓有一种恶作剧的玩法：掐一根狗尾巴草，把草茎插进蜻蜓的屁股，一撒手，蜻蜓就带着狗尾草的穗子飞了。

一种是红蜻蜓。不知道什么道理，说这是灶王爷的马。

另有一种纯黑的蜻蜓，身上、翅膀都是深黑色，我们叫它鬼蜻蜓，因为它有点鬼气。也叫“寡妇”。①

可见，备忘录在写就之后大有可为。备忘录犹如一个零部件，可以继续加工、改造，做各种创作与尝试。备忘录中的片段，可以作为局部融入一个全篇，可以根据这一基础，继续拓展写作，进行扩充、完善，甚至全面改造。总之，有了备忘录，随时可以调取，创意得以延续。

不少作家都有写备忘录的习惯，有的还为备忘录建立档案，在备忘录中做各种标注。有学习者还在专著中介绍如何记笔记，如何做资料卡……从这个角度看，学生学习这篇《昆虫备忘录》，影响的不仅是写作，而且是整个学习系统，学习价值尤为重大。

① 汪曾祺．汪曾祺散文：夏天的昆虫 [M]. 北京：天天出版社，2020.

妙招 5　4 个方向、16 个方法，全面提升整本书阅读成效

新课标设置了“整本书阅读”这一拓展型学习任务群，提倡学生应在语文学习中多读书，读整本书，持续读书。从此，上好整本书阅读课成为每一位教师的“必修课”。新课标在“整本书阅读”任务群的“教学提示”中，直接提出“保证学生在课堂上有时间阅读整本书”。至此，会上整本书阅读指导课，成为新课标对语文学科教学的“保底要求”。

同时，我们也发现，对于整本书阅读而言，课堂教学所起到的作用是微小的，很多时候学生进行了课堂阅读实践，完成了整本书阅读，但读后什么也记不住，没有获得感。整本书阅读应更多借助课外实践，要激发学生自主阅读的兴趣，培养学生阅读习惯，毕竟读书是学生个人的事。在这一点上，新课标也给出了科学的建议：“应统筹安排课内与课外、个人与集体的阅读活动。”“整本书阅读教学，应以学生自主阅读活动为主。”“设计、组织多样的语文实践活动，如师生共读、同伴共读，朗诵会、故事会、戏剧节，建立读书共同体，交流读书心得，分享阅读经验。”

读完一本书，合上最后一页，教师还有哪些设计，还能做些什么，以确保学生阅读有效，让阅读的效果增值呢？结合已进行的实验，本文和一线教师分享以下 4 个方向、16 个方法的实践方案。

方向 1：围绕作品展开对话

（1）聚焦式对话。教师可以组织学生围绕阅读的作品，集中话题展开对话、反思、交流、点评，单位时间内“不聊其他”，集中讨论，产生更深远的交流结果。

（2）拓展式对话。教师可以组织学生围绕阅读的作品，尽可能地拓展交流。例如阅读了《十万个为什么》，可以将和作品相关的话题、书籍等链接起来，展开对话；可以延伸推荐其他相关的科普读物；可以围绕这本书的写作式样、主题、文体、作者、时代背景等，展开更广泛的讨论。

（3）沙龙式对话。不设置主题，不限定主题，只要是和作品相关的人、事、景，或作品中塑造的物等，教师都可以引导学生展开讨论，自由发表见解。学生可以在课堂展开讨论、进行辩论，也可以在线上交流群中交流，直接发语音进行分享，语音作品甚至就是自己大声朗读的片段，分享的是“我最喜爱的部分”。

（4）质疑式对话。教师引导学生对作品进行质疑，展开更为深入的讨论。质疑可以是全局的、宏观的，也可以是局部的、微观的，从字里行间挖掘、感悟、思考到的。围绕阅读的作品，从质疑的角度出发的讨论，能不断产生全新的阅读体验。例如阅读《西游记》后，不少同学就提问：“孙悟空为什么不用筋斗云直接取经？”质疑涉及对全书精神主旨的讨论，能加深阅读理解。

（5）创造式对话。教师引导学生专项交流针对作品的创造式发现，分享独特的阅读成果。例如议论作品的情节；分析作品中的人物对话；替换身份，以文中人物或是“目击者”的身份，重新描述、复述故事，评述人物，解读情节；还可以拓展阅读视野，关联类似作品，进行对比阅读与讨论，例如《格列佛游记》与《西游记》，两部游记的异同对比等。

方向2：围绕作品展开演绎活动

（6）节选式演绎。教师引导学生选取作品中的某个场景、某个角色、某个情节进行角色扮演；选取作品中的对话，设计成台词，组合成脚本，进行排练演出。例如《三国演义》中的《草船借箭》，周瑜和诸葛亮商议的故事情节，就可以经过改编，产生一段精彩的演绎。

（7）合作式演绎。合作式演绎强调演绎、改造中的同伴合作，借助团队力量，而不是单兵作战。在合作中共享资源，学生可以把文章改写成脚本，对故事进行续写；还可以模拟开一家戏剧公司，认真阅读文章中的部分描写，思考如何为即将排练的戏剧等设计背景。

（8）创意式演绎。教师引导学生对作品进行文体、表现形式等的创意改造。例如，思考如何将作品中的对话隐去，演绎成哑剧；或者使用道具，设计成木偶剧。也可以为作品设计旁白，录制成音频作品，随时随地试听。例如，阅读《红楼梦》《水浒传》等作品时，可以在每个章节前创作一小段画外音、旁白等，之后再将这个章节录制成音频。

方向3：围绕作品展开写作活动

（9）模仿式写作。阅读作品后，学生直接进行模仿写作，仿写出自己的作品。例如，阅读《中国古代寓言故事》之后，可以试着仿写一个短小、生动、风趣的寓言故事。

（10）创意式改写。阅读作品后写作，不拘泥于作品本身，教师引导学生努力探寻创造性的写作方案。例如，在原有故事基础上，再添加一个角色，模仿故事中的出场人物；或者是把自己当成故事中的角色，写进故事；或者改变故事的结局，开启一个新的情节。例如，阅读《宝葫芦的秘密（节选）》之后，学生可以根据主人公遇到的其他事件，创编宝葫芦在事件中发挥的作用，编写之后还可以与原故事比对。

（11）拓展式写作。结合作品，教师引导学生进行相关的调查、考察，发现与作品有关的信息，进行拓展写作。例如，给作者或是作品中的人物写信；又如，写一篇拓展阅读的资料，介绍作品诞生的故事。出于写作需要，可以进行更广泛的阅读。如阅读同一作者的其他作品，阅读与作品相近或是同一主题的其他作品。

有时候关注插图作者的信息，也会有惊喜。如动画短片《神奇飞书》荣获奥斯卡金像奖最佳动画短片奖后，又诞生了这个故事的电子版、绘本版等。作者乔伊斯让动画、电子书、纸质书都展现出独一无二的魅力，纸质书绝非动画片的复制。这些信息足以让读者对《神奇飞书》这部书展开丰富多样的拓展式写作。

（12）提炼式写作。与拓展式写作相反，提炼式写作讲究精简、浓缩，用最简单的方式让作品被永久记忆。例如，阅读《爱的教育》之后，学生可以结合书中的内容，绘制故事情节图、全书的结构图等。

（13）随笔式写作。这是从最常规的读后感写作中获得的灵感，让学生以日记、每日百字作文等形式，把读后所见、所思、所感写下来。

方向4：围绕作品展开创意活动

（14）可视化设计。教师引导学生结合阅读体验，重新为作品绘制插画、宣传画、封面和广告招贴画等。借助绘制中的思考和提炼，重新归纳阅读收获。例如，阅读《中国民间故事》中的《牛郎与织女》，就可以结合故事情节绘制连环画。

（15）立体创意宣传。假设要向更多的读者推荐此书，要在更大的场合展示此书，学生可以结合阅读体验，设计立体地展示作品的“专柜”。例如，为作品设计立体封面、人物造型、情节短片、宣传海报等。

（16）筹划相关集会。教师引导学生设计和书本有关的集会。例如：根据当前的出版情况，结合社会资源，尝试邀请作者或插画师等创作人员到校做讲座，也可以对其预约采访；邀约作家，在书店开展读书沙龙；组织同学、父母、老师等，围绕阅读心得，开展茶话会、读后感交流会等；搜集同学创作的作品，进行结集出版的筹备。

整本书阅读是一个系统工程，不仅要有结构合理的组织形式，更应该激活学生积极主动的参与意识，还要教学生一定的方法，促进他们养成习惯，才能使阅读真正收到成效。新课标在这方面也予以最为直接的提示，如“引导学生了解阅读的多种策略，运用浏览、略读、精读等不同阅读方法”，力求通读整本书。同时，新课标将整本书阅读作为任务群来提出，就是从课程层面提示广大教师，不要做“一锤子”买卖，而要开“百年老店”，长期、持续、多角度、全方位地关注学生的阅读行为，这才是保障阅读有效的可行方案。

妙招6　不能总在朗读后，轻描淡写地问“你读懂了什么”

年轻教师上课，经常组织学生进行“高声朗读”。的确，学生读得激情澎湃。之后，教师习惯性地问一句“你读懂了什么”，此话一出，紧接着的是学生的各抒己见。仿佛到了这一环节，一堂课才算是“功德圆满”。

在传统的“好课”观念中，这样的“圆满”符合两个基本要素。

第一个要素：朗读。语文课就要有朗读，而且要让朗读成为“主旋律”。有了朗读，就是有了“语文味”。必须承认，这是不争的事实，是毋庸置疑的“铁律”。语文课堂上的书声琅琅，也一贯被认为是优质语文课的“标配”。

第二个要素：个性。理解就要有个性。如果将朗读视为共性，匹配上学生的各抒己见，展示着不同层次的理解，就是融进个性了。“我读懂了……”的发言中体现着不同个体的学习成果，展示着不同层级的理解，是学有所成的最佳佐证。

不少教师喜欢一眼便可以观测到的“证据”，所以越来越欣赏来自现场的可视的表现。仔细琢磨，所谓读懂的内容，恰恰是不需要“懂”的，这种形式化的朗读缺少的正是理解的过程——产生于朗读后最快捷的闪电式反应，来自个人最初步的见解。从这个意义上看，学生也许没有真的“懂”，所汇报的也只是浮于字面上的直白之意。

例如，有教师执教《伯牙鼓琴》，在学生朗读后，教师照例询问：“你读懂了什么？”学生说出了几种答案：

我读懂了伯牙和锺子期是千古难觅的知音。

我读懂了锺子期能够理解琴音如泰山一般巍峨，如滔滔江水般宏大。

我读懂了伯牙摔琴谢知音，是对锺子期的深切怀念。

……

仔细审视上文中的教学流程可发现，学生在阅读学习中，以朗读的方式接触的就是文字本身，是学生自己能认识的内容，是对已知内容的组合。之后表述出的“懂”，则是对这样的组合做出的快速反应，是即将进入真正理解的准备阶段。而我们将准备期当作主体环节，其实是在学生进入真正的理解性阅读前止步了。“懂”的前置学习是“高声朗读”，这是一种最为朴素的读法，强调的是读音，称之为“素读”或“音读”。在发声朗读时，学生很难集中精力去理解，大脑无法同时指挥完成这一动一静的两种学习方式。而读完之后立刻询问、马上追究的“理解”，真实的面目就是最为浅显的、源自直觉的条件反射。

本文并非刻意排斥这种教法，仅是予以提示：不能总是这样教。因为理解不能总停留在低端、底层。我们对真正的理解不去执着追求的时候，可能会偏激固执地坚持简陋的流程——高声朗读，之后询问“你读懂了什么”。而这样的流程可能让我们与真正的理解渐行渐远。

教师长期青睐于学生源自直觉体验的理解，将使学生丧失对真正理解的思维攻关。这样的阅读学习过程，类似于“喝粥”。日本学者外山滋比古在其所著的《阅读整理学》中提及，“喝粥确实让肠胃舒服。但长期习惯喝粥，导致牙齿衰弱，肠胃也不够健壮”。[①] 往后，这样的人稍微碰到硬一点儿的食物，牙齿就无法发挥功能，主观上容易抱怨：“这样的东西能吃吗？”接着呢，他们继续要求喝粥。

源自条件反射式的理解，无法体会懂后的欣喜，就像喝粥的人无法体会咀嚼东西的快乐和喜悦。如果总是吃没有“嚼劲”的食物，感觉上就像没有吃。喝粥感到腻味的那一刻，如果不习惯吃有嚼劲的食物，则会陷入困难的境地——不知道吃什么才好；吃什么都感觉很不好。

饶有趣味的阅读理解，是什么样的呢？查阅资料，会得到这样一段关于“理解”的话：

> 顺着脉理或条理进行剖析，从道理上了解；指了解、认识、说理、分析、见解。

关于理解，不妨做这样一段假设性描述——作者将自己的意思以文字的形式定型，之后存放在篇章中，如同收纳在宝盒里，关闭起来，等待若干年之后的知音打开。读者前来阅读，因无缘和作者见面，只能在发现宝盒、接触这些带着密码的文字时，想方设法理解作者。

打开的那一刻，理解发生了。读者携带着自己的见解，或者是偏见，有可能致使理解发生偏差。此时，读者需要静下心来，反复切磋琢磨，舍弃那些先入为主的观念，用沉稳而崭新的目光，寻找最新的发现，渐入佳境的时候，读者才能获得作者思想中的财富，理解告一段落。

可见，采用注重“发音”的朗读，只能产生一般的、低层次的理解，得到的结果最多只能与自己的生活相近。而指向自己未知领

① 外山滋比古．阅读整理学 [M]．吕美女，译．北京：北京联合出版公司，2014.

域的探索，才是真正值得学习并需要去理解的。如果没有多样、丰富的阅读方式和一定的阅读经验，仅用一种阅读方法，根本无法达到追求理解的层面。

如何改进呢?

首先，朗读之后，要静下心来找到可疑之处。以《伯牙鼓琴》为例，至少有三个可疑之处。

第一，身份可疑。伯牙是上大夫，属于贵族阶级，而锺子期是樵夫，是市井平民。这样身份悬殊的交往是源于什么呢?

第二，事实可疑。伯牙鼓琴技艺高超，而锺子期作为樵夫，却一听便懂。这样的理解是如何产生的呢?

第三，结局可疑。为什么锺子期死后，热爱鼓琴的伯牙却要“摔琴谢知音”呢?这样反常且决绝的行为背后，究竟透露着什么呢?

这些可疑之处，恰是可以辩驳、可以分析、可以思考的。理解的过程中，还需要增补材料。例如关于事实的可疑，我们可以发现伯牙学琴的时候是面对高山，面向大海，在自然的陶冶中去感悟。锺子期则一直身处于自然，二者都有一个共同点，那就是对自然的解读、对生活的热爱，这可以成为理解这一疑点的“桥梁”。

再如，伯牙的处世哲学与其他士大夫不同。他志存高远，不愿意与世俗同流合污。摔琴这一行为背后，就是一种明智之举，或者是一种宣言。他断绝了与世俗的关联，立志要独处。基于对可疑之处的探索，我们可以得到对“知音”更丰富的理解——知音，不仅是对音律的共同爱好，更多的是一种对处世哲学的共识。

以上理解，都不是在朗读之后立马就能够读懂的，需要经历学习过程，才能抵达面向未知领域的解读深度。从这个角度看，真正的理解并不能仰仗聪明或一时的灵感，因为这很容易让人信奉自己的直觉。真正的理解来源于查询、探秘、追根溯源，基于大量文献解读和实证研究，只有这样才能将理解推向深刻。

在《阅读整理学》中，外山滋比古提出 α 型阅读与 β 型阅读两个概念。α 型阅读，就是阅读已知；β 型阅读，就是阅读未知。高声朗读属于 α 型阅读层面。[①]而我们期望最终带学生进入的是 β 型阅读。应该看到，只有 α 型阅读或者只有 β 型阅读的情况并不常见。一般的情况是 α 型阅读中带有 β 型阅读，即混合型阅读。无论是对于读者来说多么陌生的领域的文章，其中也有熟悉的文字组合；无论是读者多么熟悉的内容，其中一定也含有一些未知的事物，需要推敲前后关系才能弄明白。

布卢姆在对知识的分类中提到关键的“概念性知识”和“程序性知识”，强调要不断在理解的过程中，对主题进行建构、重组、加工，实现真正的理解要经由一定的操作实践，这正是去除偏见、规避浅见的必备条件。当然，我们也非常欣赏那些反应快速的人，只不过会一再提醒：不要将这样的反应当作理解的全部，不要在这样简单的流程中，认定好课的标准。

读懂，有时就像玩填字游戏，阅读到设计好的部分，思考补充出未知的部分，将藏于已知字词里的关联词展示出来，完成游戏。“懂”的过程，应该有探索、有纠结、有辩驳、有惊叹、有乐趣。

① 外山滋比古.阅读整理学[M].吕美女，译.北京：北京联合出版公司，2014.

妙招 7　沉浸于普罗米修斯的故事，却仅记住鹫鹰，究竟是怎么回事

统编教科书四年级上册第 14 课《普罗米修斯》，是根据古希腊神话改写的故事。

学生读完这个故事，大致能说出故事的起因、经过、结果，把握故事的主要内容。这算是初步达到了本单元的学习目标。很有意思的是，令大部分学生最难忘的，居然不是普罗米修斯“为人类盗取火种”的部分，而是普罗米修斯被锁在高加索山上，受尽折磨，特别是那只“凶恶的鹫鹰”在白天不断啄食普罗米修斯的肝脏，而到晚上肝脏又长出来这一细节。

复述故事的时候，学生对于这一情节念念不忘，复述得尤为细致。这究竟是怎么回事？按理说，这个故事最让人动容的，应该是“盗火”，为什么学生却记住了“偏门”？这只鹫鹰充其量就是个配角，和诸神相比，连个名字都没有。

一、从故事创作的角度分析

其实，记住这只鹫鹰，这个故事就算成功了。

只要记住这只鹫鹰，学生就能感觉到“普罗米修斯是真实的”，这篇神话故事就有了现实感，成为真实存在的故事，创造的幻象也就达到了最佳水平。创造这一故事的人，无疑是成功的，因为他让这一虚构的幻觉读起来像生活的本真。从此，我们也可以感觉到古

希腊神话故事创作者的魅力，从而感受故事的独特魅力。

故事有魅力，才能代代相传。

其实，任何精彩的故事，其首要任务都是“麻醉我们的大脑”，使我们在无暇分辨真假的同时，对故事产生无条件的信任。这一信任，源自本能。美国作家莉萨·克龙在其所著的《写作脑科学：如何写出打动人心的故事》一书中提出一个观点——故事的最初，就是人类分享至关重要信息的一种方式，而故事的延续，就是人类文明的进化史。[①]

从这个角度看，学生记住了鹫鹰，这个故事也就被接受了，创作就成功了。

课文插画不也是着力描绘了这个画面吗？这也许就预示着这一结论的可信。

二、作为教学的环节设计与内容安排

既然这篇课文真实的学习结果是学生记住了这只鹫鹰，那么，这样的结果会给我们的教学带来什么样的启发呢？课堂教学中，我们该如何引导学生去学习这则神话故事呢？

第一步：让学生通读全文，读好诸神的名字，简单复述故事。

这是指向目标的教学需要，又同步完成了第一道课后练习题，确保教学中的“规定动作”做到位。

第二步：瞄准最感兴趣的部分进行详细讲解。

询问学生最感兴趣的部分，找到“普罗米修斯受难”的部分。师生一起分析、鉴读，感受故事的创编者是如何将普罗米修斯置于一系列严峻的考验之中的。

① 莉萨·克龙．写作脑科学：如何写出打动人心的故事 [M]. 钟达锋，译．北京：机械工业出版社，2022.

在这一部分的学习中，教师可以指导学生展开想象：想象肝脏被啄食的痛苦；想象自己眼睁睁看着肝脏长出来，又被啄食的恐惧；想象高加索山的严寒天气；想象日复一日无尽的折磨……当这些近似于本能的直觉逐渐被激活的时候，当这些画面被学生不断体察的时候，学生便将故事深深植入了脑海中。

大脑中存储着故事细节，故事就变得真实了，也就被记住了。其实，从故事创作的本质来看，每一个故事都期待被读者的记忆存贮，让读者通过阅读，头脑中模拟着强烈的情感体验，从而被记住。请注意，这样的体验仅限于模拟，不需要在现实中真正经历。其实，这就是读者喜爱故事的原因。

《心理科学》（*Psychological Science*）中一篇研究大脑成像的报告发现，当我们沉浸于精彩生动的故事中时，负责加工现实生活中的图像、声音、气味、运动的脑区会被激活。这就是为什么好的故事总让我们爱不释手，因为我们在阅读过程中感受到了鲜活的心理图像，体验到了本能的直觉反应。同时，这也解释了为什么学生对鹫鹰记忆犹新，解释了为什么教学时我们要不断激发学生的想象。

教学要产生优质的效果，就要符合认知的规律，要和文本的本质属性相契合。

哈佛大学教授斯蒂芬·平克对故事写作解释如下："虚构的叙事为我们提供了一个心理目录表，上面收录了我们将来可能面对的一系列致命难题和我们可以采取的应对策略及其后果。"① 可以想象，当故事中的鹫鹰啄食普罗米修斯的肝脏时，读者感觉到的是鹫鹰如同在折磨自己一样。故事中的普罗米修斯受到的痛苦，自己犹如也在一同承受。只不过自己的身体没有疼痛感，但大脑中产生的感受是

① 莉萨·克龙. 写作脑科学：如何写出打动人心的故事 [M]. 钟达锋，译. 北京：机械工业出版社，2022.

丰富的，大脑是活跃的，所以在心里燃起了对普罗米修斯的同情、对宙斯的愤怒、对鹫鹰的谴责。

斯蒂芬·平克认为："故事世界中的其他一切都是真实的，现实生活中的常识和一般规律在故事世界中同样有效。"[①] 执教时，教师可以采用文本细读、联系生活体验、个性化表达、朗读加深体验等方法，因为这确实能达到优质的教学效果。

第三步：故事的起因与结果的处理建议。

必须回答一个问题：这个故事的其他部分呢？如何处理？

例如，普罗米修斯如何盗火？人类获得了火种后生活如何变化？火神赫淮斯托斯是怎么劝告普罗米修斯的？大力神赫拉克勒斯如何救助普罗米修斯？这些环节作为故事的起因、结果，以及部分的经过，教师在教学时可以让学生自学，以了解、把握为标准，不宜过度拓展。

其实，在一线教学中，大部分教师执教这一课，会更注重将普罗米修斯的形象塑造得无比高大。例如，将普罗米修斯盗火的经过补充得活灵活现；将人类获得火种后的生活描述得非常温暖；将普罗米修斯的豪言壮语读得气壮山河……实际上，这些部分的强化，确实是这一故事学习不可或缺的部分，但为了突出让故事成功的核心部分，反而应该控制对这些教学内容的施与程度。

莉萨·克龙认为，在每一个引人入胜的故事背后，都有一张错综复杂的大网，其中各个元素互联互通，紧密连接，使故事自然而精确地发展。她将故事的细节内容想象成"一个鸡蛋"：读故事，犹如接收故事的创作者不停朝读者扔过来的鸡蛋。

---

① 莉萨·克龙. 写作脑科学：如何写出打动人心的故事 [M]. 钟达锋，译. 北京：机械工业出版社，2022.

可以想象，扔过来一个鸡蛋，你要接住一个。如果细节多了，如同手中接到的鸡蛋越来越多，多到拿不下了，最坏的结果是，不仅没接住那个鸡蛋，还让其他鸡蛋都掉到了地上。

《道德经》第五章中说："多言数穷，不如守中。"其表面意思是，话说多了，只会让自己更迅速地失败，还不如少说，要守虚静，以少胜多。可见，中国的哲学智慧强调"少即是多"。事实也是如此，学生的记忆负荷越大，记住的细节越多，能真正记住的就越少。

但这一点对于固执的教师来说，很难改正；对于崇尚"抠字眼"的语文教师来说，简直是"天方夜谭"。教师习惯从一些字眼上去"以小见大"，去捕捉人物内心；习惯借助美妙的比喻、诙谐的夸张、恢宏的排比等，去感受文字的精妙。事实上，这些看似绚丽的细节是次要的，无论它们本身看起来多么令人迷恋。读故事，真正让读者着迷的是潜藏在表象之下的东西。这个故事的核心是"人"——普罗米修斯。我们不能一味地沉醉在绚烂的词句细节上，否则无异于买椟还珠。

从这个角度看，"取舍"是本次教学成败的关键智慧。

三、文体特征与学情需要"联姻"

教师强调"依体而教"，重视文体特征，合理设计教学。其实，还可以增加一点——"依学而教"：从真实的学情出发，警惕反思习惯中的常规设计，顺学而导，为学习真正的发生而教。

也许，二者的结合，才是我们期待中的美好教学。

妙招 8　达到“学了忘不了”的水平，课堂教学中需要这样做

教师与学生都希望提高学习质量，提升学习的效率；从课堂学习角度说，即希望掌握的技能、学到的知识，能达到“学了忘不了”的水平——从短暂的工作记忆转化为永久记忆。

记忆的转化，对于知识的理解和运用至关重要，能让知识和技能在需要时灵活调用、组合，加工创造产生新的成果。

如何做到“学了忘不了”？

要寻找问题的答案，需要了解脑科学研究中关于记忆的相关认知。大脑中主管记忆储存的部分叫海马体。海马体位于大脑丘脑和内侧颞叶之间，顾名思义，形状像海马，主要负责记忆的存储、转换、定向等功能，类似于“记忆程序书写员”。也就是说，选择什么作为永久记忆，由海马体决定。海马体，犹如记忆宝库的守门员，它会为大脑排除那些由它判断为“不重要”的信息，转化并储存那些它认为“重要”的信息。

作为高等生物，人类进化历经了千万年，如今有了很多外显上的改变，但始终保留着最原始的本能——确保存活、繁衍。为实现这个目标，大脑发出指令，尽量节约消耗。所以，记忆才分成上文所述的两类：短期记忆和长期记忆。短期记忆，犹如水面上写字，划过就消失；长期记忆，犹如把字镌刻在青铜器上，就是要永久保留。

海马体对大脑的本能无比了解，极为忠诚，始终致力于替大脑

节约资源。因此，在它的判断中，大量信息是要删除的。注意，这里必然含有学生需要记住的关键知识与必备能力。也就是说，海马体删除的，是学生个体需要掌握的。

因此，只有过了海马体这一关，让它将这些误删的信息判定为“重要”的信息，就是教学中要关注的、要实现的转变。然而，海马体的改变不由人，在它的工作领域中，减轻大脑负荷是其职责所在。多数时候，海马体选择了让大脑轻松，“忘掉”是最正常不过的。

问题的关键就集中到如何实施教学，才能让海马体认为“这是重要的信息”，而不至于误删。其实，脑科学研究已经有了结论。海马体认为重要的内容，常见的有以下三种。

（1）一段时间内反复出现的。

（2）与生命、生存相关的。

（3）让人的身体感受刺激的。

分析这三类，也能解释“为什么强制学生学习外文，效果不佳”，而只要将学生放置到海外的生活环境中，仅需短短两三个月，他们就能用外语自然对话。原来，环境的改变让海马体发出指令——尽快掌握，永久记忆。此时的外语学习，就是与生命、生存相关的，也是每一天都能接触到的，且和自己的吃饭、睡觉等一举一动都密切联系的。海马体将其判定为“重要”信息，所以人学得快、记得牢。

不要过早因上文所述的案例而振奋，真正让我们无法接受的是，海马体总是习惯性地做出判断：那些在学校里、课堂上学到的知识，是无关紧要的，是累赘。理由很简单，课堂学习中的知识、技能与生存无关，即便学不好，也不会危及生命。

了解了上述研究成果，教师就可以思考调整教学设计，以达到

“学了忘不了”的教学效果，因循海马体的特点，做好三个方面的设计改良。

1. 教学设计瞄准目标，提高关键知识、技能的出现频率。

海马体关注的是一定时间内反复出现的信息。所以，加大反复出现的信息的量，加快所需要记忆信息的出现频次，能够让海马体做出将记忆转化、储存的判断。

“反复”出现，并非类似网络用语说的“重要的事说三遍”，不是指机械重复地“说同样的话”“做同样的事”。海马体喜欢的反复，需要满足两个条件：其一，是在单位时间内，且这一单位时间相对短暂；其二，反复指的是在学习过程中多次触碰、提及，不断努力，尝试抵达。

需要这样做的，是什么呢？就是课堂教学中的学习目标。

目标，值得多次提及，反复地与学生确证，不断在教学过程中检验是否实现。有效学习的首要原则，就是明确目标，学生要记住的知识，就是和目标有关的知识。在学习开始之前，师生要明确目标，理解目标的含义；在学习过程中，师生要共同朝着目标前进，协同发展；在学习结束时，要验证目标是否实现。锁定目标，才能实现教学相长。目标是实现“教—学—评”一致性的黏合剂。瞄准目标，在学习过程的不同阶段，和学生强调不同层次的目标，这就是重复对目标进行回应、理解，这样的设计，海马体必定喜欢。

以统编教科书五年级下册《田忌赛马》为例。本课的学习目标是“了解人物的思维过程，加深对课文内容的理解”。在学习开始之前，要让学生明确什么是“思维过程”，让学生通过阅读故事，拥有初步理解。之后，再通过分析故事中不同人所做的不同事，借助文中人物的对话，理解人物的思维过程，加深对这一故事中内含规律的认识。这样多次涉及目标，使得与“了解人物的思维过程，加深对课文内容的理解”相关的学习结果不断重复，被海马体接受、转化为永久的记忆。

2. 让学习活动与生命、生存相关联，打通课内外。

与生命、生存的关联，并非指所学的知识都要与如何逃生、如何避险等安全知识相挂钩，而是要让学生将所学的知识与生活、生命相联系，让课内与课外相结合，更多思考自己的未来，让本次所学与往后的生活形成关联。这样的学习，能让学生在不可预测的环境中灵活运用所学，解决遭遇到的全新问题。海马体会做出判断——必须掌握。

例如学习统编教科书五年级下册的《自相矛盾》，教师要引导学生弄清楚这则寓言故事中的楚国人究竟为什么遭遇了尴尬，因为日后学生要避免类似的问题发生。这是一个卖家与买家就商品质量引发的争论。卖家介绍商品，买家质疑商品，卖矛与盾的人，与围观的路人之间的争执，自然无关学生的生活，不会形成永久、牢固的学习效果。教师引导学生从故事中获得道理，之后借助道理去分析、思考、解决日常生活中遭遇的类似问题，这样的学习转化，就适合被海马体接受了。

在初步学习《自相矛盾》后，教师可以创设一个情境：爸爸一边喊着要健康生活，一边又不断吸烟。这样自相矛盾的行为，该怎么规劝？教师请学生借助从故事中所学的知识，对案例中的爸爸做分析、规劝，让爸爸发现自己的问题所在，不再知行不合、自相矛盾。情境的创设，让海马体欣然接受所学。情境中的爸爸戒烟了，全家都能健康。

创设真实感强的情境，让所学与日常生活相关联的时候，学习效果更佳。

3.以具身介入让记忆永恒，获得学习结果的真实体验。

语文学习，就是和语言文字打交道。这并不意味着学习方式的简单化、机械化。海马体像个调皮的小伙子，它好动，喜欢从多方面感受新鲜的刺激。

学生在学习中，可以让多种感官参与，让学习过程更丰富，让学习体验更多样、更真实。例如学习统编教科书四年级下册《记金华的双龙洞》中关于"孔隙"的部分，学生要理解孔隙的低矮、昏暗、窄小等特点，这是关键知识，必须掌握。教师可以设计让学生躺在课桌上，将课桌当作课文中的"小船"。平躺在课桌上之后，教师提示学生注意做到"从后脑到肩背，到臀部，到脚跟，没有一处不贴着船底"，之后，让其闭上双眼，高声喊"开船"，以如此特殊的设计，让学生充分体验。这样的设计，无疑会使学生记忆深刻，给学生带来真实感。

例如统编教科书三年级下册《赵州桥》一课中有一个词为"横跨"。这个词表现了赵州桥的雄伟。学生查证字典，理解"横跨"一词的意思后，可以来表演横跨，与蹲马步做比对，加深体验。再如统编教科书四年级下册《猫》一课中，有体现猫对主人亲昵的动词"蹭"。教师在教学时可以让同桌合作，尝试做"蹭"这个动作，同时调整、把握"蹭"的尺度、力度，感受猫希望和主人亲近的情感。有了身体的参与，记忆就更加深刻了，效果也更为明显。

借助脑科学研究成果，我们能让学习的方法更科学，学得更扎实。各种教学设计，除了依靠教师的经验，还需要科学研究成果的支持。

妙招 9　读到、读过还不够，名著需要真正会读

统编教科书五年级下册第二单元为“中国古典名著阅读”单元。本单元的学习目标是“初步学习阅读古典名著的方法”。这一单元可谓精彩纷呈，选编了来自《三国演义》的《草船借箭》、来自《水浒传》的《景阳冈》、来自《西游记》的《猴王出世》和来自《红楼梦》的《红楼春趣》。

编者的意图很明确——在学习中感受传统名著的魅力，在阅读实践中学习阅读的方法。

从单元学习目标可以看出，“学习并掌握方法”至关重要，这是支撑学生在课外持续阅读中国古典名著的力量。请注意，读名著，不仅要有“读过”的经历或是“读到”的浅层结果，在教与学的课程系统中，还要有“会读”的收获。只有掌握方法，才能在课外阅读中继续学习，获得更为丰富的成果。

新课标中定义的阅读，有三“重”的指导：读书既要重“量”，还要重“质”，同时要重“法”。例如新课标在第三学段“阅读与鉴赏”目标中提出，“能联系上下文和自己的积累，推想课文中有关词句的意思，辨别词语的感情色彩，体会其表达效果”，这是在方法上提出具体要求。新课标在整本书阅读任务群的“教学提示”中也提出，“整本书阅读教学，应以学生自主阅读活动为主。引导学生了解阅读的多种策略，运用浏览、略读、精读等不同阅读方法”，直接提

出阅读的方法有哪些；同时，在评价中提出“注意考察阅读整本书的全过程，以学生的阅读态度、阅读方法和读书笔记等为依据进行评价”。

得法，是学习的结果，需要检验。所谓的法就是读书的方法，有方法才能更好地阅读，方法的运用，让学习不断深入。

以本单元的《猴王出世》为例，在阅读名著时，教师可以教给学生哪些方法呢？

一、在实践中运用巩固通用的方法

《猴王出世》为略读课文，主要是让学生自读，不妨先让学生自由初读课文。此文既有文言气质，又通俗易懂，具备让学生囫囵吞枣、“连滚带爬”地自己读懂的特点。学生一边读一边猜，运用阅读陌生文本的跳读、猜读的方法，能够完成初读。

之后教师可以让学生交流感受、体会，分享阅读收获。此时学生的收获是零散的、个性化的，也是随机的。教师要做的，就是和学生一起梳理、归纳出阅读方法，完成这一阶段的检视性阅读。

王荣生教授发表的《以获取资讯为目的的阅读》一文，提出“以获取资讯为目的的阅读包括探测性阅读、搜索性阅读、检视性阅读三种亚类型”。[①] 其中的检视性阅读，就是为“高效地了解一个陌生文本的整体概貌和主要内容”而进行的阅读。进行这一类阅读，最重要的是知道阅读对象中“有什么”，使用最多的就是“跳读”，意在高效地了解陌生文本。

① 王荣生．以获取资讯为目的的阅读[J]. 语文建设，2023(1)：25–31.

二、在解决问题中收纳专属的方法

教科书编者编撰了自读提示，全文如下：

默读课文，遇到不明白的语句，可以猜猜大致意思，然后继续往下读。读后用自己的话说一说石猴是怎么出世的，又是怎么成为猴王的。

在“往下读”的过程中，要关注两个问题：第一，石猴是怎么出世的？第二，石猴是怎么成为猴王的？学生带着目的，可以进行搜索性阅读。所谓搜索性阅读，王荣生教授形象地称之为知道“找什么”的阅读，将其定义为“为解决一个特定问题，从陌生的文本中快速地查找到能直接回答问题的特定信息”的阅读，最常用的方法是扫读。

学生搜索全文，在第1自然段中能找到第一个问题的答案，明确且集中。对第1自然段进行细读，教师可以设计“五何”问题支架，帮助学生梳理并获得答案：石猴在何地出世？石猴出世前是何种形状？石头为何能够变成猴子？变成猴形之后，石猴如何表现？石猴在山中做了何事？问题支架让搜索性阅读更好地落地，产生的效果更佳。这一类阅读所要查找的信息，一般为“事实性知识”，包括何人、何时、何地、何事、何样、多少数量、何种关系等。同时，搜索完成，不代表阅读完成，“必须把书上的语句转化为阅读者的理解”。在这一转化过程中，王荣生教授提示要做到四件事。

第一，锁定包含要找信息的词语或图形（注意）。

第二，结合自己的经验解释图形、表格、示意图（提取）。

第三，用自己的话转述（重新组织）。

第四，记忆或记录（记忆）。[①]

搜索性阅读属于阅读的系统，是包含多种方法的策略层面的阅读。教师可以结合阅读策略的运用，落实到方法的获取，具体有“五个来”的实施步骤。

（1）硬着头皮读下来：无论如何，不停留，先读下去。

（2）结合文字想开来：一边读一边联系上下文，展开想象，理解文字。

（3）琢磨不透回头来：遇到不懂的地方，回过头，再读，再思考，上下多关联。

（4）大大方方说出来：将阅读收获和同伴分享。

（5）踏踏实实存起来：将阅读结果固定，存储到心里。

按步骤进行搜索性阅读，用程序固定下来，变成了学生带得走的知识。

三、在实践体验中探索特殊的方法

针对“石猴是怎么成为猴王的”这个问题，教师可以让学生尝试用上文提及的方法自主阅读。在实践中学生会发现阅读方法并不能套用，因为情况会发生改变——问题复杂，没有集中在一个段落中，而是分散在文中。

从“石猴”到“猴王”，中间发生的事件大概分为三个阶段：进入水帘洞—出得水帘洞—再进水帘洞。学生需要在三个段落中进行文本细读，在欣赏细节的同时寻找答案，在解决问题的过程中追踪研究，集中探索。

这一阶段，学生运用了知道“去哪里找”的探测性阅读。其一，

① 王荣生．以获取资讯为目的的阅读 [J]. 语文建设，2023(1)：25–31.

高效地找到相关的、可靠的信息源。其二，明确地知道阅读的目的——找到答案。所以学生在阅读过程中，并非什么都关注，而是明确自己要关注什么，要追踪什么。

探测性阅读的读法，大致是“瞄一眼”。在这一阶段的阅读中，还需要结合文本细读，否则依然无法解决问题。因此，这一环节的阅读方法获取的是“组合拳”。

在文本细读中，学生发现文中的石猴说了多次话，凡是代表自己意愿的话，都采用了断句重复的方式来说。文中四处语句摘录如下：

> 连呼了三声，忽见丛杂中跳出一个石猴，应声高叫道：“我进去！我进去！”
>
> 石猴喜不自胜，急抽身往外便走，复瞑目蹲身，跳出水外，打了两个呵呵道：“大造化！大造化！”
>
> 石猴道：“没水！没水！原来是一座铁板桥。桥那边是一座天造地设的家当。”
>
> 石猴却又瞑目蹲身，往里一跳，叫道：“都随我进来！进来！”

细读文本，分析理解后可知，石猴对自己要做什么很明确、果断，也很勇敢。这些语言之后的行动，也促使他成为猴王。可以说，这就是天性使然。学生初步获得答案后，可以回到文中再印证答案，完成对这一问题的探究。

在整个学习过程中，学生不仅理解了课文内容，更重要的是针对名著阅读，结合不同情况，获得了不同的方法，不仅在阅读内容层面上有收获，更重要的是课内得法，在课外可以运用。这一单元是中华优秀传统文化的重要学习单元。掌握方法，也有助于我们继承和发扬优秀传统文化，提升学生的核心素养。

妙招 10 “守株待兔”的“耕者”不听劝，怎么办

我在执教统编教科书三年级下册的寓言故事《守株待兔》时，遇到了一个很固执的“耕者”。

这一课的文体比较特殊，教师在教学中应当完成三件事：其一，让学生读寓言故事，复述故事；其二，让学生明白故事中的道理；其三，让学生学以致用，在生活情景中借助道理处理问题。

课堂上，我创设了道理的运用情境，虚拟了一位同学偶然间“套题”成功，得了满分。于是，在下一次考试来临之前，这位同学不再复习，想故技重施。我邀请一位同学来扮演这位当代“耕者”，让其他同学对他进行劝告，没想到意外发生了——

有的同学直接劝他这么做不对，他不客气地说：“这是我的事，你管不着。”有的同学告诉他，这种事情是不可能再发生的，他却说：“不怕一万，就怕万一，你怎么知道不会发生呢？也许再次发生了呢？”还有的同学用“班级平均分会受影响”来劝告他，他说：“我只管自己，班级的事留给老师。”……你有来言，我有去语，兵来将挡，水来土掩，一句接一句，“耕者”始终占据上风。一时间，劝他的人哑口无言。

课后反思时，大家很自然地讨论：遇到这样的情况，要怎么看、怎么办呢？毕竟，这是教学的收尾环节，学生的表现可以直接反映教学的效果。可事实明摆着——效果不佳。

先来说说，我怎么看。

第一种看法：这是生活的真实再现。

实际上，在现实生活中，凡是具有一定的思维习惯或思维定式的人，要扭转他的观点，都不容易，这类人的观点不是“听一个故事”“来几句劝告”就能够转变的。例如统编教科书二年级上册的口语交际“商量”，看起来很容易，而在真实生活中，商量都是“为了自己的需要而为难别人”，成功的概率并不如想象中那么高。毕竟人生不如意事十之八九，课堂上出现固执的“耕者”，是生活的真实再现。

第二种看法：这是教学的真实再现。

我们总期待教学效果好，总期待给课堂来个完美的收官，我们更希望用学生的表现来印证自己教学的成功。然而，并不是每一次教学，都会得到完美的结果。也许我们要认识到：学生的观念和认知不会立刻改变，教学产生效果并不像我们想象中的那么快速、那么彻底。

遇到这种情况，难道我们就束手无策了吗？青年教师最关心的是——你会怎么办呢？

我给出的第一个办法：将道理“回炉”。

这样的情景模拟效果毕竟反映了教学效果的不佳，我们可以让学生回到故事中，复习从故事中提取的道理。故事中，宋国的“耕者”最后成为宋国的笑料。我们要让学生领悟：如果自己一意孤行，也可能成为笑料。更何况，考试时怎么可能总是遇到自己已经准备好的题目呢？学生应该踏踏实实、认认真真去复习。这是最传统的办法。

我给出的第二个办法：换个人试试。

也许是选择本身的问题，参与角色扮演的同学就是个很固执的人，不容易在当下实现转变。换个人试试，也许就峰回路转、柳暗花明，瞬间解决问题。遇到尴尬时，教师也要灵活应对。寻求新的扮演者，简单，但有用。

我给出的第三个办法：课后拓展接着聊。

课堂上暴露出问题，给了教师和学生深入学习的契机。问题就是学习的切入点。因此，教师不妨将问题留到课后，组织学生自由讨论，还可以引导学生进行访谈、调查，展开项目化深度学习。不过，我也知道，语文教师十分繁忙，这个建议可能会简化为小团体讨论后汇报——哪怕这样，也行。

看起来，解决的方案已经给出。青年教师更关心的是——何捷老师，当时你是如何解决的？毕竟这个问题是我在大型公开课中执教，面对千余名教师时遇到的。我的处理方式，有着一定的示范性和影响性，稍有不慎，后果可能会很严重。

当时，我采用了个性化的方法，暂时化解了这一尴尬。接下来结合我的具体做法，给青年教师提三条建议。

其一，从写作背景的拓展中实现解围。

恰好我平常比较喜欢阅读中国古代哲学作品，大致了解过韩非子的生平、思想，对其创作《五蠹》的意图也有过自觉的学习。我告诉学生：遇到这样的情况，可以说不是偶然。劝告别人，未必都能得到良好的回应，包括作者韩非子本人，当时他劝告的是君王，他在向君王讲述自己的政治理想、治国措施的过程中，也不是一帆风顺的，而是时常遭遇尴尬。

我顺势告诉学生：劝告，还真的要费些周折，也要有些本事，更要讲究方法——不要太直接，也不要太急躁，可以像韩非子这样，用讲故事的方法去温和地劝说。而且，即便你用尽了方法，效果也可能不如预期，“仁者见仁，智者见智”，说服别人并不容易。韩非子自己的政治主张，最后虽说在一定程度上得到了落实，但也只是昙花一现。

其二，在对教学的理解中自我宽慰。

我所理解的教学，可以也应该有多种多样的结局。特别是学生的个性化理解，最佳的状态就是百花齐放。但也不乏这种情况——其中的一两朵小花，慢生长、迟开放。如果教师教完《守株待兔》，全体学生都能变得知错就改，都能去除侥幸心理，那么试想一下——人类的进步速度将多么可怕。因此，我会允许学生缓慢变化，我会接受不同的观点，我也会欣赏个性化的表达。“慢生长”并不是“不生长”，“得道有先后”，我会将这个结果看成是学生学习必经的过程。试错，就是迈向真实学习的路。

当教师的心变得坦然时，教师对学生的评价也会变得豁达和宽容，对个性倔强的学生就更能理解了。

其三，在展望未来中看到希望。

下课并不代表学习结束。我会在课外组织学生针对课堂上的问题进行讨论，并总结出观察与体验的结果，用以修正自己的认知。

在课堂上，这位“耕者”展现出来的样子，看起来是一种有意作对，实则反映了他的认知水平——学的只是陈述性知识，缺乏对道理的概念性建构过程，当然，也欠缺对世界、对未来、对生活现实的充分关注与思考。课后拓展学习，就是鼓励学生对自己的人生进行更多的审视、更多的规划。学习，从来不会因为下课铃声而终止。

具体来说，教师在课后可以组织学生针对这一问题读读历史、聊聊现状、看看自己、想想未来。我相信，这样一个教学中的意外结果，会在教师的不断思考与演绎中成为可遇不可求的教学资源。

教学中出现意外，青年教师不要慌乱。没有意外的课堂，也许才是不完美的，才是真正的缺憾。意外的发生，除了要求我们在备课时有更充分的思考，还应引发我们对学习真相的探求、对教学观念的调校，这样才能让意外具备全新的价值。

妙招 11　分角色朗读，怎样才能更好地进入角色

分角色朗读，这是小学语文课堂教学中常用的朗读方法。分角色朗读备受推崇，除了受小学生年龄特征决定，自身具备的特点也不容小觑——学生充分理解角色，各自朗读角色的内容，入情入境，在读出不同角色的不同语气、语调和内在思想感情的基础上，加深理解。

以统编教科书三年级下册第二单元第 6 课《陶罐和铁罐》为例，这篇寓言故事最大的教学亮点就是陶罐与铁罐的对话。这一部分最佳的学习方式就是分角色朗读。

分角色朗读，不能仅仅是“你扮演陶罐，我扮演铁罐，老师旁白”，之后就这样“一人一句读起来”。如果是这样的机械操作，就等于没有进行真正的、有价值的学习，也未能让“分角色朗读”真正产生推进学习进步的效果。要知道，分角色朗读，既是方法，也是训练，更是学习项目。通过分角色，学生能够更好地理解角色；通过朗读，学生能更充分地展现角色特点，达到加深理解课文的学习效果。

具体地说，以下三点经验可以让分角色朗读成为课堂学习的亮点。

经验 1：细节提示，直接进入角色的最佳方式

所谓细节，在分角色朗读中指两类。

其一，话语前的提示语。例如，“铁罐傲慢地问”“陶罐谦虚地回答”“陶罐争辩说”……这些和说话内容联系在一起的“傲慢”“谦虚”“争辩”等词，就是重要的提示语。要让学生优先关注、理解提示语，提示自己进入角色应有的说话状态，在朗读时，展示出角色语气、语调，留下真切的体验。

其二，话语中携带的标点符号。例如文中有一处陶罐说的话：“说到盛东西，我不见得就比你差。再说……”关注这个省略号，之后紧接的是铁罐的喊叫：“住嘴！”此处的省略号可以指导学生将语音拖长，然后让“住嘴”两个字迸发而出，斩钉截铁地打断前面说的话。再如陶罐说的：“我们还是和睦相处吧，有什么可吵的呢！”此处是感叹号，用反问的句式，以感叹号终结，这就值得玩味了。陶罐说话的时候，既是询问对方，又给出明确答案，因此要读得相对稳重、笃定。对提示语的把握，对标点符号的关注，就是学生读好角色的基本的保障。

经验 2：特点认定，展示角色的决定因素

分角色朗读，不应只关注朗读的话语部分，而应予以全文关照。这样才能对角色的性格特点、所具备的特征等有更为精准的把握。

例如《陶罐和铁罐》中的两个罐子，都曾经在国王的橱柜里。按理说，它们应该相安无事，各守本分，同时也都享受着优越的生活。然而，铁罐主动挑衅，显示出极度的傲慢和自大狂妄。而陶罐却能够克制自己，保持谦虚、低调、稳重。对性格的整体把握，有

助于把握朗读时的总体基调，涉及音量的高低、语速的快慢、语气的轻重等。

在理解的基础上朗读，反过来能促进理解。以此课为例，《陶罐和铁罐》是寓言故事，读完后要明白道理。因此，分角色朗读有助于学生明白道理。把握角色的特点，其中的道理自然也更容易被理解。

为了帮助学生认识角色的特征，教师可以进行特别的设计。例如，可以设计学习单，在解读课文的基础上，事先让学生进行选择与判断。以此课朗读的内容为例，可设计以下几道题。

1. 我认为铁罐的性格特征是（　），陶罐的性格特征是（　）。

A. 谦虚稳重　　B. 骄傲自大　　C. 顽强无畏

2. “我确实不敢碰你，但并不是懦弱。”陶罐子争辩说。朗读这句话的时候，可以体会到陶罐的心情是（　）。

A. 胆战心惊　　B. 坚毅笃定　　C. 慌慌张张

3. 建议用（　）的语气读陶罐的话。

A. 响亮、高调、急促、语气稍快

B. 沉稳、缓慢、语气适中

C. 低沉、拖延、声音颤抖

通过简单的选择与判断，学生能够更加形象地了解角色的特点，有助于在分角色朗读时更充分地展示角色的特点。

经验 3：支架辅助，深度刻画与理解角色

分角色朗读的指导，教师有的时候可以提供支架，借助专门设计的训练等，让朗读的效果得以凸显，让朗读能够更深入地刻画角

色，辅助学生更通透地理解角色。

例如在《陶罐和铁罐》一课中，铁罐傲慢地称呼陶罐为“陶罐子”，陶罐却称铁罐为“铁罐兄弟”。在正式完整地朗读前，可以让学生多次试读“陶罐子”与“铁罐兄弟”，调整语气，细致体会两个不同的称呼，体会语言细节带来的差异。局部训练既短促，又有效，可以对整体朗读产生良好的促进作用。

再如，此课文中配有插画。陶罐与铁罐的表情相对模糊。从有助于朗读效果展示的角度考虑，教师可以设计绘画作为辅助支架，让学生的理解更有深度。准备几张空白的罐子图，分别让学生在图中绘制陶罐与铁罐说话时的“表情包”，只需要简单绘制眉毛、眼神、嘴巴等形状，重点在于形象地体会二者在说话时不同的表情。这些可视化的图片绘制与展示，能够帮助学生更深入地理解角色特点，在朗读时具有极强的代入感。

又如，不少教师习惯为朗读配置背景音乐，有的时候是连贯一致的，使用节奏较为平和的乐曲，烘托气氛；有的时候为不同的角色配置不同的音乐。其实，考虑到备课成本、教师个人的音乐修养等，我建议大家采用第一种配乐方案。同时，过于零碎的切换，也不能很好地凸显效果。再者，分角色朗读，重在朗读指导，不宜在配乐上花费太多时间。

总体而言：可配的就配；可配可不配的，就不配。

举一个“一乐到底”的案例。本单元的寓言诗《池子与河流》，全诗共有 10 节。其中，1~6 节是池子对河流说的话，7~8 节是河流回应池子的话。对话部分，克雷洛夫写得很精彩，池子对河流说的话节选如下：

固然，我并不出名，

我没有出现在地图上，
像你那样蜿蜒地贯穿全国，
也没有行吟诗人为我弹琴歌唱。
——这一切其实都是空的。

这一节，可以配上轻松的、带有幽默气息的乐曲，帮助学生感受池子的无知与自大。河流回应池子的话则不同，例如这一节：

我是一条伟大的河流，
那是因为我遵循着这条规律，
不顾自身的安逸。
我用源源不断的清洁的水，
年年给人们带来利益。
这就使我受到尊敬，光荣无比。
也许，我将永远奔流不息；
可你早被遗忘，不再有人提起。

这一节的配乐，可以选用相对高亢、激昂的乐曲，让学生更容易进入角色。

再如统编教科书五年级下册的《草船借箭》，其中有周瑜请诸葛亮“借箭”的一段对话。其间，周瑜多次设计陷阱，步步紧逼，并自认为诸葛亮毫不知情。现场犹如没有硝烟的战场。此段分角色朗读时，选用琵琶曲《十面埋伏》尤为合适，既符合情境，又能烘托当时紧张的氛围。

分角色朗读是小学语文课堂上常用的方法，不可大意，要讲究方法、策略，匹配目标，才能带来显著的学习效果。

妙招 12　古诗词教学化难为易的方法

新课标提出为提升语文核心素养而教。核心素养的第一要义就是“文化自信”。其中，中华优秀传统文化得到一线教师的热爱，激发了师生共同学习的热情。

教师热爱传统文化，喜欢上古诗词课，只是在具体执教中，感觉古诗词教学难度较大，一直在寻找一种“教师能操作、学生能掌握”的好方法。结合执教古诗词的实际情况，本文提供的方法为借用现代白话文。

这个方法乍一看有些可笑，有点病急乱投医的感觉，但还是具有可行性的。

其一，从古诗词是什么的角度考虑。

古诗词是古人按照一定韵律、规则创作的艺术形式，是相对特别的写作结果。例如，依据一行七个字，每行不同位置的字的发音符合平仄要求，分为四行写就的，就是七言绝句。古体诗、律诗、词各有不同的创作规则。

因此，古诗词可以看作古人写的特殊格式的文章。既然如此，古诗词教学就可以采用文章学习的通用方法。

其二，从教科书选编以及课程学习的角度考虑。

入选统编教科书的古诗词，也是单元中的课文。作为课文的学习，就要实现单元学习目标；有目标，有内容，教师就需要借助教学方法，让学生实现目标。从这个角度看，只要是课文学习，都可采用通用的方法——理解目标 + 展开学习 + 获得结果。无论是古诗词还是现代文，方法都可以通用。

其三，从学习方法的迁移角度考虑。

学生学习的现代文数量多，相对而言，学习的古诗词数量少，古诗词属于“久违”的特殊的文体。在日常学习现代文的过程中，学生逐渐形成的有效的学习方法、策略、路径等，都可以迁移，都可以在学习古诗词的时候使用。

过去，我们是如何学习古诗词的呢？

最为常用的方法是逐字解释，逐句翻译，然后提取中心，做好背诵和默写，以积累与记忆为主要方式。这样教古诗词，支离破碎，欠缺美感，需要借助优质的方法，让古诗词学习变得有趣、有效。使用的次数多了，效果好了，这些方法也就成为古诗词学习的专用方法，从而更体现方法本身的适用性。接下来介绍使用现代文解读法教古诗词的三种可行的方法。

1. 提问法。

毋庸置疑，提问法是最为通用的学习方法。在古诗词学习中，可以设计能触发思考，关联主旨，揭示诗歌内涵、意蕴的核心问题，以此问题为“牛鼻子”，引导学生更为系统地学习。问题设计得当，就能牵一发动全身；问题设计优质，不仅能让学生理解诗的每一句话，触及诗歌的诸多细节，还有助于学生抵达诗歌的隐秘内核，完成针对诗歌的深度学习。

例如《枫桥夜泊》一诗，可以这样设计“牛鼻子”问题：诗人张继的“愁”，究竟从何而来？又如《山居秋暝》一诗，可以设计：读了全诗，你有怎样的一种感觉？再如王翰的《凉州词》一诗，可以设计：读这首诗，你的眼前出现怎样一幅画面？在这些问题的引领下，学生能从诗歌中寻找佐证，能结合自己的理解，在思考、探索中走进诗歌意境，获得更丰富的学习效果。

2. 联系法。

在现代文学习中，教师常指导学生查找资料、提取信息、关联生活、拓展学习。这样的联系学习法，也可以运用在古诗词学习中，且更容易发挥功效。毕竟诗人离去已久，诗歌写作背景知识陌生，古今文法存在差异，这些不是“好好想”能解决的，需要借助资料。

上文提及的《枫桥夜泊》，教师可以增补诗人张继考取功名的求学人生，还可以结合诗歌写作时爆发的“安史之乱”这一历史背景，来解读诗歌中的“愁”。又如，王维的《山居秋暝》提到“王孙自可留”，教师可以增补资料，帮助学生理解这里的“王孙”原意指什么，同时指的又是谁。两相对比，学生就能感受到王维的洁身自爱。对纳兰性德的《长相思》，教师可以补充纳兰性德的特殊身份，让学生感受他的“愁”从何来，以区别于张继的“愁”。当然，如果时间允许，教师还可以增补李清照的愁、李煜的愁、柳永的愁……

拓展关联，借助资料，可以让古诗词的理解显得更加准确，内涵更加丰富。

3. 代入法。

学习现代文时，教师常让学生切换身份，进入文中描绘的“事发现场”。古诗词的教学，依然可以采用这一方法，让学生更为轻松地理解古诗词的深刻内涵。使用代入法，教师可引导学生以不同的身份进入诗歌意境，展开想象，输出个性化的解读结果。

例如学习王昌龄的《出塞》，学生可以让自己成为见证人，跟随诗人来到边关，一同看到“秦时明月汉时关”，一同想到“龙城飞将”。学生进入诗歌意境中后，教师用音乐、诵读、演示等方法，引发学生具体感受，写下“见闻体验”。再如《长相思》的学习中，学生可以成为纳兰性德身边之人，或者就是纳兰性德本人，在“山一程，水一程”中夜观“千帐灯”，在“风一更，雪一更”中倾听“故园声”。

显而易见，以上三种方法，就是学习语文的通用方法，只是之前在古诗词学习中，没有专门加以明确，或是经常被逐字讲解法所屏蔽。

教师使用这些方法不难。真正的难题是问题怎么设计，需要查询哪些资料，怎么设计代入的身份，等等。一句话，如何用方法，才是关键。换句话说，古诗词教学的灵感，从何而来？

第一，从反复朗读中来。朗读，能让学生在诗歌中照见自己，让自己更好地融入；朗读，能将所有的理解蕴含在声音之中，让意思更容易传播；朗读，能达到无师自通的奇妙效果，读书百遍，其义自见。所以，让学生反复朗读，应该成为学习古诗词的基本保障。

第二，跟着感觉走。多读，多琢磨，才能更好地理解诗意。当我们沉迷于古诗词的意境之中时，也许就是灵感爆发之时。要提出好问题，要抓住诗眼，跟着感觉走就是方法之一。例如读《山居秋暝》后，你会产生静谧之感，所以提出的问题就是“哪些地方让你感觉到静谧”。

第三，师古与尊古。古诗词学习借用现代白话文的学习方法时，特别要注意保持对古典文学的敬意，不能一味求新求变，更不能简单、草率、轻浮地解读。其实，现代白话文的学习方法也有着传统的基因。例如，批注、查证、追问……在《礼记·中庸》中就有“博学之，审问之，慎思之，明辨之，笃行之”的记载，用这些方法，就是对古人的尊重、对传统读书方法的重温。

方法本身不分古今，关键在于“一把钥匙开一把锁”。教师应让方法服务于学生，助力于实现学习目标，让古诗词学习焕发新的光彩，让古诗词学习课成为学生喜爱的语文课。

妙招 13 《古诗三首》不要一首一首教，统整起来讲效果更好

统编教科书三年级上册第二单元有一篇课文为《古诗三首》，选编了唐代杜牧的《山行》、宋代苏轼的《赠刘景文》与宋代叶绍翁的《夜书所见》。先看看三首诗。

山行

〔唐〕杜牧

远上寒山石径斜，白云生处有人家。

停车坐爱枫林晚，霜叶红于二月花。

赠刘景文

〔宋〕苏轼

荷尽已无擎雨盖，菊残犹有傲霜枝。

一年好景君须记，最是橙黄橘绿时。

夜书所见

〔宋〕叶绍翁

萧萧梧叶送寒声，江上秋风动客情。

知有儿童挑促织，夜深篱落一灯明。

以往的教学，大多执行线性程序——教完一首再教一首，耗时三节课，完成三首诗的教学。所教的无非是关于古诗词的字词解释、诗歌大意，还有诗的中心思想，最后强调对古诗词进行背诵、默写。学生学习古诗词的兴趣，就在这样的重复推进中消失殆尽。

课题是《古诗三首》，可以从教学的需要出发，将三首古诗统整起来教。三首诗可以视为一个完整的教学内容，分课时执教，符合教科书编撰的意图。

一、读好古诗词

第 1 课时，完成生字词学习，同时注重将古诗词读对、读好、读出韵味。

要特别注意课文中带有拼音的几个字，例如“石径斜”的“斜”字的读音，教科书明确注音，不会再产生争议。还有比较难读的，如“擎雨盖”“傲霜枝”“橙黄橘绿”“萧萧”“挑促织”“篱落”等，也要注意。同时，朗读古诗词，要读出几分古味，遇到第三声要读完整，韵脚要读清晰。如“枫林晚”的“晚”字，第三声要读完整。

二、理解古诗词

第 1 课时，还要完成对古诗词的理解，具体分为三个层级。

第一层级：字的理解。课文中有注释的字，在理解的时候容易产生歧义，也有一定难度。因此，结合古诗词原句进行理解，学习效果更好。

第二层级：句的理解。带有关键字的诗句，可以优先理解。例如《夜书所见》中“萧萧梧叶送寒声”一句中的“萧萧”形容风吹梧桐叶发出的声音，将对这一关键词的理解送回句中，诗句就可以理解为“秋风萧瑟，吹动梧桐树叶，发出阵阵声响，让人感到寒意”。又如《山行》中的“坐”解释为“因为”，所以“停车坐爱枫林晚”就可以理解为“停下车轿，因为留恋这火红的枫林，所以要慢慢走，欣赏啊”。

古诗中的诗句理解，可以采用和同学交流的方式进行，不用精准对应每一个字，学生能说出大意即可。课后练习，大多也强调以交流、交谈的方式进行。

第三层级：全诗大意理解。即串联诗句，和同伴一起交流，对诗词大意完成理解。这是顺理成章的，前两步落实后，至此基本没有什么难度。

完成统整教学的这两步，第 1 课时也随之结束。

三、学好古诗词

古诗词统整教学第三步，可以分为三个层级推进。可见，统整学习并非胡乱学，而是有顺序、有逻辑、有关联的。

第一层级：寻找相同点。让学生发现这三首诗行款相同，教师可以提示这三首都是七言绝句。同时，让学生去发现三首诗统一描写的是什么季节。基于理解，学生能从枫林、霜叶、荷尽、残菊、橙黄橘绿、梧叶、秋风等，发现三首诗都是写秋天的。三首诗中所描写的景物，都具有秋天的代表性，极具秋的特征。此外，诗人写秋天，都要亲身感受，从来不会坐在家中幻想。这点也能给学生的写作带来启示。

第二层级：寻找不同点。三首诗各有其特色。

《山行》是叙事加写景，诗人记叙了自己去山中游赏，描绘了山林秋色，展现出一幅动人的秋景图。诗人将自己对秋天的喜爱之情融汇到景致之中，情与景交融为一体，令人赏心悦目。

《赠刘景文》是写景加抒情，是诗人送给好友刘景文的一首勉励诗。诗中有景致，如前半首的“荷尽”“菊残”，意在让朋友无论如何也要保持傲霜的气节；后半首有“橙黄橘绿”，鼓励朋友克服困难，积极乐观，保持志趣高远，切莫意志消沉。

《夜书所见》是抒情加写景。诗人客居外地，思念家乡。前两句写景抒情，表达自己孤单寂寞之感。后两句定格在儿童“挑促织”的生动场景，借助“一灯明”的温暖画面，反衬自己的孤寂，加深思乡之情。

第三层级：观察与发现。同写秋季，但三首诗的观察方式也不相同。《山行》是在行走中观察景致，远上寒山，看到白云生起，看到枫林霜叶，感觉灿如春花；《赠刘景文》则是捕捉典型的、具有代表性的景致，如“荷尽”“菊残”“橙黄橘绿”；《夜书所见》则是定格在富有童趣的瞬间，如“挑促织”“一灯明”，让瞬间成为心中的永恒。

不同的观察角度，不同的取景方法，可以让学生获得不同的写作启发。结合本单元的《铺满金色巴掌的水泥道》《秋天的雨》和现代诗《听听，秋的声音》，学生可以感受不同作品是如何描写秋景、听闻秋声、感受秋情、体会秋韵的。这样的结合与迁移，可以让学生在学习中获得更为丰富的体验，对写作产生有益的开启作用。

接下来的学习，学生可以联系自己的生活感受，依托自己所拥有的素材进行写作。因为学生学习这三首诗的时候正是秋季，而关于如何写秋天，教学中已经做了示范，提取了方法，给予了观察与写作的基本模板。学生在观察生活、发现生活中的秋天元素后，填充进自己的语言与内容，可以相对顺利地完成有关秋天的写作任务。

《古诗三首》的教学改进，延伸至本单元的统整学习，在落实新课标的进程中显得极有意义。不再将古诗词一首又一首地生硬执教，而是统整推进，符合新课程时代的全新教学理念，是一种有益的尝试。

妙招 14　光给指令不够，还要给指导

统编教科书三年级下册第 3 课，是篇经典老课文，改编自叶圣陶的散文《荷花》。这篇散文多次入选小学语文教科书，至今看来，依然经典。也正由于其经典，不少教师在执教时，喜欢走老路。最为明显的是，很容易“遇到什么教什么”，单纯拎出几句话来欣赏。

本文品质优异，的确适合学生掌握一些基本的知识，培养语感。以第 2 自然段为例：

> 荷花已经开了不少了。荷叶挨挨挤挤的，像一个个碧绿的大圆盘。白荷花在这些大圆盘之间冒出来。有的才展开两三片花瓣儿。有的花瓣儿全展开了，露出嫩黄色的小莲蓬。有的还是花骨朵儿，看起来饱胀得马上要破裂似的。

教师在执教时，特别关注“挨挨挤挤”“冒”等词语的赏析；此外，也很在意如“有的才展开两三片花瓣儿。有的花瓣儿全展开了，露出嫩黄色的小莲蓬。有的还是花骨朵儿，看起来饱胀得马上要破裂似的”一类的句子，不断让学生用“有的……有的……有的……”进行模仿写话。

课文的文字变化不大，但课程标准变了，学习目标变了，教学的方向应该有所调整，教学重心应该有所位移。

本单元的学习目标是“一边读一边想象画面”。这一目标中，至少涉及“读”和“想”两个学习活动，还涉及对画面的审美、欣赏、表达，是一个相对复杂的学习任务。根据德国学者弗兰克·费舍尔

等主编的《国际学习科学手册》中提及的“4C/ID 模型”，涉及相对复杂的学习，教学设计需要严格指向目标，在这个过程中要注意知识、技能和态度的同时发展，让学生获得复杂的技能和专业能力。

“4C/ID 模型”中提出学习的四个要素，即：

（1）学习任务。

（2）支持性信息。

（3）程序性信息。

（4）部分任务实践。[①]

其中学习任务是教育项目的核心，提供了各种经验的学习，并明确以学习的迁移为目标，另外三个要素都与这个核心部分相连接。“4C/ID 模型”启示我们，教师不能再简单地以“单句欣赏”为主要教学内容，而应系统思考学习目标与学习证据、学习流程以及最后的实践活动之间的关系，通过学习活动充分实现目标。

以《荷花》为例，最重要的目标是“一边读一边想象画面”。实现这一目标相对容易，因为这篇课文是最佳样本。理由有三。

其一，文字描绘的画面内容丰富。

文中呈现的荷花画面，有多姿多彩的荷花，有挨挨挤挤的荷叶，还有畅快自由的小鱼儿以及停歇在荷尖的蜻蜓，可谓色彩丰富，姿态万千。

其二，文字描绘的画面极富动感。

例如，荷叶是挨挨挤挤的，荷花是从荷叶中冒出来的，还有翩翩起舞、摇曳多姿的荷花，穿梭其间的游鱼，偶尔来访的蜻蜓，等等。读者可以想象画面的构成，感受到画面中的动态。

---

① 弗兰克·费舍尔，辛迪·赫梅洛-西尔弗，苏珊·戈德曼，等.国际学习科学手册[M].赵建华，尚俊杰，蒋银健，等译.上海：华东师范大学出版社，2022.

其三，文字描绘的画面魅力巨大。

这样的画面，让人不但“看得到”“想得出”，还能“进得去”。文中的第 4 自然段如下：

> 我忽然觉得自己仿佛就是一朵荷花，穿着雪白的衣裳，站在阳光里。一阵微风吹过来，我就翩翩起舞，雪白的衣裳随风飘动。不光是我一朵，一池的荷花都在舞蹈。风过了，我停止了舞蹈，静静地站在那儿。蜻蜓飞过来，告诉我清早飞行的快乐。小鱼在脚下游过，告诉我昨夜做的好梦……

作者写的内容，就是“一边读一边想象画面”的最高境界。因为看景的人展开了想象，想象的人进入了画面，成为画中之人。这就是本文的妙处，也是这一单元中实现目标的最高境界。试想一下：一边读一边想象画面的最高境界，难道不是“把自己送进画中”吗？

问题回到教学上——如此优秀的样本，怎么带学生去感受？如何实现目标呢？《国际学习科学手册》中，提出了实现目标的 10 条拆解方案：①设计学习任务；②开发评估工具；③排序学习任务；④设计支持性信息；⑤分析认知策略；⑥分析心智模型；⑦设计程序性信息；⑧分析认知规则；⑨分析前提知识；⑩设计部分任务实践。[①]

必须认识到，不是所有教学都要做到这 10 条。现实中，10 条都做到既不可能，也无必要，教学就是取舍的艺术，教师根据目标，选取一二即可以在设计上实现突围。例如，可以选取设计程序性信息，搭建问题支架，引导学生一步步实现目标。围绕本单元的学习

---

① 弗兰克·费舍尔，辛迪·赫梅洛-西尔弗，苏珊·戈德曼，等.国际学习科学手册[M].赵建华，尚俊杰，蒋银健，等译.上海：华东师范大学出版社，2022.

目标，教师可以设计四个层级的问题。

第一层级：阅读，检索信息。让学生在阅读后圈画出文中都提到哪些景物，即作者用文字都描绘了些什么。

第二层级：梳理，整合信息。让学生进行信息的整合、提炼、加工，分析文字描绘的画面中带有的特点，诸如色彩美、姿态美、动感美等。

第三层级：想象，初步达标。让学生展开想象——如此美的文字，就像一幅画，画面中描绘的生活实景究竟是什么呢？

还是以第 4 自然段为例，文字描绘的内容，至少关联三个生活实景：一是风吹荷动，二是蜻蜓立尖，三是鱼戏莲叶。这是日常生活中可以看得见且有生活经验支撑的。也就是说，学生在学习时，很容易调用生活经验，使其成为想象的佐证材料。学生通过关联，更容易将真实生活与文字描绘以及想象的画面连接、配对，让想象有生活的依托，更具真实感，可感受、可触摸、可表达。

第四层级：关联，拓展加深。联系之前说到的三个场景，引导学生对应三首相关的诗歌，分别是《晓出净慈寺送林子方》《小池》以及汉乐府诗《江南》。学生在诗歌诵读中加深对画面文化内涵的理解，让画面想象更丰富、更具深度。

例如，杨万里的《晓出净慈寺送林子方》中写的“接天莲叶无穷碧，映日荷花别样红”，对应着“荷花已经开了不少了。荷叶挨挨挤挤的，像一个个碧绿的大圆盘。白荷花在这些大圆盘之间冒出来”和“一阵微风吹过来，我就翩翩起舞，雪白的衣裳随风飘动。不光是我一朵，一池的荷花都在舞蹈”。《小池》中的“小荷才露尖尖角，早有蜻蜓立上头”，对应着“蜻蜓飞过来，告诉我清早飞行的快乐”。《江南》中的“鱼戏莲叶间”，对应着“小鱼在脚下游过，告诉我昨夜做的好梦……”。

“一边读一边想象画面”不能停留在一个简单的指令上，即“读一读，想一想，想到了什么？大胆说出来”。教学的结果，不能依靠偶然的灵感爆发，也不能依靠部分优等生的表达。我们要积极主动地给予指导，特别是借助有逻辑、程序明确的设计，搭建支架，辅助学生层层深入地学习。本案例中设计的问题支架至少在学习过程中产生以下几个作用。

第一，保障。教师在设计问题的时候，其实就是在模拟理想化的任务执行方式，学习的“预演”在一定程度上确保了学习效果的产生。

第二，降压。降低了学习任务的复杂性，使其在学生当前的能力范围之内。问题将“打包”的学习任务做了拆分，转化成细节流程，将学习的难度调整为每一次的努力后可以抵达的程度。这样也就为学习提供了保障，降低风险，避免挫败感。

第三，激活。激发对任务的兴趣。问题引发学生持续思考，持续追求目标，持续产生学习的动力。在解决问题的过程中，也暴露出学生当前的表现差异、学习与目标之间的距离等真实的、亟待解决的问题。支架的搭建，既是对学习的建模，也是对达标效果的监控。

第四，整合。本案例中四个层级的问题支架，除了产生按照流程推进教学的效果，还使学生能够体验一项完整的任务，而不是任务中的孤立组件。四个层级相互关联，前后承接，不断深入。问题的提出，避免了学生掌握的是“孤立的组件”，让学生“不得不想办法把所有的技能整合到实现目标”的学习表现中。

回过头来再说之前呈现的“走老路”的现象，在新课标正在执行的当下，依然教得那样零散，那样碎片化，仅让学生迷恋孤立的

“语言技巧”，获取零散的“语言组件”，确实是不够的，需要调整和改变。如果学习总是停留在重复的体验中，即便学生获取了知识，也是尘封的惰性知识。

妙招 15　教师如何做，学生才能更会提问，并提出更好的问题

2022 年上海高考的作文题，引起广大师生的高度关注。

题目大意：小时候我们很爱提问，长大后我们却急着得到答案。针对这一现象进行写作。

从小时候“爱提问”，到长大后“急着得到答案”，在整个成长过程中，我们丢失的是好奇心，是探索力，是求知欲。能否提问，能否提出优质的问题，就是学习中最核心的上进力问题。

无数人表述过对“提问”的崇拜，本文不再赘述。如何提出一个好问题？怎样才能不断发问？这才是最值得思考的，也是培养提问能力的关键所在。因此，在课堂上让学生提问，提出有价值的问题，成了玄之又玄的谜团。因为我们遭遇的是学生不提问，即使提了，也大多是没有思考价值的问题。

如何让学生更会提问，并提出优质的问题？美国学者斯塔科所著的《课堂中的创造力：充满好奇和愉悦的学校》（第 4 版）中介绍了“促进学生提问”的几种策略，我结合我国的实际情况对其做调整后，提出如下建议。

一、让学生认识到，问题是有区别的

问题本身是有区别的。例如从功能上划分，有的问题是用来组织教学的。例如，老师常问：“大家准备好了吗？”学生高声回答：

“准备好了。”一问一答，起到了组织教学的作用。有的问题是用来“应对”的，例如，不用思考就可以回答对不对、是不是、好不好，答案张口便来，要的就是及时应对的效果。还有的问题确实需要思考，但即便是思考也有差别，例如，用来“考查理解与否”的问题和“真正存在”的问题之间是有区别的。

用来“考查理解与否”的问题，思考中更多的是依靠记忆、分析、表达等浅层学习的能力。例如教学统编教科书五年级上册《父爱之舟》时，提出“说说你对文中‘父爱之舟’的理解，这小船代表着什么？”这个问题，目的就在于考查学生对之前的学习是否理解。“真正存在”的问题，涉及探索、辨析、推测、调动旧知等深度学习的能力，体现与考查的是综合素养。在《父爱之舟》学习时，有学生提出问题：“作者在文中自述难以画出那只载着父爱的小船，为什么后来又画了那么多的小船？”这就是“真正存在”的问题——从文中来，与文本高度关联；无法简单给出回答，需要经过探讨；答案是丰富多彩的。

教师应让学生明白，并非提问题就代表优秀，问题本身也有优劣之分。有了区别与评判的设定，才会催生出优质的问题。同时，教师应克制自己对处于浅层学习区间问题的迷恋，尽量控制发问频率，不要张口就问。

当“真正存在”这类问题出现时，教师要履行一定的仪式：慎重地提示全班予以关注；围绕问题进行思考、争辩，共同寻求答案；对提出问题的同学进行表扬，请他们分享提问的经历。这样的流程，让学生看到问题被区别对待，自然就会向提出优质问题而努力。

二、教师应成为提问的表率

学生不善于提问，很有可能是缺乏榜样。请不要以为这是危言耸听，在许多课堂上，仅存的是训练，是任务，很少有提问。或者说，提出的问题更多属于回应性和组织性的，较少具有思考价值。

身边没有榜样的力量，学生自然慢慢丧失了学习的动力。

因此，我们希望教师成为提问的表率，勇于、善于、勤于示范提问，同时，也展示出提问者的风采。

例如在五年级下册《田忌赛马》的学习中，教师设计并提出问题："齐威王、田忌与孙膑，谁才是这个故事中真正的大赢家？"该问题极具思考价值，学生围绕其进行争论，对问题留下深刻的印象。同时，富有个性化的阅读结果，丰富了故事的内涵。又如，在四年级下册《猫》一课的学习中，教师结合老舍的散文《养花》提出问题："老舍是个爱花之人，可小猫却造成'枝折花落'的结局，难道老舍还会爱这样的小猫吗？"该问题看起来是有意制造矛盾，还涉及作者的其他文章，一时间会让学生"难以取舍"，学生很容易进入深刻思考。根据问题，学生认真比对、查询，联系上下文，寻找答案的过程，是处于深度思考的学习区间的。再如，四年级下册《巨人的花园》一课的学习中，教师引导学生共同关注："故事中的巨人，你觉得像谁？"有的学生认为巨人是"弃恶从善"的代表，也有学生觉得巨人是"长大后的孩子"，不同的答案代表不同的理解，不少答案打开了这一经典童话的解读新视野，显得意味深长。

好问题才能引出优秀的思考结果，教师示范提问，才能引发学生参与思考，提出问题。

三、在专业上给予辅导

教会学生提出好的问题，教师也许要讲一节关于"如何提出一个好问题"的辅导课。

例如，让学生明白：问题是由什么构成的？提问可以从何处入手？提出问题的重要性是什么？请不要以为这些没有必要，正是由于这些处于基础层面的问题长期被忽略，才导致学生在学习中缺乏“提出问题”的主动意识；即便有想法，也可能出现“心有余而力不足”的状态，无法精准地提出问题，抛出心中的疑惑。而教师在执教此类课程时，如果能侧重于让学生“知其然，知其所以然”，更充分、全面地认识学习中的问题，了解问题产生的流程，将为后续的提问质量的提升打下坚实的基础。

其实，与其他项目的学习一样，学生要学会提问，少不了教师的辅导。辅导是否专业，过程是否科学，直接决定着学习的效果。

如前文所展示的教师提问——《父爱之舟》中，“画不出”与“画很多”的矛盾问题，可以按如下过程指导学生，共享问题提出的过程。先让学生朗读课文末尾的一段话：

> 虽然姑爹小船上盖的只是破旧的篷，远比不上绍兴的乌篷船精致，但姑爹的小渔船仍然是那么亲切，那么难忘……我什么时候能够用自己手中的笔，把那只载着父爱的小船画出来就好了！

学生细读后发现，作者在文末表达了核心意思——何时才能画出这样的小船；之后总结出，作者认为难以画出；接着教师让学生观看吴冠中先生所画的小船，学生发现其不但画出来了，而且画得很多、很复杂。学生在文字与图片的对比中发现矛盾，很自然地就能结合矛盾提出问题。

教师可以顺势总结提出问题的流程：①细读文本，发现作者的核心意思；②拓展搜索，广泛地收集资料；③将核心意思与资料进行比对、验证，发现问题；④提出问题，追踪思考。有了具体的程序辅助，学生还可以提出类似的优质问题。

四、尊重学生提出的问题

从“不会”到“会”，再到“高级”，需要经历一个过程。学会提问，依然有必经的过程。

学生提出的问题不尽如人意，处于较低思考层次时，必须得到尊重。也只有如此，我们才能逐步培养学生的提问意识，提升提问质量。况且，在这一阶段，需要尊重的是提问的行为与意识。这犹如星星之火，未来可以燎原。假以时日，辅以方法，学生能够逐渐提出优质的问题。关键在于，教师应明确如何尊重学生提出的问题。

1. 机会均等。让所有问题都得到陈列，让每个提问的学生都得到尊重。

2. 关注学生的个体进步。教师善于纵向比对，从个人进步角度去发现学生提问的水平在变化。

3. 进行集体提问状态评估。让学生得知集体提问水平在提升，大环境改变了，个体也要努力赶超。

4. 选取优质问题大张旗鼓地表扬，并给予认真严谨的探讨。获得一个好问题极为不易，教师甚至可以因此而改变课堂教学的设计，改为随问题转向。这样的做法，让提问的学生感觉自己因为提问而得到重视；让全体学生感受到，教师特别重视提出问题。在亲师与趋同心理的共同作用下，班级很容易形成比肩优秀、努力进步的良好氛围。

好的问题，才能引发优质的学习。新课标倡导探究式学习，“学习提问”正是新课标时代的新挑战，更是新的学习力发展路径。

妙招16　仅盯着“详写”，无法探寻“区分主次”的写作奥秘

统编教科书六年级下册第一单元学习目标为“分清内容的主次，体会作者是如何详写主要部分的”。围绕这一目标，单元中的两篇课文特别引人关注。两篇都属于名家名篇，其一为老舍的《北京的春节》，其二为沈从文的《腊八粥》。

尤其是沈从文先生的《腊八粥》，在主次与详略的处理上特别典型，体现了艺术家谋篇布局的大开大合，在详略的安排上显得格外大胆。全文总共19个自然段，第1自然段介绍腊八粥，此外，有16个自然段详写八儿在等着吃腊八粥，只有2个自然段略写八儿吃饱了腊八粥。强烈的主次之分，明晰的详略之别，给教学带来极大的便利，学生很容易分清主次，并在详写部分获得“如何写”的方法。

例如，在“等粥”部分，沈从文先生对八儿进行了五次语言描写，可谓细致入微。语言描写充分体现了八儿的“馋”，这五句话如下：

（1）“妈，妈，要到什么时候才……”

（2）“那我饿了！”八儿要哭的样子。

（3）“妈，妈，等一下我要吃三碗！我们只准大哥吃一碗。大哥同爹都吃不得甜的，我们俩光吃甜的也行……妈，妈，你吃三碗我也吃三碗，大哥同爹只准各吃一碗，一共八碗，是吗？”

（4）“要不然我吃三碗半，你就吃两碗半……”

（5）“妈，妈，你抱我起来看看吧！”

教师可以引导学生读好这五句话，理解这五句话，发现这五句话背后的写作逻辑。例如第一句，八儿询问时间，他关心的是到底什么时候才能够喝粥，可见其心里着急，想要获知具体的时间。妈妈告诉他“要到夜里”，紧接着，八儿明确表达“等不到”的心理，加倍表现了着急。可是这样的小伎俩拗不过妈妈，当听到妈妈说“饿了，也得到太阳落下时才准吃”的时候，他知道撒娇、耍赖没用，于是自顾自地展开幻想，让内心先得到满足，用幻想来“吃”到粥，可见其着急的程度。

幻想毕竟是幻想，着急的八儿总是随时变化，于是，他又自己调整了幻想，不但要多吃，还要“霸占”妈妈的那份。这样的幻想，将心急、嘴馋的八儿的形象刻画到极致，层层叠加的信息，在读者心中勾画出无比清晰的人物形象。当读者感觉八儿的“馋”到达“天花板”的时候，沈从文先生追加了一句“抱我起来看看吧！”。原来，八儿不依不饶地要“让现实照亮幻想”。可以说，五句话，一气呵成，一句紧似一句，一句追着一句，句句都能体现八儿的“馋”：嘴馋，心馋，眼也馋。

这部分的写法是尤其值得向学生介绍的。写八儿的嘴馋，作者用了“全能的视角”，既知道母子的对话，又能探测到母子的内心活动；需要时在人物身上细致描绘，又能随时跳脱出来进行随机评论，往来自如，穿插其间，异常灵动。沈从文先生用这样的写作方法，轻松且高效地展示了人物特点，达到写作目的。

详写的方法，绝非教师单方面一味强调的写细致、写具体、多写。带学生感受名家真正的创作手法，从写作效果与写作目标相匹配的角度，获得专业的创作方法，这才是真正的实现目标的教学。

此处有一个问题值得思考：本单元的人文主题是“百里不同风，千里不同俗”。入选的文章看似都属于写民俗风情，如《腊八粥》在文题上看，就极为吻合，但内容上，关于“腊八粥”的描写却显得不足。实际上，沈从文先生是以“腊八粥”为引，把八儿这一特殊人物的“馋”的特点刻画得淋漓尽致。如果此文入选“人物写作”单元，将更为合适。不过，再从“能力训练、知识点把握”这个角度来看，本文还是编入第一单元为佳，因为本文在“主次分明”“主要部分详写”这方面，做得尤为精彩，甚至在某种程度上超越了老舍先生的《北京的春节》。

倘若教师只是停留在机械、简单地区分详略，仅盯着“详写”的部分，教学价值无疑是很低的。既然要分清主次，要区别详略，还要探究写法，那么次要即略写的部分也务必得到解读。略写的不说，详写的就无法突出。课文略写部分是第 18、19 自然段，写的是八儿吃饱之后的样子，教学时，可以搭建问题支架，揭开略写之谜。

问题 1：略写的“吃粥”部分，如果由你来写，可以写得很详细吗?

学生讨论后发现：可以，而且基本不费力。例如，用上“狼吞虎咽”“胡吃海塞”“狂饮暴食”等词语，写写八儿舔碗底，抹嘴唇边的米糊糊，甚至写到喝粥的速度，等等，都能够把八儿的吃相写清楚，也可以给读者留下深刻印象。

问题 2：沈从文先生为什么不写呢?

这一问题极为重要！这一问题既触碰了本课写作的核心秘密，也关乎学习目标的实现。要知道沈从文先生写八儿，主要意图就是凸显他的“馋”，因此，重点落在八儿“等粥”的时候，展示其语言、心理、动作等诸多表现。

然而，“喝粥”固然也属于“馋”，但更准确地说，属于“解馋”。渴望喝粥的人，喝到了粥，已解了馋。如果将“解馋”写得尤为具体，看上去是生动了，活泼了，语言技巧丰富了，实则在一定程度上冲淡了对“馋”本身的表现力，干扰了写作的主旨。什么是“馋”——希望而得不到。如果得到了，更多的是一种满足，“馋”反而不在了。

对这一问题的探索和讨论，能让学生明确——写作中一切技法的使用，都是为了实现目标，不是为了炫技！

本文写作的目标是表现人物特点。围绕目标选材，围绕目标确定详略，围绕目标区分主次，一切顺其自然、理所当然。而如果仅仅盯着详写部分，对技法进行分析、解构，而不顾略写部分，是无法获得最终答案的。

问题 3：文中已经写的，有助于体现人物特点吗？

答案是肯定的，当然能。请看作者的描写，写出了“斜靠”这一动作，表示吃得太多的身体反应，自然反映了主人公的“馋”；写出了肚皮像小鼓的比喻，表示吃得又猛又多，还是反映了“馋”的特点；写筷子浪漫地摆成十字，说明吃完就顾不得其他，依然表现主人公的“馋”；那半碗陈腊肉，是“无可奈何”的腊肉，更是集中体现了“馋”。可见，最后一个自然段虽然略写，属于爱惜笔墨、点到为止，但沈从文先生依然在围绕设定的写作目标，精心选择材料，经过思考，精致加工。

综上所述，简单、机械地区分详略，仅盯着详写的部分“写了什么”，而不真正涉及写的方法，不关注略写部分，这样是无法真正解读文章、感受文章的写作奥秘的。详与略，像是一对无法分割的兄弟，也是相互支撑的系统，要统合关照、顾及彼此、协同二者，才能发挥最大价值。

妙招 17　经典老课文，不能照“老路子”设计执教

统编教科书三年级下册第一单元第 2 课是经典老课文《燕子》。这篇课文有多“老”？不少青年教师坦言：小时候读书就学习过，如今要教学生学习。因为这篇课文“老”，所以大家教起来感觉得心应手。之前学习的内容，仿佛就在昨天。

其实，郑振铎的《燕子》在入选统编教科书的时候，编者做了较多的改动，和原来人教版的《燕子》相比，有多处变化，细节处几乎是“面目全非”了，按理说，教学不能走“老路”。

即便如此，此文由于短小、精练、结构紧凑，依然得到一线教师的欢迎。不少教师执教《燕子》，基本仍在老套路上打转转——看到什么，扑上去教什么。例如，最典型的拟人句必须讲解，“都像赶集似的聚拢来”一句的解读就花了不少时间。又如，对燕子行动特点的捕捉归纳为三点：飞得轻，飞得快，停得美。再如，教师特别注重积累“带有新鲜感的词语”，只要遇到，就交代几句。这一课中可以积累的、带有新鲜感的词语很多，如伶俐可爱、旷亮无比、波光粼粼、荡漾、闲散、纤细、休憩等。这的确是需要教的。根据新课标的要求，第二学段中积累词语，就是学习任务。更不要说，三年级的语文，教学扎扎实实，显得尤其硬气。但总是这么教，几十年不变地教，是否就证明没有问题呢？或者说，仅这么教，在新课标时代，够不够呢？

以上学习内容，都停留在语言文字的表面，仅是对文字信息的简单且直接的提取，是学生面对文字时的一种直觉反应。即从文字到知识，少了学生作为学习主体的思维加工过程。学生所获得的，是不需教也可以“一看就知，一说就对”的，近乎无条件反射式的结果。学习《燕子》这一课，重复掌握拟人句，重复通过朗读、抄写等方式积累词语，归纳出燕子飞行的特点，等等，都缺乏“面对挑战”的学习意味，没有在未知的、陌生的领域中探索前行的学习过程。

上海师范大学王荣生教授提醒教师：在设计和执教时，一定要注意找准教学点。所谓教学点，即本次教学真正需要教的是什么，对于学生而言可提升的空间在哪里。

教学点在统编教科书教学中，可以与单元目标相匹配，与这一目标在这一课中的落实相契合。教学点的认定与把握，就是实现新课标中所说的“教—学—评”一致性的关键。以本单元为例，教学目标是“边读边想象画面”。根据目标，编者做了两处文字修订。第一处：“这时候，那些小燕子，那么伶俐可爱的小燕子，也由南方飞来，加入这光彩夺目的图画中，为春光平添了许多生趣。”此处明确地点出“图画”，原文为“春天”。第二处在全文最后一句：“多么有趣的一幅图画呀！”此处依然明确点明这是一幅图画。虽然这样两处的叠加，更容易让学生实现目标，但也确实少了几分想象的趣味，压缩了可以驰骋想象的空间。想象原本就不能明说，如今“真相大白”了，如何想象？可无论如何，这至少显露出编者对学生的担忧与警示，提醒教师和学生——注意，跟着目标走。

在教学点和目标匹配的思路指引下，如何指导三年级学生学习《燕子》，有了明晰的方向。老课文新教，在几处细节上，可以有如下设计改良。

第一，关于最经典的“凑成了那样可爱的活泼的小燕子”中的“凑”，就不要再单纯欣赏这个字了。

要围绕目标，从“画面是如何形成的”这一角度去学习。让学生知道这一张“小燕子图”是怎么画的：先画“一身乌黑的羽毛”，再画“轻快有力的翅膀”，最后添加“剪刀似的尾巴”。图画，是一步一步画成的；画的时候，从大到小，从羽毛到翅膀，再到尾巴。学生通过文字，看到“画”，学会作“画”，能够赏“画”。而“凑”字，不能脱离语境单纯欣赏。

第二，让学生体会“春光燕子图”是怎么画成的，就不要迷恋拟人句了。

经典的拟人句在第2自然段，但这一段也应该围绕着目标去教。学生主要的学习内容是作者如何用文字展开画面。先看这一段：

> 二三月的春日里，轻风微微地吹拂着，如毛的细雨由天上洒落着，千条万条的柔柳，红的白的黄的花，青的草，绿的叶，都像赶集似的聚拢来，形成了烂漫无比的春天。这时候，那些小燕子，那么伶俐可爱的小燕子，也由南方飞来，加入这光彩夺目的图画中，为春光平添了许多生趣。

本段用文字铺展了一幅“春景图”的大背景。这里有微风细雨、柔柳青草、各色的花、绿色的叶。让学生检索并知道，这幅春景图中有些什么，作者是如何通过色彩、感觉等描写，给读者带来审美感受，突出画面的丰富美感的。段落中对“燕子”的描写就一句，可以让学生明确，这是画面中的主角出场，是全画的点睛之笔。这样设计，依然是让学生“边读边想象画面”，紧密围绕目标学习。

第三，关于燕子的动态、静态学习，不要再简单提取信息了。

课文第3~5自然段中，燕子的斜飞、横掠、停歇等多种姿态，文中写得明白，学生不需要花费太多时间就可以直接获取信息。青年教师不要随意让学生模仿写麻雀、画眉，甚至是老鹰的飞行与停歇状态。也许你无法想象，这看似简单的模仿，对于三年级学生而言其实难度系数很高。

例如，描写鸟飞行快、飞行轻的词语，确实比较少。三年级学生的积累有限，且在课堂上无法查询，生硬去模仿写句子，无异于闭门造车，写出的句子可能会贻笑大方。与其这样，不如对准目标，让学生感受到在这幅图画中描绘的燕子是多姿多彩的。首先，是有远有近的；其次，是有动有静的，燕子有的在飞行，有的停在电线杆上，成为五线谱上的音符（顺便说一句，统编教科书中删去了人教版教科书中关于“五线谱”的这一句，实在让人遗憾）；最后，还有高低错落的，有的贴着水面，有的在高处飞行，也有的停歇在电线上。春景图中的主角燕子，无处不在，生动精彩。这样设计，依然围绕着目标，依然为实现目标而教。

执教统编教科书，应该尤为注重单元导读页面中的目标，这是亟待解读的关键。围绕目标选取教学点，一以贯之地设计与执行，是特别重要的教学理念，也是落实新课标的关键。相反，看到什么就教什么，这样的旧做法容易引起教学碎片化、零散化的不良效果。

问题如何治？怎么改？关键还在于对目标的解读和对目标的设计执行、把握落实上。

文章至此，不少青年教师会感到疑惑：难道之前说的那些拟人句，那些词语积累，都不用教吗？这不是太不扎实了？当然要教。新课标中提倡的语文核心素养，也力求在语言文字的积累与运用上下功夫。这些基本的语文知识、基础的语文能力的获得，就是我们的教学任务。只不过，教学的方式要改变，可以采用“练习 + 巩固”

的方式进行。这些相对陈旧的，且反复出现的知识，可以通过练习提示学生掌握，帮助学生巩固提高。如果花时间再讲一遍，或者说谨小慎微地借学生之口说一遍，既冲淡了应有的教学内容，又和学习目标相背离，同时让课堂显得凌乱，是得不偿失的。

妙招 18 略读课文的朗读指导，就是让学生“美美地读”吗

听青年教师的课，我发现一个有趣的现象——凡遇到朗读，青年教师都喜欢让学生“美美地读”。特别是在加了“*”的略读课文中，教师认为此类课文就是让学生自学的，朗读就是让学生放松、放胆去读。如何证明读得好呢？不如强调“美美地读”。

实际上，至今没有人能说清楚什么叫“美美地读”，也没有人给出方案，说明怎么读才算读得美美的，大家只是习惯了这样引导学生。管理学中有“SMART 原则”——

（1）绩效指标必须是具体的（specific）。

（2）绩效指标必须是可以衡量的（measurable）。

（3）绩效指标必须是可以达到的（attainable）。

（4）绩效指标要与其他目标具有一定的相关性（relevant）。

（5）绩效指标必须具有明确的截止期限（time-bound）。

将“SMART 原则”应用在教学中，也可以得到五个指标——

有目标：具体陈述学生将能做什么。

可测量：为教师提供核查学生能否按要求去做的标准。

可实现：能够确保课堂上所有学生都将获得某种程度的成功。

相关性：直接与学科相关。

时限性：有明确的课堂时间要求。

用“SMART 原则”来分析“美美地读”，几乎可以判断，这是

虚幻的指导，“美美”的目标描述不清，无法测量，是否实现也就成了悬案。以统编教科书四年级下册第 4 课《三月桃花水》为例。此课是略读课文，在略读提示中就有这么一段话：

> 在课文中，作者把春水叫作“桃花水”。有感情地朗读课文，体会优美的语言，读出作者对桃花水的喜爱和赞美之情。

略读提示给出了明确的提醒：有感情地朗读课文；之后，体会优美的语言。这样的略读提示，让不少青年教师在课堂上停留于让学生齐声朗读，读得美美的；关于朗读，却没有更多的指导，放任自流。这样做的理由似乎很充分——略读课，就是让学生自学啊。仿佛这样的课，一旦教师介入就成了罪过。而从教学现状来看，这样的教学让朗读本身也失去了存在的价值。

要想对朗读中的“美美地读”有更全面的认识，先要明确语文课堂上为什么要朗读课文。以本课为例，四年级属于我国义务教育的第二学段。新课标中提及这一学段要让学生学习默读，要与第三学段以默读为主、一边读一边思考的阅读形式相衔接。这不禁让人怀疑：朗读在第二学段还有存在的意义吗？答案是肯定的——有！

1. 朗读，让学习显得隆重且正式。

例如文中的第 1 自然段，当我们读好这一段时，也隆重地拉开了学习的序幕，正式进入了学习阶段。朗读引起了学生的关注，集中了学习应匹配的注意力。

2. 朗读，让过程有所牵绊与停留。

学生在阅读全文的时候，总会遇到文中难读的字词。“读不懂”的地方，学生喜欢含糊其词地跳过。朗读让学习的节奏被延缓，过程被放大，没法含混过关。每一处读不清楚的细节都被明确地展露出来。朗读犹如一面“差错照妖镜”，让学生在疑难中做好停留，下足功夫。

以《三月桃花水》为例，文中“明洁的丝绸”“绮丽的朝霞”“回旋”“草如茵”“柳如眉”等，都需要读得清清楚楚。朗读正是一种极佳的学习效果检测器。

3. 朗读，发现作者暗藏的写作逻辑。

一旦朗读，让学习降速，有利于学生发现行文中的奥秘。以《三月桃花水》为例，文中的第 4 自然段与第 6 自然段采用排比的句式写作，用朗读去发现，能够确证发现结果，并在朗读过程中感受句式之美。朗读也有助于学生实现本单元的学习目标：抓住关键语句，初步体会课文表达的思想感情。朗读，就是体验思想感情的最佳途径。

例如，读好文中的第 3 自然段“三月的桃花水，是春天的竖琴”，第 5 自然段“三月的桃花水，是春天的明镜”，以及第 7 自然段“啊，地上草如茵，两岸柳如眉，三月桃花水，叫人多沉醉”，三处的描写就能让读者感受到作者对春天的喜爱与赞美。朗读不仅不能放任自流，即便是对加了“*”号的略读课文，也可以进行梳理与重整。教师搭建的教学支架，将产生极大的辅助作用，让学生在朗读中体验文字之美，体会写作之妙，体察文中蕴藏的思想感情。

朗读的意义，还要借助教学设计才能充分发挥。以《三月桃花水》为例，可以做如下梳理与整合，让朗读的价值得到彰显。

1. 朗读“最美问句”。

第 1 自然段：“是什么声音，像一串小铃铛，轻轻地走过村边？是什么光芒，像一匹明洁的丝绸，映照着蓝天？”对于连续两处提问，在朗读时可以指导学生读出疑问的语气，更要让学生去发现问句关注了春天的哪些美景。读后可以总结出：两个问句，第一句指向春天美妙的声音，第二句指向春天的色彩与形象。用疑问的形式，引发读者对春天声、色、形的高度兴趣。

2. 朗读“最美感叹句”。

第2自然段中“啊，河流醒来了！”明确加了个感叹号，可以让学生集中读好感叹句。第7自然段直接用“啊”开头，虽然没有使用感叹号，但情感足够充沛，也可以让学生读出感叹的浓烈与激昂。感叹句犹如诗歌，诗歌适合朗读，朗读让理解变得顺畅自然。因此，读好感叹句，很容易刺激学生的情感共鸣，发现作者在文字中抒发的情感。

3. 朗读“最美排比句”。

第4与第6自然段，都用了排比的手法来写。

> 那忽大忽小的水声，应和着拖拉机的鸣响；那纤细的低语，是在和刚刚从雪被里伸出头来的麦苗谈心；那碰着岸边石块的叮当声，像是大路上车轮滚过的铃声……
>
> 它看见燕子飞过天空，翅膀上裹着白云；它看见垂柳披上了长发，如雾如烟；它看见一群姑娘来到河边，水底立刻浮起一朵朵红莲，她们捧起了水，像抖落一片片花瓣……

通过朗读，学生能读出排比句式的美感。教师还可以使用男女生对读、师生配合切换读等方式，以方法为支架，加深学生的理解，发现作者的写作思路。例如第4自然段，朗读三个分句，做好暂停，能明确暗藏其间的写作逻辑：先写春天到了，农事繁忙，“拖拉机的鸣响”给了重要提示；再写春天到了，万物充满生机，从“伸出头来的麦苗”就可见一斑；最后写春天中的人们在奋斗，“大路上车轮滚过的铃声”不绝于耳地给予提醒。三个层次，三个方面，整体从声音的角度，体现春天的气象万千。

朗读延缓了学习的节奏，朗读之后，给思考留下了空间。类似的特殊且关键的语句，可以指导学生反复朗读，不仅要在排比句式上加深学习，而且要指向文字中隐藏的深意。之前提及的第 6 自然段，学生也可以通过朗读感受到春天的三个特点：春和景明、生机勃勃、祥和安泰。三个特点就在排比的三个分句中。同样，朗读让学习充分展开，让学生有更丰富的体验。

其实，以上梳理与统整的句子，在本课中，都可以看作文中的关键句，按照单元学习目标的提示，都要“抓住”。关键句在文中零散分布，但无时无刻不透露出文章的写作主旨。本课就显得格外明显，关键句直接指向春天景色的独特，描绘春天丰富的色彩、曼妙的声音。而一切的描写，还能与第 1 自然段的提问相呼应。朗读，让这样的回应与环绕突出；朗读，让学生陶醉其间，让情感的体验变得更加充分。

略读课文，并不意味着交给学生自己折腾。朗读指导，也不是一句“美美地读”能够取代的。教学中搭建支架，让学习真正发生，语文课堂的设计才能让学习成为真正的可能。

妙招 19　没读过《红楼梦》，就不能教好《红楼春趣》吗

读过《红楼梦》，有助于教好《红楼春趣》。读整本书，教节选片段，更能教到位，更能教出滋味。

但实际情况是不少教师没有读过《红楼梦》，至少可以说没有完整读过《红楼梦》。然而，执教《红楼春趣》对于五年级语文教师而言，是绕不过去的课题，是必须完成的教学任务，难道就无计可施吗？

当然有方法。把《红楼春趣》当作单元学习中的一节课，以此作为课文来教，致力于实现教学目标，教师最紧要的不是惆怅于是否读过《红楼梦》，而是努力通过备课与设计，完成教学任务，实现轻松教学。基于这一思考角度，教师可以建设的观点有两个。

1. 明确本次的教学目标。

2. 准确选择此课应有的教学点。

统编教科书五年级下册第二单元的学习目标为“初步学习阅读古典名著的方法”。《红楼春趣》是单元最后一篇，且是略读课文，从所属位置上看，其具备的教学价值应该是形成方法、梳理方法、使用方法。这是单元学习中验证之前所学的重要契机。

从理解目标的角度出发，教学点的选择也就非常明确，教学步骤的安排也就随之设定完成。

一、预判困难

《红楼春趣》是略读课文，在略读提示中写道：

> 《红楼梦》中的许多故事，在我国广为流传。这篇课文讲述的是宝玉、黛玉等在大观园里放风筝的故事。读读课文，能大致读懂就可以。读后和同学交流：宝玉给你留下了什么样的印象？

教科书编者提及“大致读懂”，可见这篇课文有些难懂。根据略读提示，可以设定教学的起始步骤是预测到底会遇到什么困难，也就是从“发现问题”开始，毕竟读这样的古典名著，学生肯定会遇到困难。

师生交流，发现的困难大致如下：对文言文生疏，部分句子意思不理解；人物出场众多，人物关系搞不清楚；《红楼梦》背景知识陌生，读不明白；课文是节选，“前不着村后不着店”，不知道在讲什么；部分字音读不准，影响阅读……梳理出这些问题后，继续判断哪些问题可在学习中主动应对，哪些问题留到课后继续解决。

例如对文言文字词生疏，可以结合注释，或是多读几遍，大致能够读懂；不识字音，可以根据课文注音、查阅辞书自行解决；背景知识庞杂、节选与上下文的关联等问题，需要课外查阅资料、自由阅读予以解决。

针对人物多、关系复杂的问题，当堂阅读就能解决。这一问题中涉及人物。略读提示中也提及“宝玉、黛玉”，可见，宝玉、黛玉就是文中的男、女主角，是主要人物。况且，本文学习最为核心的是要形成对宝玉的印象。因此，关于人物梳理和理解的问题，必须得到优先解决。

二、解决问题

基于之前的分析，可确定本课的教学点。做好教学设计，合理安排教学步骤，就能够实现教学目标，完成学习任务，而且并不需要教师本人阅读过《红楼梦》全书。

步骤 1：自由阅读全文，检索出场的人物。

对于五年级学生而言，检索能力是已经具备的阅读能力之一。通过查找、标注，学生能够发现本文中说话的共有 7 人，人物话中带出的共有 5 人，总计也就 12 人。

步骤 2：大致梳理人物关系，凸显主要人物。

文中出现的 12 人，可以大致分为“主”与“仆”两类。其中，宝玉、黛玉、宝钗、探春等可以归为“主”，紫鹃、翠墨等丫鬟可以归为“仆”。如此简单分类，更有利于集中关注主要人物中的宝玉。

关于主要人物，依然从言语、行为等方面，通过表现出来的部分来判断其内核，留下印象——他是什么样的人。《红楼春趣》中，人物对话多、行动少，以宝玉为例，在这篇选文中出现的言语、行为描写共 6 处：

> 宝玉笑道：“我认得这风筝，这是大老爷那院里嫣红姑娘放的。拿下来给他送过去罢。”
>
> 宝玉又兴头起来，也打发个小丫头子家去，说：“把昨日赖大娘送的那个大鱼取来。”
>
> 宝玉道：“我还没放一遭儿呢！”
>
> 宝玉道：“再把大螃蟹拿来罢。”
>
> 宝玉细看了一回，只见这美人做的十分精致，心中欢喜，便叫：“放起来！”
>
> 宝玉说丫头们不会放，自己放了半天，只起房高，就落

下来，急的头上的汗都出来了。众人都笑他，他便恨的摔在地下，指着风筝说道："要不是个美人儿，我一顿脚踩个稀烂！"

这 6 处文字以语言描写为主，顺带进行行为描写。收集并梳理语句，进行上下关联式阅读，学生就可以发现宝玉的特点：有孩童般的天真直率，有人性中最可贵的善良，同时还有一些急脾气。这样一来，学生就形成了对宝玉的初步印象。

学生在阅读时，除了直接理解，还可以通过周围人的反应进行比对理解。例如文中写宝玉要送还大蝴蝶风筝时，有如下对话：

紫鹃笑道："难道天下没有一样的风筝，单他有这个不成？二爷也太死心眼儿了！我不管，我且拿起来。"探春笑道："紫鹃也太小器，你们一般有的，这会子拾人走了的，也不嫌个忌讳？"

通过对比，可以明显发现宝玉的纯粹与善良。同时，理解宝玉，探究人物性格，还可以通过联系自我的方法进行。例如在读宝玉发脾气的片段时，可以一边读一边琢磨、体会，想想自己发脾气的程度，再看看宝玉的，会不由得感叹——公子哥儿脾气真大。

聚焦语言、对比联系，是阅读古典名著的方法。使用方法能够帮助学生读懂名著并解决之前预设的问题。

三、追加理解

看起来，略读提示中所提出的学习任务已经全部完成了，之前预判的问题也得到了解决。实际上，教师还可以提醒学生，不要忽略了另一个主角——黛玉。

文中关于黛玉的描写，共有 3 处：

黛玉笑道："可是呢。把咱们的拿出来，咱们也放放晦气。"

黛玉笑道："那是顶线不好。拿去叫人换好了，就好放了。再取一个来放罢。"

黛玉因让众人来放。

结合上下文，可以发现黛玉虽然"戏份"不多，但都体现出女主角应有的重要性。例如第一次说话，足见整个放风筝的活动，黛玉就是组织者。第二次说话，可见其心思缜密，冷静对待周围环境，清晰做出判断。同时，"众人都说：'林姑娘的病根儿都放了去了，咱们大家都放了罢'"一句也可以表明，大家都很关心黛玉，整个放风筝的活动，都与之有关。

教师可以向学生讲述《红楼梦》中关于黛玉和宝玉的故事，引起学生思考，让他们进行深度理解。增补《红楼梦》第一回中的内容，可以帮助理解，并引发学生阅读原著的兴趣。

只因西方灵河岸上三生石畔，有绛珠草一株，时有赤瑕宫神瑛侍者，日以甘露灌溉，这绛珠草始得久延岁月。后来既受天地精华，复得雨露滋养，遂得脱却草胎木质，得换人形，仅修成个女体，终日游于离恨天外，饥则食蜜青果为膳，渴则饮灌愁海水为汤。只因尚未酬报灌溉之德，故其五内便郁结着一段缠绵不尽之意。恰近日这神瑛侍者凡心偶炽，乘此昌明太平朝世，意欲下凡造历幻缘，已在警幻仙子案前挂了号。警幻亦曾问及，灌溉之情未偿，趁此倒可了结的。那绛珠仙子道："他是甘露之惠，我并无此水可还。他既下世为人，我也去下世为人，但把我一生所有的眼泪还他，也偿还得过他了。"

教师可以趁热打铁，进行梳理总结：阅读古典名著，可以由表及里，不断追溯，产生更为丰富的理解成果。

教师也可以通过文本解读，提出其他需要关注的部分。例如，本文讲的是在大观园里放风筝的故事。关于放风筝，明清时代和今日可以比对关联：放风筝的含义、风筝的制作艺术、放风筝的方法等。学生通过阅读，提取信息，比对获得结果。教师再提示《红楼梦》原著中还有更为丰富的民俗描述与当时的生活细节记录，这些都有助于引发学生课外阅读的兴趣。

教学《红楼春趣》，实现学习目标，引发学生关注《红楼梦》，展开整本书阅读。这样的教学，教师完全可以执行，未必都要读过《红楼梦》，学生也不是一下课就要去读《红楼梦》。毕竟读《红楼梦》不是五年级学生必须完成的任务。

教学的流程设计清晰，教学的难度系数控制到位，教学点选择明确，教好《红楼春趣》不难。即便如此，本文必须强调：作为中国人，阅读《红楼梦》是这一生必须做的事。

古典名著是必修课，这就是素养，这里储存着我们民族文化的基因。

妙招 20 每篇课文都是绝佳的写作示范

统编教科书安排了多种形式的写作练习，例如小练笔、课后题中的拓展练笔、选做题等。设计编排这些题目的意图，就是提醒教师在阅读教学中，要注重读写结合，增加学生练笔的频率，以此提升写作效果。

一学期 8 次单元作文，杯水车薪，请用百字作文练习进行弥补吧。

六年级上册《月光曲》课后，就有一道选做题：听一听自己喜爱的音乐，展开联想和想象，把想到的情景写下来。之所以会有这样的设计，主要是因为本课的第 9 自然段描写了贝多芬弹奏时，皮鞋匠以及妹妹的想象。配合着乐曲，文字描述了海面上升起月亮的情景，这一段的描写，让文学与音乐这两种艺术形式得到完美的结合。课文就是绝佳的写作例文，对此进行模仿，尤其合适。一起回顾、欣赏第 9 自然段：

> 皮鞋匠静静地听着。他好像面对着大海，月亮正从水天相接的地方升起来。微波粼粼的海面上，霎时间洒满了银光。月亮越升越高，穿过一缕一缕轻纱似的微云。忽然，海面上刮起了大风，卷起了巨浪。被月光照得雪亮的浪花，一个连一个朝着岸边涌过来……皮鞋匠看看妹妹，月光正照在她那恬静的脸上，照着她睁得大大的眼睛。她仿佛也看到了，看到了她从来没有看到过的景象——月光照耀下的波涛汹涌的大海。

在实际教学中，除了进行这样的拓展，我们还可以设计更适合的写法：为一个艺术作品的诞生撰写一则故事。

其实，这篇《月光曲》就是为艺术作品诞生而撰写的故事，查找资料可发现，真实的《月光曲》，并非贝多芬的激情创作，而是其经历苦难后的爆发。

1801 年，贝多芬受耳疾困扰，追求有年龄与社会地位差距的贵族少女朱丽叶塔失败。贝多芬将内心的愁苦和悲愤倾泻在炽热的钢琴曲中，写下了《升 C 小调第十四号钢琴奏鸣曲》。这首曲子有三个乐章：

第一乐章，持续的慢板，徐缓的旋律中流露出忧伤。

第二乐章，小快板轻快的节奏、短小精悍的旋律展示了作者起伏的心情。

第三乐章，激动的急板，疾风骤雨般的旋律中包含着各种复杂的钢琴技巧，表达出一种愤懑的情绪和高昂的斗志。

整部作品融入了贝多芬对耳疾的忧郁思绪，也表达了对爱情的向往与憧憬。德国诗人路德维希・莱尔斯塔勃听了这首曲子之后说：“听了这首作品的第一乐章，我想起了瑞士的琉森湖，以及湖面上水波荡漾的皎洁月光。”其后，这一说法流传开来，这首曲子就有了《月光曲》的俗名。与此同时，关于“月光下即兴演奏”的传说，也有意无意地传播开来。

故事让文学与音乐两种艺术相辅相成，产生了极大的传播与推广作用。

执教课文《月光曲》，我们可以将其作为艺术作品的诞生故事来研读。从故事编撰角度看，《月光曲》这一故事至少在三个方面值得借鉴：

其一，故事中的“人”。

此故事中写到三个人：盲姑娘、皮鞋匠、贝多芬。三人有着共同的特点：善良，对音乐持有无限的热爱。正是这身份悬殊，而又对同一事物有着共同追求的人物设计，让故事中安排的各种情节扣人心弦，让编撰的故事更有真实感。

其二，故事中的“场景”。

此故事中的场景是精心布置的。例如，故事发生在容易产生灵感的莱茵河边；那个不知名的小镇，也许如同香榭丽舍大道旁的咖啡屋一样，充满着艺术气息与所有的可能……故事发生在晚间幽静的小路上，这让故事中的优雅气息变得浓郁。最后，贝多芬正要弹奏时，“一阵风把蜡烛吹灭了，月光照进窗子，茅屋里的一切好像披上了银纱，显得格外清幽”，这样的氛围营造，如此考究的细节，无不为故事中发生的奇迹做着铺垫。

其三，故事中的“情节”。

此故事中的情节，充满了全人类阅读故事时的共同喜好——惊喜。惊喜元素几乎设置在故事的每一个桥段中。故事情节大致可以分为三个：贝多芬听曲，贝多芬弹曲，贝多芬创作《月光曲》。听曲时，是因为“意外闯入”，有惊喜；弹奏时，是即兴激情创作，让人惊叹；之后的创作，更是灵感爆发。故事中无处不充满惊奇，灵感、顿悟、天才等元素充分展现在故事中，让故事具有超强的传播力与可读性。

所有人看到这一故事的同时，明知有蹊跷，也宁愿相信。

这个由出版商邀请人杜撰的故事，是漏洞百出的。

例如，出身于贫穷人家的盲姑娘，如何听得起音乐会，买得起钢琴，还能学习弹奏？再比如，贝多芬弹奏时，皮鞋匠以及他的妹妹是怎么精准地进行想象的？这首曲子所表现的景象，真的是这样的吗？

俄国艺术批评家斯塔索夫认为这首奏鸣曲是一出完整的悲剧，第一乐章是冥想的柔情和有时充满阴暗预感的精神状态。他还做了具体的听感描述：从远处、远处，从望不见的灵魂深处，忽然升起静穆的声音。有一些声音是忧郁的，充满了无限的愁思；另一些是充满沉思的，有纷至沓来的回忆、阴暗的预兆……在他的批评中，他所听到的《月光曲》是一个完整的悲剧，充满着阴暗的情感和忧郁的沉思。

可即便如此，我们还是愿意相信课本中的这个故事，因为它充满着真善美，充满着对高雅艺术的追求，最关键的是，故事本身充满着让人喜爱的惊喜元素。

这再次证明：优质的课文，正是学习写作的极佳示范；优质的课文，不断提升着学生的审美水平，颠覆着学生对写作的认识。以此文为例，编写者在虚构故事时绝非想到什么就写什么。相反，一切虚构要在每一个细节上下足功夫；写成文字时，要在每一句上做好描绘与刻画，要在情境创设与情节设计上做好精心布局。

大处着眼，小处落笔，构思一个故事如同完成一件艺术品。

因此，教完此文后，让学生选做的练笔可以是为自己所熟悉的一个艺术品杜撰一个关于“诞生”的故事。如何编写故事？参考《月光曲》即可，在阅读学习中得法，在写作中运用。

实际上，这样的故事很多。

例如同一单元中的《伯牙鼓琴》。此文在《列子》中最先出现时，并没有“伯牙摔琴谢知音”的情节。这一情节可能是在故事后期入选《吕氏春秋》等其他集子时，被创编出来的。再比如，同样入选教科书的《纪昌学射》，其中提及纪昌为了学习射箭，躺在织布机下，视动如静；锥尖要刺到眼角了，他也不眨眼；他将虱子吊起来盯着，视小如大……这些情节，可能是创编的，但很精彩，很励志。再比如，“孔子向师襄学琴”的故事，更有层次感。孔子学琴，先得其法，掌握弹奏方法、技巧；再得其数，掌握琴曲内在规律；再得其志，产生对音乐的兴趣、热爱、志向；最后得其人，与乐曲中所描绘的人产生共鸣，获得共生融合。这不正是艺术作品诞生的历程吗？这样的故事，不都是最佳的范本吗？

故事，有离奇的成分，但只要能编写得受人喜爱，能既符合故事的形式，又创造出应有的美感，符合人们阅读的需求，就能给阅读故事的人带来精神感召，也就符合群众传播的意愿，就能流传下来。

因此，以课文为范文，让学生学习写艺术作品诞生的故事，这样的设计，让写作本身也具有了艺术创作的价值。这是值得教师研究与尝试的教学路径。

妙招 21　哪怕是一块石头，有了德性，也会留下动人的故事

统编教科书五年级上册第三单元是民间故事专题单元。这一单元的学习，对于落实核心素养，树立文化自信，具有不可替代的价值。本文以单元中选取的少数民族民间故事《猎人海力布》教学为例，强调青年教师在备课、解读、执教时，应遵循民间故事创作的基本原理，带领学生感受民间故事特有的魅力。

一、理解民间故事的特点

民间故事最开始没有文字记载，由老百姓口耳相传，经过千百年流传，最终被文字定格。民间故事为什么能流传？大家为什么会主动传播？这里必须了解民间故事的底层逻辑——故事中携带着真、善、美。

试想一下，一个故事只有让生活变得更美好，让正义得到更好的伸张，人们才会传播。这就是最简单、最朴素的道理，是民间故事存在的根基。故事承载了老百姓对现实的期待，对未来生活的憧憬，对美好蓝图的向往。因此，民间故事都具有两个特征：

其一，与我们的生活贴近，让人觉得亲切，听起来就像讲述老百姓自己的故事。

其二，表达了内心的愿望，让人觉得美好，对生活充满信心、备感珍惜。

民间故事中，最不可或缺的三个元素就是真、善、美。学习民间故事，就是要对故事中的养分予以吸收和体验，之后再将其向身边的人继续传递。

二、探索民间故事的原型

《猎人海力布》这篇故事一开篇就有英雄侠义之气，讲述了海力布救了龙王之女小白蛇，符合民间故事携带正能量的基本特点；之后海力布救了乡亲，英雄的壮举更加感人，正能量得到升级；最后海力布成了石头，英雄的形象也得到了永恒的定格。

整个故事始终向读者传递着正能量，在悲壮的情节中让读者感受着真、善、美。

课文最后一段说："人们世世代代纪念海力布。据说现在还能找到那块叫'海力布'的石头呢。"可以想象，在少数民族地区，叫"海力布"的石头会成为百姓朝拜的圣石，因为这块石头被赋予了故事，自带光环。

不妨做一个有趣的推想——天地间，先有一块石头，七分是石头，三分像人。部落里的孩子们很好奇，问长者："为什么会有这块石头？石头为什么像人？他是谁？"此时，部落的长者就和孩子们讲述了"石头的故事"，创造出《猎人海力布》这一故事。故事诞生之后，这块石头就有了生命，因为故事中的海力布有德性（自然至诚之性），石头也就有了灵性。

由此，民间故事中隐藏的生活哲理，就被读者捕捉：有了德性，哪怕是一块石头，也能变成人。有了德性，人能够得到永生，成为永恒。

反过来讲：人倘若少了德性，还不如一块石头。

《猎人海力布》这一故事在少数民族地区流传，有着特别的地域性，带有少数民族游牧生活的特点。少数民族的生活和自然相关，在生活物资不充足时，需要不停迁徙。《猎人海力布》中写到的情节，与少数民族的生活是非常相似的：

> 大家看见海力布变成了石头，都非常后悔，非常悲痛。他们含着眼泪，念着海力布的名字，扶着老人，领着孩子，赶着牛羊，往很远的地方走去。

在迁徙过程中，人们需要做到三看：一看天象，二看地貌，三看物理。

这与故事中从鸟兽迁徙中察觉异样，之后因山洪暴发、村庄淹没而进行部落迁徙，是极为吻合的。可见，《猎人海力布》的故事反映的就是少数民族大迁徙。在迁徙中，有一个领袖就叫海力布，他德性高，是大家信任的首领。如今，人们依然强调还能找到那块叫“海力布”的石头，其实就是在时刻提醒着大家：不要忘记让自己成为什么样的人。老百姓在故事中传播了真、善、美，在石头中寄托了对真、善、美的永恒追求。

三、设计故事的教学板块

学，要依体而学。民间故事是特殊的文体，既有故事性，又有口耳相传的趣味性，为学习带来便利。教，要顺学而教，学生怎么学更有效，教学就要为这种学法而设计。

先看故事中的“英雄成长三部曲”。

海力布在大家眼中，是一个舍己为人、拯救全部落的英雄。但英雄也不是一下子就成为英雄的，故事的情节就是和读者分享英雄成长的历史。海力布的成长，经历了三个阶段。

第一阶段：成长为英雄。海力布原先是猎人，救了龙王之女小白蛇后，拥有了一块能听懂动物语言的宝石。因为一次侠义之举，一个英雄在成长，一块宝石来加持。

第二阶段：成为英雄。海力布到底是不是英雄，主要看他做了什么。果然，英雄的所作所为，都是发自内心的，是为大众谋福利的。海力布要救乡亲，这个过程中，他显得极为正常：听到鸟的对话，先是劝告乡亲，说明英雄并非不怕死，也不想轻易死去；劝而不得，才做出了生死抉择。做出抉择的同时，海力布真正成了英雄。

第三阶段：英雄的成仁。英雄并非想象中的那样，只享受荣光，只接受朝拜，真英雄是舍身成仁的。海力布在拯救乡亲的同时，舍去生命，成为石头。英雄成仁，故事在到达高潮的同时落幕，没有人会忘记海力布。部落的生命延续，是海力布以生命代价换回的。海力布的生命在部落的生息繁衍中延续，在那块叫“海力布”的石头中长存。

这就是故事中的“英雄成长三部曲”，也是故事的大致情节结构，教师解读后，可用以设计教学。

第一步：读懂故事。

根据民间故事好看、感人等特点，可以安排学生自由阅读故事，之后交流的话题就设定为“这个故事好看吗？”，教师只需要做一件事：鼓励学生发现“看点”。

学生在发言中，阐述自己的发现：“我觉得故事这里好看……”学生发现的“看点”各式各样，就是个性化阅读的结果。教师只做两件事：其一，鼓励；其二，排序。

发现“看点”，就是给复述故事提供了拓展点；将“看点”排序，就是为有序复述做准备。要时刻牢记：本单元的学习目标是

“创造性地复述故事”。

第二步：创造性复述。

新课标在各个学段的“表达与交流”要求中，对“复述”的能力升级要求，有着明确的指导意见。从第一学段的“具体复述”，到第二学段的“简要复述”，再到第三学段的“创造性复述”，复述这一能力在升级。

本次学习的是小学阶段最高级的复述——创造性复述。创造性复述，就是允许学生在原故事的基础上，自己创编，加入情节、细节，将自己的想象融入故事，让故事更有个性。

民间故事最适合创造性复述。牛郎织女的故事，至今有近300个版本。创造性复述，让民间故事越来越有生命力，在创造中不断更新迭代。

《猎人海力布》的创造性复述，可以结合“英雄成长三部曲”的结构，在细读故事、排列顺序的基础上，创造性发挥，编撰“三块石头”——就是分三个板块进行创造性复述，以“石头”为线索，让故事有脉络、有意思。

第一块石头：龙王宝石。海力布救了小白蛇，获得了龙王的宝石，能够听懂动物说话，得到了特殊的能力。这里要想有创造性，可以在宝石获得的过程中，创编海力布和龙王、龙女的对话，描述宝石的威力与使用注意事项。

第二块石头：飞沙走石。海力布从鸟儿口中得知大山即将崩塌，村子即将被毁，劝告大家尽快搬家。创编这个部分的故事，可以结合生活经验和阅读积累，描述灾难来临时飞沙走石的场面，例如山洪暴发、泥石流汹涌……学生用生活经验来说故事，加入自己的想象，让故事更生动、更紧张。

第三块石头：英雄化石。海力布化为巨石，这个情节可以依靠想象进行拓展。这块石头是海力布变成的，学生把这块石头说好了，也就成功了一半。石头中有情感，石头中有故事，石头中有文化。

复述时加入想象，拓展表达，按照生活经验填充细节，可以让故事更生动，更容易被听者传下去。

第三步：传承真、善、美。

学生完成复述故事后，通过人与人的口耳相传，每个学生都成为民间故事的传承人。传播民间故事的时候，也在传播真、善、美，传播“德性让石头也能成为人”的精神主旨，传播民族文化。

三步下来你会发现，课文学习和本单元的目标都已经实现。统编教科书民间故事专题单元，对于落实核心素养、树立文化自信，具有不可替代的价值，需要好好教。

妙招 22　难懂的课文，切换三个视角实现轻松解读

青年教师在备课时，总会被一些暂时“读不懂”的课文所困扰。暂且称之为“难懂的课文”吧。难懂的课文，学生能懂吗？带着疑惑去教，很可能教师教不透，学生更学不到位。

例如统编教科书四年级下册第一单元中的《天窗》，文中两次写到“慰藉”：

> 这时候，小小的天窗是你唯一的慰藉。
>
> 这时候，小小的天窗又是你唯一的慰藉！

近乎同样的语言，表达相同的意思，这样的写法很少见。再比如全文的最后一段，更让人疑惑：

> 发明这天窗的大人们，是应得感谢的。因为活泼会想的孩子们知道怎样从“无”中看出“有”，从“虚”中看出“实”，比任何他们看到的都更真切，更阔达，更复杂，更确实！

作者茅盾先生强调的是无中生有、虚中带实的观点，而这样矛盾统一的哲学观，让四年级学生理解起来备感为难。

小学统编教科书中，这样难懂的课文还有不少。这类课文公认“难教”，是教师自我阅读、理解、执教时的心态、感受的投射。在实施教学前，教师就已经产生了错觉。

错觉 1：直觉套嵌。教师在解读中的确遇到了困难，就很自然地以为学生也会遇到，即“我都不会，学生肯定不会”。嵌套的结果是推断学生不爱学。

错觉 2：转嫁担忧。教师理解时备感艰涩，担忧学生理解不到位，即“读也读不懂，更不会爱读”。转嫁的结果是更加担忧学生学不会。

错觉 3：对比认定。教师将自己的解读感受、做法和想象中学生的学习感受、行为进行对比，以为学生同样不会主动学习。对比的结果是认定学生不会主动学习。

在这样的心态下，教学效果必定大打折扣。常见的难懂的课文犹如被诅咒了，出现教师没有讲透、学生没有学透的问题，时间久了，就成了大家公认难教的课文。实际上，只需切换解读学习时的视角，就可以破除这样的魔咒，实现化难为易、轻松解读。教师可以在以下三个视角上来回切换。

第一视角：自然读者

学习文章，学生就是读者。以读者视角介入，借助阅读时的第一反应，能读懂大部分。这样的视角之所以有效，关键在于学生要学习的是“教科书”。

教科书的另一个名称是“学本”，指学生自己能够学会的样本。从这一概念看，学生作为读者，必定能借助自己的学习力，完成对大部分内容的理解。也就是说，只要是编入教科书的文章，都能够符合学生的认知水平，是处在本学段学生应有的提升区间内的，学生可以借助自学完成对文章的大致理解。

以《天窗》为例，学生可以自学到“天窗是什么？”，从“乡下人在屋顶开一个小方洞，装一块玻璃”一句中读懂“天窗”；同时，可以在段落中读懂“在天窗中看到了什么？想到了什么？”，例如，第 5 自然段记载了透过天窗的所见、所想：

> 从那小小的玻璃，你会看见雨脚在那里卜落卜落跳，你会看见带子似的闪电一瞥；你想象到这雨，这风，这雷，这电，怎样猛厉地扫荡了这世界，你想象它们的威力比你在露天真实感到的要大十倍百倍。小小的天窗会使你的想象锐利起来！

其实，学生比教师更具优势的是能有更纯真、烂漫的发现。他们眼中的天窗，就如同一幅加了框的图画。画中有星空、云朵、雨水、闪电……这些日常看到的景物加了边框后，不就是一幅风景画吗？而且，独自在小阁楼里欣赏，去除了所有的干扰，在极大的安全感之下，狭小的边框当然无法阻碍想象。所以，学生也能感同身受，发现天窗里的图景，展开丰富的想象。

有了自然、真实的读者视角，教师可以放心、充分地相信学生的解读力。很多时候，是我们低估了学生。

第二视角：还原儿童

让学生以更加纯粹的儿童视角去关注文本，让针对教科书的解读更具儿童品味，还原，在这一视角的解读中成为关键。

还原，就是强调以儿童的认识、儿童的关注点、儿童的理解力，来面对教科书中难懂的部分。因为以儿童的天真无邪还有独特的生活体会，这样的理解视野很容易去除假象、直抵要义。所以，常听精彩的儿童发言，成年人会感受到“柳暗花明又一村”式的豁然开朗。

例如文中的两处“慰藉”，从成人的角度，很难理解为什么天窗是孩子的慰藉；还原到儿童视角，就得从儿童的认识切入，以问题支架辅助理解。

问题 1：慰藉是什么意思？

慰藉是一种安抚，是一种心灵的宽慰。可见，小孩的心灵在这个时候，是要得到抚慰的。

问题 2：小孩的心，为什么不舒服？

回读原文发现，这是因为大人的“压迫”。例如，孩子想要出去淋淋雨，看看闪电，大人偏就不许，把孩子关在小屋子里；孩子想要看看月光，吹吹晚风，大人偏又不肯，逼着孩子上床去休息。此时此刻的小孩，是被大人“压迫”的；此时此刻的大人，是一种高高在上的姿态。小孩内心备受煎熬，是委屈的失败者。

问题 3：天窗如何带来慰藉？

小孩透过天窗，看到了想要看的，想到了不曾想到的，内心得到极大的满足。从小孩的角度来说，他感到自己战胜了大人。这种获胜时的满足感，让心态产生了变化，慰藉也由此产生。

在解读时，教师若能有儿童立场，还原儿童本初的视角，以儿童的眼光去观看，以儿童的心灵去体会，就能产生与儿童相似的感受，很多难懂的课文就自然化难为易了。同时，儿童视角的还原，也让解读的结果更纯粹，更自然，更容易被儿童接受。

第三视角：成年立场

成年后的思考更深刻，解读更悠远。成年视角能让学习更面向未来，得到持续拓展。

以《天窗》为例，课文中是否真正存在读不懂的地方呢？确实有。例如文章的最后一段，读不懂有三个原因：第一，教师功力不足，原本就讲不清楚。没有《道德经》《易经》的底子，是不能用儿童听得懂的语言讲清楚“无中生有”“虚中带实”这样的哲学观的。第二，学生的人生经历无法支撑。四年级的学生，生活经历不丰富，理解欠火候，这样的观点自然学不到位。第三，评价无法提供参考。学生到底学得怎么样？即使课堂教学中的评价系统介入，也难以产生预期的结果，因为教师与学生在这一问题上的认知不匹配，评价也就变得混沌模糊。

此时如果采用“硬教”的方式，如“直接做笔记，记录解读结果”等，会导致教学氛围低迷。与其这样，不如就以成年人的视角，和学生做面向未来的学习展望。

教师可以分享作为成年人的阅读感受，设计清晰的教学流程。

流程 1：分享体会。本段是作者茅盾先生作为成年人的特殊体会。茅盾先生在文章的最后一段，写下自己成年后对天窗的理解。例如“发明这天窗的大人们，是应得感谢的”，又如“比任何他们看到的都更真切，更阔达，更复杂，更确实！”，学生能读懂这些体会的字面意思即可。

流程 2：预告未来。本段中，作者还预告了未来成长的历程。例如，文中出现的“无中生有”“虚中带实”等，都是成长中能够体会到、能遇到的，这段话类似作者给学生的面对未来的预告。今天的学习，就是让学生事先收到预告。

流程 3：激发欲望。这段文字中确实藏着生命中的未解之谜。例如，什么是“无中生有”？什么是“虚中带实”？复杂、真切、阔达的生命体验，应该是什么样的呢？教师可以让学生瞄准这些关键词，在未来的学习、生活中去体验、去探索，让自己的生命更有价值。

当我们遇到读不懂的课文时，不要试图丢给学生一些简单的结论，也不要把自己的畏难情绪带入备课与执教的全过程，可以尝试改变视角，让解读变得轻松，增加自己的信心后，教学也能更游刃有余，还能让学生的学习更加深入。

妙招 23　散文太“散”，如何实现目标

新课标在第三学段“阅读与鉴赏”部分提出：在阅读中了解文章的表达顺序，体会作者的思想感情，初步领悟文章的基本表达方法。落实新课标，教科书编者在第三学段的语文课本中，选择了不少名家名篇。这些优秀的文本，来自名家的散文集、小说集，选入时，编者不做过多的改动，文章保留了作家原有的风格，也因此显得特别。

例如统编教科书五年级下册的第 2 课《祖父的园子》，选自萧红的《呼兰河传》。文章从小说的母体脱离后单独成篇，有相对典型的散文特征。全文总共有 19 个自然段，充分体现了作者童年时期的自由、快乐、天真烂漫，以及对童年生活无限的怀念与回忆。此文结构相对松散，如何实现本单元的学习目标“体会课文表达的思想感情”呢？青年教师执教此课，基本采用“问答牵引”的形式，即先随机提问获得些许线索，然后总结表现思想感情的若干关键词，最后让学生用朗读来巩固，大功告成。

王荣生教授在《求索与创生：语文教育理论实践的汇流》一书中指出：内容“独创”、形式“独创”，这正是散文的特点……但内容“独创”、形式“独创”的好散文，具有“不可教性”。[①] 南帆在《文学的维度》中也指出：好散文是“文体不拘一格”的。根据南帆的研究，“散文含有反文类倾向”“散文的首要特征就是无特征”。[②]

① 王荣生. 求索与创生：语文教育理论实践的汇流 [M]. 济南：山东教育出版社，2013.
② 南帆. 文学的维度 [M]. 上海：上海三联书店，1998.

不少作家宣称“一讲规范，散文就死”，也就是散文切不可走向“程式化”。这样，散文的不拘一格与“训练”的“必拘一格”，就会形成对立。偏向于在形式方面进行规范或技巧的训练，很难与真情实感的自然抒发融合在一起。王荣生老师总结说，散文既不能够“教”，也不可以“教”。

关于散文教法的讨论似乎已经尘埃落定，然而散文依然需要教师来教,《祖父的园子》是单元中的精读课文，教科书也设定了学习目标，教师应该尝试采用方法，让学生实现目标。从更高层面上来看，应该让学生获得学习此类文章的基本路径。

德国学者弗兰克·费舍尔等人主编的《国际学习科学手册》中，提出让不同的教与学的方法服务于不同的目的。同时，采用认知建模（cognitive modeling）、辅导（coaching）和支架（scaffolding），能够促进特定任务的学习。其中的认知建模描述了专家内部思维和问题解决方式的外化，因此学习者可以“观察”到看不见的认知过程。以此观点对应散文一类的文本教学，可以带给我们启发——散文虽然零散，我们也要让学生看到内部规律。

辅导和支架是学习科学的核心，也是我们相对熟悉的概念。辅导是指教师监控学生个体或学生群体的学习过程，并在必要时进行干预。支架是指支持学生执行某项任务的工具。可见，从学习的科学性角度看，对散文名篇《祖父的园子》的教学，教师可以搭建支架，设计学习流程，给予学生相对完善的过程辅导，让学生实现目标；在这一学习模型建立后，可以实施迁移，映射在类似的文本学习中。

辅导与支架搭建，在建模的过程中融合。以这篇散文为例，在建模时可以分为两个板块。

1. 聚焦关键处，形成基础模型。

课文的第 16 自然段，最为集中地表现了自由、浪漫的情感，是全文的关键自然段。教师可以优先引导学生集中学习，借助此段，为全课达标学习建立模型。建模的基本路径如下。

第一步：读，自行体会。学生自读，发现本段中透露出来的情感。教师强调做好批注，圈画出带有“愿意……就……”意思的句子，理解这样表达的意图。

第二步：议，自由阐述。教师让学生思考后表达：这种类型的写作结果，带给读者怎样的阅读感受？学生经过思考与回答，能初步完成目标，体会文中的思想感情。

第三步：研，思维推进。继续组织集体议论：这样的表达，让读者感觉到可爱的，除了园中之物还有谁？学生会发现，实际上园中之物的自然状态就是随性生长，真正可爱的是作者，是能够表达出这种状态的作者本人。“愿意……就……”的情感，其实就是作者本人的情感。因此，那个隐藏的可爱的人，就是作者本人。

教学的辅助，体现在步骤的设计上。到此，所设计的步骤符合叶圣陶先生所提出的解读要寻找文字背后隐藏的信息。

第四步：链，拓展衍生。学生可以结合课外阅读《呼兰河传》的经历，也可以结合本课“阅读链接”中的信息，再次验证学习结果，感受作者对童年生活无限的怀念。例如“阅读链接”中写道：“以上我所写的并没有什么优美的故事，只因它们充满我幼年的记忆，忘却不了，难以忘却，就记在这里了。”学生可以对此重点关注，对应课文加深理解。

2. 组装散漫处，使用模型学习。

这篇课文是散文，段落零散，聚焦不易。例如第 4~13 自然段，描述了作者在园子里快乐玩耍、自由成长的经历。教师可以进行组装，组织学生统整学习，依然采用“读＋议＋研＋链”的学习模型，让学生更为自主地参与。

读：“你读懂了什么？”引导学生体验作者在园子里模仿外祖父，胡乱尝试的学习的快乐。

议：“作者在园子里是怎么学习的？你认为她学习得怎么样？”让学生自由评述，并寻找文中的内容，作为佐证。

研：“这样学习的结果好吗？既然学得不怎么样，为什么作者依然感到快乐呢？”让学生推进思考，多方阐述。

链：继续链接课外阅读结果，包括萧红的生平等，让学生加深理解。

“阅读链接”中分明写道：“我出生的时候，祖父已经六十多岁了，我长到四五岁，祖父就快七十了。我还没有长到二十岁，祖父就七八十岁了。祖父一过了八十，就死了。”“从前那后花园的主人，而今不见了。老主人死了，小主人逃荒去了。”“那园里的蝴蝶、蚂蚱、蜻蜓，也许还是年年仍旧，也许现在完全荒凉了。”可见，祖父在，园子就在；园子和祖父一起带给萧红的是犯错的可能，是成长的包容，是童年的纯真，是展示个性的舞台，更是无法替代的安全领域。

因此，作者童年的快乐来自园子和祖父给予的安全感，而这种安全感是无比珍贵、值得依恋的。这样的理解，完成了学习的推进，也实现了目标——体会情感。

在整个学习过程中，建模是很重要的，也是特别的教学指导思路。本文希望青年教师注重建模，让语文学习有程序可以依托，有方法可以操作，有学习的结果可以获得。建模也有亟待解决的问题——带来学习路径的单一化。而学习模式的僵化，不利于学生个性的发挥。特别是散文学习，文本的灵动性、多元性在模型中被限制，因此，使用模型时应更注重允许学生自主表达。模型，只是给了基本框架，重新组装内容的主体还是学生。

针对散文的浪漫、零碎，要找到学习的规律，要迁移复制，的确很难。所以，我们还是非常认可王荣生教授的观点：散文，从理论上说，是难教的。

妙招 24　使用“头脑风暴”，不等于让学生随便聊聊

青年教师上课，很喜欢用“头脑风暴”，组织大家进入讨论环节。耳熟能详的台词就是“让我们来一次头脑风暴吧”。之后，教师抛出话题，让学生“摆桌子，围圈子”，天南海北地聊起来。几分钟或者更短时间后，一个学生代表发言，或者多个学生阐述观点。

乍一看，“头脑风暴”确实产生了作用。

不妨做个假设：如果不进行“头脑风暴”，讨论环节会出现这样的学习结果吗？会出现这些观点吗？也许不能说百分之百，但至少“十之八九”会出现。继续追问：那还有必要进行“头脑风暴”吗？答案是肯定的。因为高水平的“头脑风暴”会产生真正具有冲击力、创新度的观点，这主要得益于“头脑风暴”的两个关键环节——“组织模型”和“加工的工具”。

倘若教师仅提出“让我们来一次头脑风暴吧”，没有继续组织教学，“头脑风暴”也就沦为一种时尚的形式，会遮蔽学生的思考。学生在汇报时，讲的依然是自己的观点。更何况，在具体课堂教学环节中嵌入“头脑风暴”，给学生的时间往往是仓促的，所以结果也是大打折扣的。

“头脑风暴”尽管“时尚”，但其实是比较成熟的、有历史溯源的思维模型。“头脑风暴”最早是精神病理学上的用语，由美国创造学家 A.F. 奥斯本于 1939 年首次提出，后来逐渐转变为“无限制、

自由联想和讨论”的代名词，用于激活个体思考，产生全新观念，提出创新设想。借用到教学中，“头脑风暴”则是有一定历史的组织形式。商务印书馆出版的《牛津高阶英汉双解词典（第 10 版）》对“头脑风暴”给出这样的解释：为了解决一个问题或萌发一个好创意，集中一组人来同时思考某事的方式。

在我国，“头脑风暴”还可以有更为中国化的理解。例如“三个臭皮匠，顶个诸葛亮”，或“集体的智慧大无边”，都是号召集思广益，共享智慧。在具体的教学组织中，“头脑风暴”也不是单一形式的，至少分为经典型、反向型、涂鸦型三种基础模式。

所谓经典型，就是大家最熟悉的，提供某话题让学生进行集中讨论，各自呈现观点。在讨论过程中，教师允许并鼓励学生大胆、自由发言，进行思想交锋、碰撞。“自由”发言，也指有时候并不提供核心议题，而是让学生朝着一定的方向，展开各自的奇思妙想，渐入佳境。

以五年级下册文言文课文《自相矛盾》教学为例，教师提出问题：“卖矛和盾的生意人，究竟错在哪里，才被众人嘲笑？”组织学生围绕该问题进行讨论，过程中鼓励学生畅谈，不要受他人约束，大胆思考，提出与众不同的、具有独创性的想法。教师不要着急评价，注意“延迟评判”，同时，禁止对学生提出的结论进行批评，也不允许学生之间互相攻击。一句话：誓死捍卫言说的权利。这么做，就是为了确保所有观点都得以呈现。

所谓反向型，即提供这一话题的反向结果，进行合作讨论，逆推得出讨论结果。

例如《自相矛盾》一课，“头脑风暴”的话题可以改为这个问题：“假如那个卖矛和盾的人成功卖出商品，一个买家试了试，会有什么结果？”教师通过假设，推动反向思考，学生归纳可能产生的结果后，得出新的思考结果。

所谓涂鸦型，即在进行“头脑风暴”时，教师化身为“图形组织者”，借助图示、图例、小卡片等工具，帮助学生进行可视化思维。团队中的每一个个体先静默思考，之后填写设计好的卡片、图表，粘贴展示，大家围绕可视的思维结果，进一步讨论。

以上三种类型，可以让一线教师明确：“头脑风暴”是一种思维模型，但进入教学环节，也需要一定的组织，要思考以下问题：组成“头脑风暴”的小组成员，是同质的还是异质的？如何布置组织“头脑风暴”时的教室环境？如何设置“头脑风暴”的话题？不细致安排，很容易流于形式。

为了让“头脑风暴”产生更好的效果，让思维碰撞得更加激烈，得出的结论更具创造力，教师可以在学生进行“头脑风暴”时，提供思维的工具。可用的工具有替换、联合、排除、试用、调整等，以《自相矛盾》为例，本文举几个经典的、便于操作的工具和大家共享。

第一，替换。例如，教师提示学生：如果你是“楚人”，你会怎么做？也可以替换故事中的元素，替换关键的条件引导学生进行讨论。教师可以提出假设：如果“楚人”不销售盾，而是用另外一种矛进行对比销售，结局会怎样？

第二，联合。将讨论话题中的相关元素进行整合、关联，组合起来进行思考。例如，教师可以引导学生：联系今天来看，“楚人”应该对自己的言行做什么调整？或者还可以问：如果你在场，如何与“楚人”以及“路人”沟通，从而促使“楚人”做成生意？

第三，排除。排除掉一些干扰因素，让思考直接指向核心，在教学中，更有助于实现既定的目标。例如，教师可以引导学生：倘若当时没有那个机敏的“路人”当面讽刺，“楚人”出售自己的矛与盾，会有怎样的结果？要知道，故事中的“路人”发出讽刺，已经对所有的围观者做出暗示，有了思维的导向。

第四，试用。可以假设一定的结果，然后将结果运用到实践中，推导出实践后的结局，以此结局进一步思考这一尝试是否可行。例如，教师引导学生思考：倘若敌我双方都买了“楚人”的矛和盾进入战斗，两强相遇，到底谁胜谁负呢？

以上列举的思维工具，有助于学生产生创造性解决问题的新思路，也可以从不同角度去“围猎”话题，抵达问题的核心。

要想达到教学效果，一线教师可以使用更多优质的方法，但绝不能仅限于“选择方法”，要更多涉及“使用方法时的操作方式”的设计。例如本文列举的“头脑风暴”讨论法、图形组织可视思维法，或者是最古老的讲授法，在运用到教学中时，都需要教师进行加工与细化，具体可以在两个方面展开。

1. 严谨有序的教学组织，让方法发挥作用。

观察青年教师的课堂教学，我们会发现，他们一旦使用了某种教学方法，就觉得万事大吉了，立刻放手让学生进行所谓的自学。实际上，自学并不是自由学，在课堂视域中的自学，教师是学习系统中的组成部分，应对学生有所指导。如何关注学情？如何做好点拨？如何在学习活动中以教练的身份嵌入？这些应该是教师在教学中的“规定动作”，也是对方法的一种激活。

方法原本是静态的，只有通过教学组织一类的催化剂，让静态的方法被唤醒，进而产生作用。例如在首次使用“头脑风暴”讨论法时，教师可以让学生先了解这一方法，明确使用时的规则。教师还可以深入小组，扮演其中一位讨论者，参与并观察学生使用方法的情况，适当做出示范。

2. 不能笼统地给予方法，还要在教学中实时指导。

学生对方法的理解，未必都能达成统一。对方法的陌生、使用频率不足等因素，都会影响方法的使用效果。教师必须提供操作步骤，适当拆分、解释、示范、演练，让学生理解方法，明确如何运用这些方法。在学习过程中，师生可以互为“认知学徒”，教师可以介入学习过程，在学生遇到困难时搭建支架。例如当学生“头脑风暴”讨论进入“深水区”时，教师可以指导学生如何有序、有力、有理地表达自己的观点，搜集论据，更清晰地展示个人的思维结果。

在整个教学中，教师的“教练”身份，不会因为选用某种方法而消亡。根据方法的不同，“教练”施展力量和提供辅助的程度、方式可以调整。

回到本文讨论的“头脑风暴”，在执行中教师应该特别注重民主性与多元性。在组织这样的教学环节时，教师应极为小心，不要让个人的主观意识主导整个学习活动，更不要凸显某位学生的结论，也不可以过早下定论。让学生学习的过程更充分，学习的时长得到保证，“头脑风暴”才能促进学生得出更多元的结果，方法才能更好地发挥作用。

妙招 25　图文合奏，破解《北京的春节》三大教学难点

统编教科书六年级下册第一单元的教学目标为“分清内容的主次，体会作者是如何详写主要部分的”。这一目标指示学生应完成两个学习任务：第一，对较为复杂的叙述，能区分详写与略写，区别主次；第二，对详写部分，能掌握写法。

新课标在第三学段的“阅读与鉴赏”学习目标中明确提出：“在阅读中了解文章的表达顺序，体会作者的思想感情，初步领悟文章的基本表达方法。”同时，在“表达与交流”部分，新课标也提出：“能根据内容表达的需要，分段表述。”可见，本单元是落实新课标要求的重要单元。本单元第一篇选择了一篇经典长文——老舍先生的《北京的春节》，非常合适。在课后题中也提出：“想想课文是按照怎样的顺序写老北京人过春节的，哪几天写得详细，哪几天写得简略，再讨论一下这样写的好处。”明显可以看出，课后练习紧密对应目标，为实现目标而设计。

青年教师执教《北京的春节》，容易陷入串讲的窠臼。教学成为灌输，教师先简单告知学生“写了哪些时间节点”，之后通过朗读、字数比对等方式，形式化地让学生明确“哪些部分是详写的”。最遗憾的是，对“如何详写”并未给出明晰的指导，只停留在“看，写得很详细”这样的结果认定上。

这样的教学，几乎没有学习的成分，学生并未通过自己的努力

展开学习过程，最终的“完成目标”，仅是获得陈述性知识，增加了记忆的容量而已，这从学生完成单元习作“家乡的风俗”时依然感到困难重重、无从下笔就可见一斑。

“文章太长了，内容太多了，太难教！”在发现问题后，我们很容易做避责归因。难道真的没有更好的方法吗？其实我们可以将《北京的春节》与张择端的《清明上河图》进行关联式教学，借助图文的比对、配合，化解本课教学的难点。

1. 发现二者的三个相似之处。

《北京的春节》与《清明上河图》可以进行相互关联的教学，因为二者有着相似之处。

其一，都是“长卷”。《清明上河图》是图画长卷，生动记录了北宋都城东京（又称汴京，今河南开封）的城市面貌和当时社会各阶层人民的生活状况，是北宋都城繁荣的见证，也是北宋城市经济情况的写照。《北京的春节》是文字长卷，反映了老北京民众过春节的民俗，展示了人民群众幸福安康的生活场景。

其二，都有“安排”。二者涵盖的内容极其丰富，不“安排”不行。《清明上河图》中景多、人多、事件多，在中国乃至世界绘画史上都是独一无二的。它在五米多长的画卷里，绘制了数量庞大的各色人物，牛、骡、驴等牲畜，车、轿、大小船只等交通工具，房屋、桥梁、城楼等建筑，而且各有特色。《北京的春节》中记录的过年的事件也不少，还描绘了“吃腊八粥”“祭灶王”“吃灶糖”“守岁”“逛花灯”等多种春节习俗。画家张择端和作家老舍，都特别注重对纷繁复杂的素材进行组织和布置，并做出详略得当的安排。二者在这一点上是高度契合的。

其三，都带“方法”。在写法上，二者可以互证。二者既有恢宏的场面绘制，更有对局部的细致入微的刻画，做到了详略得当，疏可走马，密不透风。

例如《清明上河图》中集中绘制的是“虹桥”部分，让人看到集中的、动态的“事故”。同时，画家采用鸟瞰全景的方法，真实概括了汴京东南城角这一典型的区域。画面长而不冗，繁而不乱，严密紧凑，如一气呵成。画中所摄取的景物，大至寂静的原野、浩瀚的河流、高耸的城郭，小到舟车里的人物、摊贩上的陈设货物、市招上的文字，丝毫不失。《北京的春节》中，老舍写了腊八、小年、除夕、初一、初六、十五、十九等重要的时间节点，罗列了春节的万种风情，同时对细节也不放过。例如说到腊八粥，老舍写了“这种粥是用各种米，各种豆，与各种干果（杏仁、核桃仁、瓜子、荔枝肉、莲子、花生米、葡萄干、菱角米……）熬成的”；说到花灯，写了“有的一律是玻璃的，有的清一色是牛角的，有的都是纱灯；有的通通彩绘《红楼梦》或《水浒传》故事，有的图案各式各样”。

二位大师对详略的安排有异曲同工之妙，可以进行图文对照学习。

2. 互相支持，共同突破学习中的难点。

借助“画作”与“名篇”的合奏，可实现《北京的春节》中三个教学难点的突破。本文给出如下教学建议。

建议一：借助画作，理解文本中的写作顺序。

教师可以借助《清明上河图》，让学生直观理解在《北京的春节》中，作者是如何按照时间顺序记录的。《清明上河图》描绘了当时清明时节的民间风俗，展示了汴河两岸的自然风光和繁荣景象。全图大致分为汴京郊外春光、汴河场景、城内街市三部分。张择端按顺序作画，观画如同行走。教师可以借助多媒体技术，对画卷进行动态展开式欣赏，对学生予以可视化引导。

之后教师让学生回读《北京的春节》，在文字中寻找作者的“行走”轨迹，发现时间之轴。作者以时间为序写作，集合了各个重要的时间节点。下图为学生最后绘制的“春节时间轴”（图 25-1）。

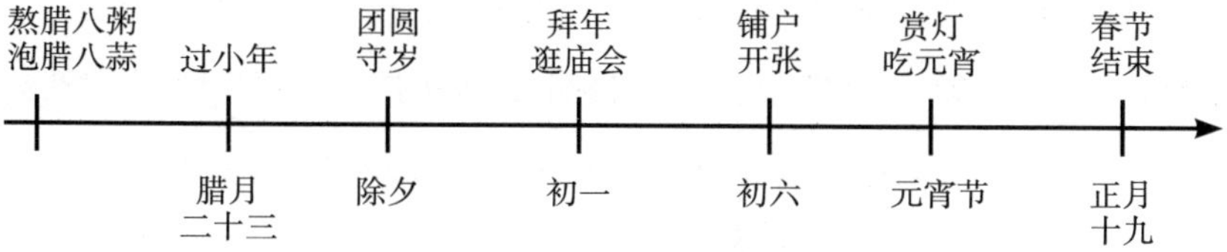

图 25-1　春节时间轴

这样的图文合奏，生动形象地解决了总结时间之轴这一教学难点，这一轴线也从静态升级为动态。做到这一点，教学目标基本完成。

建议二：借助画作，理解文本中的写作方法。

《北京的春节》一文的学习，重点在掌握“分清主次，详略得当”的写法。其中的腊八、腊月二十三、除夕、初一、十五属于详写，其余属于略写。关键在于教师如何提出问题：“为什么这些部分详写呢？”这问的是写作思维。“作者是如何详写的？”这问的是写作方法。

学生借助对《清明上河图》的欣赏，可以找到答案。在技法上，画家将大手笔与精细的手笔相结合，选择那些既具有形象性，又具有本质特征的事物、场面及情节加以表现。图中“虹桥”部分有强烈的故事性，成为全图焦点。首先，这里是码头，原本就是水陆交通的会合点，理应成为画面的核心。其次，画家刻画了一个可能发生的事故，让画面中人们的注意力高度集中，也让观看画作的人被带入画面。最后，画家用工笔细描展示了虹桥的特殊结构，甚至将木材的铆接榫合都画得一清二楚，真正做到了细之又细、不遗余力。

欣赏画作之后，教师让学生再读文章，感受《北京的春节》的异曲同工之妙，将更加接近本次的学习目标。例如，同样是过春节，老舍先生的选择独具匠心。他精选了有代表性的几个时间节点，去除了雷同的其他时间节点，同时特别关注了孩子的参与。在腊八、腊月二十三、除夕、初一、十五的相关描写中，我们都可以看到孩子们过春节的情节描写，这展示了老舍先生独特的儿童视角。

《清明上河图》中的细节历历可见，如酒店招牌、人们的表情、骡马的神态等;《北京的春节》中的细节生动准确，没有因为内容多而任意铺陈，该写的地方好好写，让读者看清楚。按照时间之轴有序推进，在细致处精心刻画，正是二者相同的创作方法。图文合奏，使这种学生“看起来懂，写起来蒙”的方法变得形象、具体。画面犹如文字的复活，文字类似画面的思维草稿。二者互相支持，相映成趣，相得益彰。

建议三：借助画作，理解文本中的写作意图。

欣赏画作，要“知其然”，也要“知其所以然”，探寻画作创作背后的缘由。教师展示专家们对《清明上河图》的相关评价后，可以让学生重点关注《北京的春节》，发现老舍先生的写作意图。从文中对春节的细节刻画中，我们可以感觉到浓浓的年味，可以感受到人民生活的富足与幸福。意图的获得，可以用来反观文本，从而再次感受文中“详略分明”的写法。

借助《清明上河图》学习《北京的春节》，让图文合奏为学习突破难点，让学习变得更丰富，更有文化内涵。新课标中提出语文教学的目标就是核心素养，希望这样的设计能给一线教育工作者带来启发。

妙招 26　问得准，问得好，课堂学习就完成了一半

发现问题，提出优质的问题，学习也就随之展开。在课堂教学中，教师能设计问题，在关键的时刻能提出问题，问得准，问得好，课堂教学就完成了一半。

什么是优质问题？优质问题如何设计？在美国学者杰伊·麦克泰格（Jay McTighe）与格兰特·威金斯（Grant Wiggins）合著的《让教师学会提问：以基本问题打开学生的理解之门》一书中，二位学者对教师如何提问、问题如何分类、不同问题如何促进学习发生等做了分析。

根据二位学者的研究成果，影响学生课堂学习效果最明显、最为要紧的就是该书中提及的一个概念——基本问题。所谓基本并非最简单、最直接的意思，可以理解为“核心”。基本问题，即影响课堂学习效果的核心问题。威金斯从自己女儿的足球教练那里明白了这一点。教练从来不让学生们去做那些无谓的训练，而是不断追问学生：到目前为止，哪些战术对我们来说是有效的？哪些是无效的？为什么它不起作用？我们怎么做才能提高？哪些战术对其他球队有效？我们怎么来应对？

问题让学生知道如何去“思考足球”，并且让学生不断地被新问题中出现的挑战所刺激。麦克泰格与威金斯对“基本问题”有七个方面的界定，一个好的基本问题，应具备以下特征：

（1）是开放式的，也就是说，这些问题不存在唯一的、最终的、正确的答案。

（2）是发人深省和引人思考的，这些问题常会引发探讨和辩论。

（3）是需要高级思维的，如分析、推理、评价、预测等。仅仅通过记忆知识点无法有效回答这些问题。

（4）会指向学科内（有时是跨学科的）重要的、可迁移的观点。

（5）能引发其他问题，并激发进一步的探究。

（6）需要证据和证明，而不仅仅是答案。

（7）随着时间的推移会反复出现，也就是说，这些问题需要反复不断地使用和修订。①

提出问题，分析问题，解决问题，学习就在问题系统中展开。一节课的教学设计，最关键的就是设计好基本问题。此外，课堂学习中提出的问题，不可能是单一类型的。除了核心问题，研究成果中还提示了另外三类问题，分别是启发型问题、导向型问题、引导型问题。这四类问题设计在课堂学习的不同环节，共同构成了课堂学习中的问题系统。

一节语文课的学习，大致可以分为引入环节、初读环节、精读环节以及拓展迁移环节四部分。在不同环节设计不同类型的问题，能够有效地引领学生持续探索，让学习逐步展开、迈向深入。

第一，在引入环节，针对目标的理解，设计引导型问题，让学生明确关键概念，知道本次学习的"是什么"。

---

① 杰伊·麦克泰格，格兰特·威金斯．让教师学会提问：以基本问题打开学生的理解之门 [M]. 俎媛媛，译．北京：中国轻工业出版社，2015.

引导型问题大致可以理解为“什么是什么”的问题。在引入环节，可以关注核心概念，激励和引导学生针对概念展开学习与探讨。引导型问题指向预期的学习目标，指向需要掌握的知识和技能，针对概念提问。由于这类问题涉及对学习目标的理解，因此可能在学习过程中不断被提出。每次提问，回答的过程就是促进学生展开思考、寻求佐证、获得支持的学习过程。

例如，执教统编教科书四年级上册第七单元的《为中华之崛起而读书》一课时，在引入环节优先让学生明确本单元的学习目标：“关注主要人物和事件，学习把握文章的主要内容。”针对这一目标所蕴含的基本概念，教师不能让学生的理解停留在表面，可以通过提问——如“如何判断故事中的主要人物和事件？”“把握主要内容的方法有哪些？”“有什么具体方法？”等——让学生去关注目标中的关键概念，去发现主要人物和事件，去寻找关注主要人物、事件的方法，引导学生在接下来的学习中获得方法，实现目标。

统编教科书以学习目标统筹学习内容。因此，理解目标、把握目标中的概念，是引入环节最为核心的学习任务。基于此，设计优质的引导型问题就显得至关重要。建议一线教师尽量减少不必要的、花哨的导入活动，聚焦目标，提出问题，真正有效地引发学习。

第二，在初读环节，针对学习内容，设计导向型问题，让学生熟悉所学，明确过程中“有什么”。

导向型问题有明确的指向，有相对集中的结果，有可支持的回忆和可以查找的信息。这类问题在初读环节，作为引发课堂学习的推进器，大致可理解为“有什么”一类的问题。提出之后，学生在问题的导引下，有的放矢地回到文本中，不断沉入其间，熟悉内容，为后续学习做好准备。

例如，三年级上册第四单元中的《总也倒不了的老屋》一课的教学。在初读课文时，学生不仅要关注这篇童话故事到底写的是什么，更应该围绕目标去关注课文中的插画到底呈现了怎样的内容，暗含什么意思；关注文中提供的几处批注，发现教科书的编者以儿童的口吻陪伴阅读，究竟做出了怎样的预测；关注课文中几处重复出现的关键语句到底提示了什么样的情节。例如：“好了，我到了倒下的时候了！”每逢这样的句子出现，情节会有怎样的变化？检索出这些信息，为接下来的进一步分析和精读学习做好准备。

导向型问题引导着学生一步步走向目标，抵达目标；犹如在学习中请了一个向导，又像在航海中准备了指南针。有了“方向感”，学生更容易获得成功。

第三，在精读环节，针对核心目标，设计基本问题，着力关注“为什么”与“怎么办”。

对于什么是基本问题，前文已经具体表述。这类问题直指核心，是学习成功的关键，尤其需要精准设计。例如，五年级上册第五单元的学习目标为“阅读简单的说明性文章，了解基本的说明方法”。在该单元《太阳》一课的学习中，教师就要围绕“说明方法的使用”，更为开放地提出问题，让学生自己去寻找文中使用说明方法的部分，分析方法使用的效果。文中表述太阳离我们远以及太阳大、热的特点的句子如下：

其实，太阳离我们约有一亿五千万千米远。到太阳上去，如果步行，日夜不停地走，差不多要走三千五百年；就是坐飞机，也要飞二十几年。

我们看到太阳，觉得它并不大，实际上它大得很，约一百三十万个地球的体积才能抵得上一个太阳。因为太阳离地球太远了，所以看上去只有一个盘子那么大。

太阳会发光，会发热，是个大火球。太阳的温度很高，表面温度有五千多摄氏度，就是钢铁碰到它，也会变成气体。

教师可以让学生精读这些句子，之后提出问题：列数字的说明方法有哪些不同的类型？学生发现列数字的说明方法可以根据数字的精准程度，分为准确型与模糊型。学生初步获得学习成果后，教师继续追问：到底哪一类型的列数字具有说明效果？如果不能获得精准数字，如何通过语言文字的辅助，让列数字的说明方法显得更准确？这些问题将继续引导学生关注课文中使用的说明方法，在具体的语境中掌握方法的使用情况，体会方法的使用效果。

在初步掌握列数字这一说明方法之后，教师还可以让学生继续关注《太阳》一文的其他部分，继续探索其他说明方法及其使用情况。例如：举例子部分，为什么要以坐飞机和走路为例？作比较部分，为什么要用地球和太阳作比较？打比方部分，为什么把太阳比作大火球？这样的比喻到底产生了什么样的说明效果？能不能达到叶圣陶先生所说的“说明文以‘说明白了’为成功”的效果？

基本问题围绕学习目标展开，每一次的回答，学生既要有具体例证，又要结合自己的阅读理解做出判断，还要延伸到课外，举出更多的事例来证明。对于核心问题的深究，就是让学生获得本课最关键的学习结果，全力抵达目标。

第四，在拓展迁移环节，针对知识、能力的运用迁移，可以设计启发型问题，让学生明确要“做什么”以及“如何做”。

启发型问题为的是启发学习者不断地思考，激发学习者对学习的持久兴趣，激活好奇心，引出学习者对全新问题的关注。启发型问题瞄准未知领域，提问的口吻等都可以设计成“儿童版”，让学生更感兴趣。

例如五年级上册的《父爱之舟》。在课堂学习即将结束时，教师可以提出问题：你感受到什么样的爱？你还想向谁表达爱？你还想书写什么样的爱？提问也是布置任务，即让学生关注日常生活，在一个又一个生活场景、细节中感受爱的存在，做出爱的表达。通过启发性问题的明确指示，学生可以通过写作将爱的感受书写下来，定格下来，传播出去。在创作的时候可以借鉴课文中所学到的方法，也可以通过方法的应用，不断加深对文本的体验。

有意思的是，到了作品的评改阶段，教师依然可以回到基本问题上，引导学生直面作者进行提问：你的写作目的是什么？你的读者是谁？哪些文字是有效表达情感的？哪些文字是无效的？这些问题又会推动学生的学习不断迈向深度。

可见，问得准，问得好，课堂学习就完成了一半。

妙招 27　先学课文，再读小说，这一课编撰得真绝

统编教科书六年级下册的世界名著阅读单元，选编了《鲁滨逊漂流记（节选）》《骑鹅旅行记（节选）》《汤姆·索亚历险记（节选）》三篇课文。特别是单元首篇课文，涵盖《鲁滨逊漂流记》的“梗概”及“节选”两部分，让学生先学课文，再读小说。这样的设计，经过课堂执行，将产生强大的学习意味，给学生带来难忘的学习体验，还将对后续的整本书阅读、大语文学习观念的建设，形成深远的影响。

本单元的学习目标为“借助作品梗概，了解名著的主要内容”。所谓梗概，就是作品的大概，指的是作品的内容要点。本单元意在借助作品的内容提要，实现以小见大，帮助学生快速把握作品主要内容，之后产生阅读全书的欲望。这样的编撰设计，具有两个鲜明的特色。

特色 1：“梗概 + 节选”的编撰设计，与课程标准相吻合。

新课标在第三学段的“阅读与鉴赏”目标中明确提出：“阅读叙事性作品，了解事件梗概，能简单描述印象最深的场景、人物、细节，说出自己的喜爱、憎恶、崇敬、向往、同情等感受。”“阅读整本书，把握文本的主要内容，积极向同学推荐并说明理由。”这一单元的编撰，对应新课标，无疑是极有针对性的。

同时新课标中的“整本书阅读”任务群，在第三学段也提出了

“学习梳理作品的基本内容，针对作品中感兴趣的话题展开交流”的要求；在任务群的“教学提示”部分，提示教师应注意“通读整本书，了解主要内容，关注整体与局部、局部与局部之间的关系；重视序言、目录等在整本书阅读中的作用”。

可见，本单元是课程教学系统中，实现学段目标和任务群目标的关键。

特色 2：“梗概 + 节选”的编撰设计，贯通课外的学习路径。

整个单元的学习，可以视为一个目标集中的、微小型的任务群。让学生充分体验系统学习的思维模式，经历从课内到课外延伸式学习的过程，让学生通过在课内阅读外国名著的节选，总结基本的阅读方法，体验阅读的乐趣，产生阅读原著的欲望。

课外，围绕着阅读名著的相关话题展开交流，激发持续、完整阅读的兴趣，直至开始真正的阅读之旅。以往这样的学习路径也曾在教学中出现，但通过教科书的编撰如此清晰地被看见、被执行，本单元既是起点也是小学阶段的终点——六年级下册最后一次系统的学习。

如何学习这一课，真的需要精心设计了。本文结合这一课“梗概 + 节选”的编撰特色，给出两个不同“气质”的板块教学建议。

板块 1：学习“梗概”，体现课文的学习气质。

《鲁滨逊漂流记（节选）》中的“梗概”部分，可以视为一篇特殊文体的课文。学生自由阅读之后，梳理内容，按照课后练习提出的要求，列出小标题，完成教科书中指定的学习任务。

初步的学习成果是，学生发现《鲁滨逊漂流记》中大致讲述了遇难、荒岛建房、荒岛生活、与野人相遇，最后顺利回国等情节。至此，学生已经完成学习任务的一半。而另一半的任务，就是激发对《鲁滨逊漂流记》整本书的阅读兴趣。

教师可以引导学生讨论：假如你沦落荒岛，可能会遇到的若干个难题。例如：没有吃的，没有穿的，没有工具，没有住所，遇到野兽袭击……这些问题的思考结果，可以引导学生再次回到“梗概”中去寻找答案，发现鲁滨逊是怎么做的。

针对“梗概”中无法回答的部分，教师可以鼓励学生去阅读整本书，同时在接下来的“节选”阅读中继续解决。这样的教学板块设计，可以实现从“梗概”向整本书的阅读指引。

在这个过程中，教师可以出示部分小说原文，当堂朗读，满足学生“解决难题”的需求，更大的意图在于让学生产生一种自觉——要想解决所有问题，就要去读整本书。整本书里才有自己想要的完整的答案。

实际上，梗概已经成为当代人阅读整本书的一种特别的方式。伴随着快节奏的生活，人们依赖梗概来实现快速提取干货信息的意图。不少自媒体都推出了类似“N 分钟读完一本书”等栏目，且深受读者欢迎。当代人无法拥有完整的读书时间，就需要有人为自己检索、提炼、呈现书本内容，以便自己快速掌握一本书的重要信息。梗概的学习，为生活中真实需要的快速阅读奠定基础。

板块 2：学习“节选”，体现小说阅读的学习气质。

本课的节选部分，原本就来自小说，就应该按照“读小说”的方式阅读。学习，还原了阅读的常态，更好地服务生活。

教师先让学生自由读“节选”，之后畅谈感受：从节选部分看，你觉得这部小说写得怎么样？学生分享书中散落的细节，抒发阅读“节选”的感受，畅谈对整本书的阅读猜想。此后，教师可以结合学习的需要，做好三个层次的教学辅助。

第一个层次：引导学生凝视特色。学生在教师的引导下了解小说家是如何讲述故事的。例如，为了让故事好看，小说家展示了许多细节，让故事变得更有真实感。文中的细节，可以指引学生细致阅读。以下几个片段中，就有非常好的细节展示。

地点细节：当时正是秋分前后，太阳正好在我的头顶上，所以我估计自己是在北纬 9 度 22 分的地方。

时间细节：1659 年 9 月 30 日，我在这里登岸。

物件细节：有几件虽然不值什么钱，对我来说却很有用，比如笔、墨水，还有纸，在船长、大副、炮手和木匠保管的物品中找到的几个包裹、三四个罗盘、几台数学仪器，还有日晷、望远镜、地图和航海类的书籍。

同时，本课中还有一个“好处”与“坏处”对比表，让整个小说片段看起来特别新颖。这一文体写作的独特之处，必须得到关注，因为这是学生日常写作文时很少涉及的。

第二个层次：引导学生关注写法。这部分节选，笛福的写法类似于写散文，随心而写，每段各自讲述一个内容，看上去有些零散，不像日常作文一样，有着一看就知的“总分结构”。

实际上，各段都围绕着荒岛生活，展示了方方面面的细节。作者写作的意图是邀约读者借助文字，来到“荒岛”这一特殊的现场。

这样自然、轻松、真实的书写，更多来源于作者对生活的感受，是生活经验的转化，当然也要依靠日常练笔，确保写作时的流畅性。教师可以鼓励学生多关注生活，多进行百字作文练习，以便未来真正需要创作小说时更从容、更自如。

第三个层次：引导学生回望“梗概”。教学要形成一个闭环，要前后呼应。教学“节选”，还可以回望“梗概”。“节选”展示了鲁滨逊在荒岛上刚刚安顿下来的场景，对应着“梗概”中的相关片段：

等到潮水退了，鲁滨逊看到那大船竟然还浮在海面上，离岸并不远。他游到船边，用船上的桅杆、木板制成了木筏，运送从船上带来的物品。在船舱里，鲁滨逊找到很多可以用、可以吃的东西，陆续搬到岸上。没有淹死的一条狗、两只猫陪着他，这使他在凄凉中感到一丝安慰。

教师可以指引学生重读“梗概”，发现其与原作的关联以及差别。在“梗概”与“节选”学习的最后阶段，教师还可以指引学生向课外阅读延展。例如，教师可以鼓励学生阅读原著，组织集体共读活动；教师可以约定在不同时段，共读不同的章节；教师可以安排阅读打卡、交流等共读分享活动；还可以让学生配合百字作文进行读后感的片段写作……

本课“梗概 + 节选”的编撰方式，极具特色，能引发学生阅读世界名著的欲望，是极好的尝试。只可惜，这一单元的其他两篇课文，只有节选部分……希望教师能让学生在真正阅读后通过写作弥补这一缺憾，以期在下次教科书改版时能让学生作品进入教科书，实现更为惊人的突破。

妙招 28 要让学生有阅读推理小说一样的学习体验，教学设计应在三方面下功夫

被誉为“华语推理的革命者”的小说家呼延云，非常喜欢英国女作家、三大推理文学宗师之一阿加莎·克里斯蒂的作品。

呼延云描述自己看阿加莎·克里斯蒂的书时，有一个习惯：“在最后揭露凶手的时候，拿纸盖住它，抱着小心翼翼的心情，一点一点往下看。我想，这么多的人物我都看过了，总能猜出来吧，却总是猜不对。”

没错，这就是大多数人阅读阿加莎·克里斯蒂作品时的感受。

说到阿加莎·克里斯蒂，人们熟悉的作品就是《东方快车谋杀案》和《尼罗河上的惨案》。她的作品不断被翻拍成电影，跌宕起伏的故事情节搭配高超的摄影技巧，使得案件的真相扑朔迷离。据统计，阿加莎·克里斯蒂是人类历史上最畅销的作家之一。其著作曾被翻译成超过 103 种语言，总销量突破 20 亿本……

即便全球有数以亿计的读者阅读过她的小说，能在阅读之初就猜出真相的也寥寥无几。罗振宇在他的《阅读的方法》一书中，也记录了似曾相识的阅读感受——

> 每次，我在那个揭发真凶的时刻，都是又兴奋，又懊恼，就像是偷看了一道做不出来的数学题的答案。
>
> 我会向这样的时刻脱帽致敬。

……读她的小说，我们才能真正体会到那种丝丝入扣般推演的精妙，层层剥茧般解谜的乐趣。

接下来，我们聊聊教学设计。

我并不是有意将课设计得如同推理小说，也许是因为喜欢，不经意间，我的课堂教学设计在效果上就在向其靠拢。犹如阿加莎·克里斯蒂的小说中，没有遮遮掩掩的隐藏元素，没有读者不曾去过的陌生地带，即便所有线索都摆在台面上被读者分析得头头是道，读者依然无法在小说结束前判断出谁是真凶。结局出现时，读者之前所知道的线索、证据都串联起来，构成证据链，所有的推理顺理成章，让人豁然开朗，而且让之前的线索“铁证如山”，与此同时，读者还带着一丝遗憾：“嘿，我怎么就没想到是他！”

我理想中的语文课，是学生们在阅读了课文，预习了课后练习，查找了相关资料之后，在老师最后喊出“下课”之前，仍能保持探索的欲望，因为谁都不知道“下一步，老师又会带我们到达什么样的思考的境界”。

读者在得到答案的同时，产生如释重负的阅读快感，同时也刷新了认知。同样，学生在下课时，产生“原来如此”的学习体验，在原有水平上有所提升。

例如学习统编教科书四年级下册的童话《巨人的花园》时，教师引导学生寻找一个问题的答案——巨人究竟是何种人的代表？直到快下课学生才发现，文中的巨人可以看作一个具有孩子的内心和硕大外形的小孩。如此一来，他才会有孩子般的脾气，最终也才会和孩子们在一起。

再如五年级下册《田忌赛马》的学习中，学生一直在思考：齐威王、田忌与孙膑，三个人中，谁才是真正的大赢家？我们可以说，田忌赢得了比赛的胜利，又得孙膑的辅助，终成一代名将，他才是大赢家；也可以说，齐威王慧眼识珠，得到了足智多谋的人才，使得齐国日益强大，他才是大赢家；还可以说，孙膑展示了自己的才华，成为齐国军师，不仅成就了齐国的霸业，还除掉了老对手庞涓，他才是大赢家。究竟谁才是真正的大赢家，孩子们心中各自有数。

还比如在五年级下册的《草船借箭》中，大家都在关注一个看似不起眼的人物——鲁肃。为什么诸葛亮去借箭，非要带着鲁肃一同前往？难道他不知道鲁肃的身份？明知鲁肃是周瑜派来的“卧底”，却要让他知道所有的内幕，诸葛亮为什么会做出这样大胆的安排？学生未必读完课文才能得到答案，在课堂讨论中，不少学生知道了鲁肃后来坐镇江东，成为东吴的三军主帅，才感觉到诸葛亮的运筹帷幄。诸葛亮也许早就看出了鲁肃的大格局，鲁肃知道如何制衡不同势力的力量，如何平衡孙刘联盟的共同战争利益，所以才会守口如瓶……

很多青年教师希望了解，这样的设计是如何做。

其一，教学设计围绕着一个“谜团”，也就是一个核心的问题进行。

上文所举的例子，每一例都有一个统领各板块的“大问题”，它可以转化为一个又一个推进过程中的“小问题”，全课教学最终要完成的，就是对这个“大问题”的探索。不到课程结束，答案不会浮出水面。

和推理小说中的“真凶”一样，“大问题”就是教学的核心。教学设计要围绕着一个“大问题”——学习要完成的目标——进行。

例如我在执教五年级上册课文《父爱之舟》的时候，设计了一个大问题：吴冠中先生作为画家，画了许多水乡的小船，为什么他在晚年写下《父爱之舟》时，却感慨自己难以画出那只“载着父爱的小船”呢？

这一问题关联着课文各部分的阅读探索，在教学时能产生巨大的思考价值。

其二，给足机会，设计环节，让学生在文中充分探索。

读推理小说时，读者必须知道故事中有几个人物，每个人的身份是什么，做了哪些事。拥有了这些资料、证据，读者才能够思考，做出自己的判断。

学生在学习中也应该有时间借助各种学习活动充分阅读，参与体验，与文本进行各种方式的接触，在阅读中提取信息，也只有这样，最后才能得出答案。

从这个角度看，所有的学习过程，都是在发现、寻找、筛选各种线索，并以此做出各种推理、假设、审视、思索，不到最后无法定论，因为理由不充分，链条未形成。因此，未到下课时，学生们当然会得出各色各样的答案。

学习，需要的不是简单且既定的唯一答案，而是丰富且多样的思考过程。学生，不是在教师给出答案后，崇拜满腹学问的老师，而是要在个人原有的基础上，获得属于自己的一份进步。在犹如探案一样的学习过程中，学生会对结果产生极大的好奇，在文字中探秘、寻宝、发现真相。直到大家都拥有了自己的思考结果后，都刷新了认知时，学习才告一段落。而与此同时，学生也拥有了愉快的学习体验。

其三，教师的备课设计，应力求更加完善。

也许是为了迎合部分教师的惰性吧，有人开始主张“随机上”“不准备就上”，教学中更是不断“抖机灵”“看情况应变”等。实际上，这是对教师成长极为不利的误导。但由于这样的观点有异于刻苦勤奋、厚积薄发的备课主张，自然得到了慵懒者的拥护。

要想在教学开始后自在轻松，请在教学开始前加倍努力。

希望上出一节好课，不下功夫是无法实现的。例如，备一节语文课，要寻找作者的创作背景，寻找文章的写作风格，寻找文章所处的时代背景，从更多角度去分析文本。也只有这样，才能和期待中的“灵感”相遇，才能在教学中对得起学生。

充分准备，一来有助于设想出“大问题”，二来能带着学生在储备的信息中做出筛选、判断、指引，这都是学习的“规定动作”。例如，单纯把六年级下册的《匆匆》一文看作朱自清先生随意的叙述，就很难捕捉到作者撰文的真正目的。而朱自清先生撰写本文，是应邀写给青年学生的，写作的目的在于让学生抓住青春岁月的美好时光。所以，他笔下的时间才那样具有生活感、画面感、紧迫感。因为在他看来，学生们正在挥霍的是生命中最珍贵的部分，而这最珍贵的正是看起来毫不起眼的洗手、吃饭、“默默”等生活常态。

不准备，又怎么能触及真相呢？

当你的教学设计，在以上三方面下功夫后，是否就能让学生具有像阅读推理小说一样的学习体验？未必。冰冻三尺，非一日之寒。这是需要大量的课程设计经验的。所以，从这个角度看，如果你喜欢速成，想要一夜成名，就靠“机灵”去备课吧。

成功，从来是需要努力相伴同行的。

妙招 29　一直读，读得多，为什么阅读力依然没有提升

在加拿大学者阿德丽安·吉尔所著的《阅读力：文学作品的阅读策略》[①] 一书中，作者介绍了美国密歇根大学教授大卫·皮尔森的实验与结果。这项实验研究的是“熟练的阅读者如何阅读”。实验者希望通过观测发现熟练的阅读者是如何形成的，应该具备什么样的能力，以此让更多的人从新手快速成长。

实验团队研究了数百位“熟练阅读者”，通过分析样本数据，确定了“熟练阅读者”的共性——能有意识地在阅读中运用策略，让自己和文本互动，产生个性化的理解，获得字面之下隐藏的深意。实验团队总结了成为“熟练阅读者”的共同特征，对于学习阅读的学生而言，无异于向他们指明了一条清晰的阅读能力提升路径。

具体来说，“熟练阅读者”在阅读时运用了如下七个策略，这就是“新手”读者努力的七个方向。

策略 1：联结。熟练的阅读者，能够在阅读过程中调取已有的背景知识和个人经验，从而更好地理解文本的意义。

所谓已有的背景知识和个人经验，包含读者之前的阅读积累、知识储备、生活经验、所处的环境、经历的特殊事件等。联结就是让文本和读者的各方面产生关联。

策略 2：提问。熟练的阅读者在阅读前、阅读中和阅读后都能够提出问题。

---

① 阿德丽安·吉尔．阅读力：文学作品的阅读策略 [M]. 岳坤，译．南宁：接力出版社，2017.

阅读前的提问，有这本书的主题是什么，读这本书能达到什么效果，解决什么问题；阅读中的提问，可以针对字词的理解、句子的含义、文章的引申义等，也可以将文本与生活相关联进行提问，还可以从写法等多个角度提问；阅读后的提问，可以是在总结反思、拓展延伸、相关链接中去发现问题。

策略3：图像化。熟练的阅读者能够在阅读过程中创造出“图像”，以生动形象的画面辅助其对文本的理解。

例如，在心中建构起文本中描绘的形象、场景等；又如，借助文中描绘的内容，想象出动感十足的“动画”。这些图像化的加工，让读者如临其境，产生更加真实的感触、体验。

策略4：确定重点。熟练的阅读者能够对文本中的信息进行分类，挑选出主旨并牢记。

把握重点是经过训练可以形成的阅读策略，也是一种有待提升的阅读能力。从最初的“有意而为”到后来的“自然而然”，确定重点最终将成为熟练的阅读者在阅读时的习惯动作。轻松自如地把握主旨，又能促进对文本更深入的理解。

策略5：推测。熟练的阅读者能够利用文本提供的线索，合理地进行补充、假设、推演。

熟练的阅读者在阅读过程中，能根据情节做出假设，能结合细节进行推测，能预测作者的结局或是创设自己期待的解决方案。推测的过程类似于“和作者协同创作”。

策略6：分析和综合。熟练的阅读者能够分析信息，通过自己的思考得出结论。

熟练的阅读者对文本中的词句、表述方法、主旨立意等，有足够的敏感，能主动介入文本的情节与细节的描述中，做出思考；能综合分析各种信息，产生思考结果；能从细节分析走向综合，在综合统筹中兼顾细节。

策略 7：监控理解。熟练的阅读者能够意识到自己遇到了什么困难，并为了真正解决问题而采取措施。

阅读并非都要“一镜到底”，也不可能一帆风顺。遇到障碍时能有应对的方法，能具备应对的信心，还能有应对的行动，这就是熟练的表现。阅读者在解决问题的同时，也获得了阅读力的提升。

大卫·皮尔森的实验让一线教师反思：新手和熟练的阅读者，差距到底在哪里？为什么学生读得很多，但阅读力依然不足？例如，只要文本有一定的难度，学生就望而却步，或者是随意解读，解读结果更显肤浅。针对文中含义深刻的句子，较多学生不能理解或理解存在偏差。因为读不懂，不愿意深究，所以学生越来越倾向于“浅阅读”——读浅显的文字，停留在文字表面。

熟练的阅读者共同使用的七个策略，也让阅读力的提升成为可能，为具体执行提升计划指明了方向：在一味强调阅读量的时候，更应注重对阅读策略的学习。

长期以来，我们对阅读的量极为重视，这和我们在一段时间内忽视了阅读密切相关。因此，一线教师总把推广阅读教学工作落在“看谁读的书多”“看谁每日阅读的时间长”“看谁坚持阅读更长久”等量的积累上，期待量变带来质变，即古人说的“腹有诗书气自华”。但中小学的阅读是课程化推进的，特别是在“整本书阅读”成为新课标中的拓展型学习任务群后，更需要按阶段推进，按学段实现学习目标。除期待长期阅读带来的“气自华”，也需要实施外力干涉，在规定的时间内实现课程目标，定期迎接关于阅读学习结果的检测。阅读力的提升，不能完全伴随自然状态，也不可能无限期延长。

从国家设定的标准角度看，小学阶段的阅读力提升，需要在教师的辅助下，经过教学，才能达到新课标中不同学段的相关质量要求。新课标中不同的“学段”，就是阅读力提升与检测的“节点”。在此方面，新课标有着清晰的界定要求。

第一学段：“在阅读过程中能根据提示提取文本的显性信息，通过关键词句说出事物的特点，作简单推测；能借助关键词句复述自己读过的故事或其他内容，尝试对阅读内容提出问题。”

第二学段：“能阅读常见的图文结合的材料，注意图文关联，初步把握材料的主要内容。”“在阅读过程中能提取主要信息，借助阅读经验和生活经验预测情节发展；能结合关键词句解释作品中人物的行为，从某个角度分析和评价人物。”

第三学段：“在阅读过程中能获取主要内容，用朗读、复述等自己擅长的方式呈现对作品内容的理解；能用文字、结构图等方式梳理作品的行文思路；能品味作品中重要的语句和富有表现力的语言，注意词语的感情色彩，通过圈点、批注等多种方法记录自己的阅读感受和体验，并主动与他人分享。”

可见，阅读时的思考分析能力、审美判断能力、鉴赏分辨能力等，不能纯粹通过量的积累来实现，而要通过实施有效的教学来获得。我不由得想到统编教科书三至六年级上册中编撰的四个策略学习单元，这四个单元具备弥足珍贵的教学价值。

三年级的预测策略单元，让学生根据插画预测，根据课文中的关键语句预测，根据课文的诸多细节综合预测。预测的策略学习，是学生成为熟练的阅读者的必备技能。四年级的提问策略单元，可以结合生活经验、课文内容、作者写法等来提问，无论是提出问题，还是分析、解决问题，都有助于加深理解，让学生的阅读力尽快提升。五年级的提升阅读速度策略单元，可以运用在为达到某种特殊的阅读目的而进行的阅读过程中：有时是为了寻找答案而有针对性地阅读；有时是连词成句，为了获取文章大意、主旨而阅读；有时是有意放弃一些暂时不理解的字词，为了提升阅读速度而阅读。这些阅读策略的运用，类似日常生活中的自由阅读，让学生的课内所学向课外迁移。六年级的“根据阅读目的，选择恰当的阅读方法”的策略，更接近于一种阅读策略的综合应用。

学生经过小学六年的集中学习，大致成为熟练阅读者，具备熟练阅读的关键策略，能应对复杂多变的阅读任务，根据不同文本，结合不同阅读目标，灵活应对。

至此，本文可以提出核心观点：阅读要有量，阅读教学更需要质的保障。统编教科书三至六年级上册的策略单元，需要精心教学。

学生认真学习策略单元，配合着阅读量的提升，进行课内外联合的阅读实践，在真实的阅读任务中反复运用、练习所学的策略，达到熟能生巧。实际上，教科书中提供的阅读材料相对简单，难度不高，学生自主调用策略解决问题的驱动力不足，因此尤其需要教师引导。

部分教师纠结于策略单元的教法，不知道教学着力点是否要放置在比喻、拟人等修辞手法的赏析上，或是童话、科普文等文体特征的把握上。本文给出建议：认清策略单元的学习价值，把握为数不多的学习机会。毕竟，过了这个村，就没有这个店啦！

妙招 30　优质教学，不能依靠优等生的直觉反应

我听青年教师执教阅读课，常发现优等生备受青睐。

许多问题都由优等生回答，而且回答得的确好。他们的答案简练、精准，一下子破解了难题，推动了课程进展，同时自己也得到了鼓励。青年教师也担心这么做会缺乏“面向全体”的意识，往往在这个时候会顺带问一句：“大家都听明白了吗？”

可想而知，此时全体学生会毫无疑问地、乖巧地回答“听明白了”。他们真明白了吗？很难说。有明白的，但可以肯定的是，不明白的也都说“明白了”。实际上，这种依靠优等生的教学，呈现的是优等生的直觉反应，而真正的教学并未发生，教学绝不能停留于此。优等生的发言与其他学生的应和，制造了学习的假象。

以统编教科书四年级下册第一单元《乡下人家》为例。本单元的学习目标是“抓住关键语句，初步体会课文表达的思想感情”。教师会询问学生：本课的关键句是什么？你体会到了课文中表达的什么样的思想感情？而优等生能够一下子找到最后一个自然段：

> 乡下人家，不论什么时候，不论什么季节，都有一道独特、迷人的风景。

优秀的学生能从这一句话中体会出作者心中的喜爱、赞美之情。这一回答似乎完美地解决了问题。但此时教师务必追问两个问题。

第一个：这个答案是怎么来的？

优等生自己也说不清楚。其实，这个答案是他们一看就懂的，就是一种直觉反应。切记：直觉反应正确，这样的学习成果是非常优质的。可以说，实施教学，不就是为了获得这样完美的结果吗？不就是要让每个学生都有如此精准的直觉反应吗？但我们也应该明白，根据学生目前所处的学习阶段，教学的任务是让所有的学生，特别是中等以及中等偏下的学生提升能力。优等生直接给出了答案，没有给出学习的经过、路径，对于其他学生而言，欠缺的是示范、提升、引导作用，所以在他们身上，真正的学习并未发生。

第二个：这个答案真的正确吗？

这句话当然是关键句，但学生似乎搞混了一个概念——关键句不等于中心句。本课中的关键句，仅此一句吗？显然不是。例如："青、红的瓜，碧绿的藤和叶，构成了一道别有风趣的装饰，比那高楼门前蹲着一对石狮子或是竖着两根大旗杆，可爱多了。""有些人家，还在门前的场地上种几株花，芍药，凤仙，鸡冠花，大丽菊，它们依着时令，顺序开放，朴素中带着几分华丽，显出一派独特的农家风光。""它们和乡下人家一起，绘成了一幅自然、和谐的田园风景画。"这些都是关键句，却因优等生快速的回答而提前"暴露"了。过于快速的直接反应，带来的就是对可能性的遮蔽。

从《追求理解的教学设计》[①]一书中，我们可以知道：追求理解的教学，应该是"以终为始"的，即从目标的理解出发，再到寻找佐证，评估目标是否实现，之后才是设计程序、展开流程，通过实践获得学习结果。根据 UbD（understanding by design，追求理解的教学设计）的基本设计原理，学习在课堂上真正发生成为可能。在教师的辅助引导下，大部分学生能朝着目标行进，最终真正抵达

① 格兰特·威金斯，杰伊·麦克泰格：追求理解的教学设计[M].2 版．闫寒冰，宋雪莲，赖平，译．上海：华东师范大学出版社，2017.

目标。具体来说，有以下四个步骤。

1. 全体学生自由读，自由表达。

教师在学生读完课文后，可以提问："课文在你心中留下什么样的滋味？"学生自由发言。学生能感觉到的有可爱、朴素、和谐、生动、独特、迷人、幸福、优雅、自然等，这是感觉的关键词，这是所有学生都能够形成的直觉反应。

2. 从"词"到"句"，升级学习成果。

学生检验自己所总结出的词，并在文中寻找这些词，画出有这些词或其同义词的句子，如此一来，就实现了从"词"到"句"的教学转变，找到了关键句。这一环节的设计，给予学生切实可行的学习路径。学生在这一学习过程中，拓展了自己初读时产生的直觉反应，拥有了成功的学习体验。

这样的设计，还避免了将"关键句"错误地等同于唯一的"中心句"，让全体学生发现：关键句隐藏在全文各个自然段中，起到"时时提醒，处处提点，透露出作者情感"的作用。

3. 集中学习例句，初步完成目标。

选择第 1 自然段中的关键句，以此为例展开学习，教师要做的，依然是设计学习的流程。以下呈现教学流程设计。

出示例句："青、红的瓜，碧绿的藤和叶，构成了一道别有风趣的装饰，比那高楼门前蹲着一对石狮子或是竖着两根大旗杆，可爱多了。"

提问：这一句写了什么？

学生很容易给出答案：本句写了青、红的瓜，碧绿的藤和叶。

提问：这一句，作者是如何写的？

学生再读句子，发现作者先进行如实素描，写了瓜的颜色，藤和叶的碧绿；之后进行评论，说它们构成了"一道别有风趣的装饰"；最后进行对比，将"青、红的瓜，碧绿的藤和叶"和高楼门前的石狮子或两根大旗杆进行对比，对比后得出结论。教师在学生表达时适当总结，找出本句的写作逻辑：从看到的，到想到的，再联系生活。这就是关键句的写作逻辑。

提问：这一句，究竟写出了什么呢？

学生联系这个自然段中的“攀上”“爬上”“落了”“结出”“挂在”“衬着”等动词，结合“构成了一道别有风趣的装饰”部分，得出一个很有意思的结论：写出了乡下风景独具的动态之美，表达了作者对具备动态之美的乡下美景的喜爱。如此一来，教学初步完成了本课设定的目标。

4. 迁移学习，进一步完成目标。

学生从最初的读文，到找词，由“词”扩“句”，再到在教师引导下分析关键句，最后以分析关键句的方法自学其他关键句，获得更丰富的学习结果，进一步完成本次的学习目标。并且，课堂学习中的每一个学生都获得了应有的学习结果。这一学习结果是相对牢固的，因为经历了学习的流程，展开的是学习的过程，在过程中实现的是设定的目标。教的目标和学的目标一致，教师通过评价让学生不断觉醒，不断趋近目标，确保了学生从“直觉”到“觉察”的提升。

很多青年教师担心：在课堂上让所有学生随机发言，发言质量不高怎么办？为了避免这种情况出现，优等生在课堂教学中自然是“香饽饽”。本文让大家笃定地认识到：当我们拥有了科学的流程，也就不必再把结果寄托于优等生的直觉反应。习惯于执行明晰的学习步骤后，学生会非常迷恋学习过程的充分展开，以及学习成果的获得。因为这正说明了教学的存在，说明了教师辅助产生的价值。

教学，不是和优等生的小范围互动，而是和全体学生的公开合作。

妙招 31 《月是故乡明》，让积累在学习中进行

五年级下册课文《月是故乡明》是季羡林先生的一篇散文，入选统编教科书后成为一篇略读课文。编者为其撰写的导读提示如下：

> 自古以来，月亮常常寄托了中国人的思乡之情。默读课文，说说作者由月亮想到了哪些往事，抒发了哪些感受。如果有兴趣，再搜集一些思乡的古诗，和同学交流。

从这一提示中可以提取一个关键词——积累。在新课标中，第三学段的“阅读与鉴赏”目标中依然提及“积累”，表述为：“能联系上下文和自己的积累，推想课文中有关词句的意思，辨别词语的感情色彩，体会其表达效果。”可见在第三学段学习中，积累依然需要被重视。积累成为学生理解文意、辨别感情色彩、体会表达效果的基础。正因此，不少一线教师特别注重积累，凡是遇到提示中要求“积累”的，总会不遗余力地让学生背诵、摘抄，甚至默写。

以本课为例，教师习惯于让学生拓展背诵与“思念家乡”有关的诗句、带有“月亮”的诗句，自由阅读、积累季羡林先生所写的其他散文……这样的积累，容量是巨大的，教学效果却是低下的。积累看似在内容上与课文学习有关联，实则是分离的，加重了学生的负担。而且，整个积累的过程毫无兴趣可言，就是对记忆的考查而已。

本课为略读课文，并不代表着教学完全放任自流。根据文章内容，完全可以实现不同板块的融合式学习，即针对文中所写的不同内容，在随文学习中进行积累。季羡林先生在本文中，共提及三种“月”，涉及三个板块：其一为“故乡月”，季羡林先生回忆童年在家乡时所接触到的月亮；其二为“他乡月”，季羡林先生回忆在海外留学时所看到的外国的“大月亮”；其三为“燕园月”，是季羡林先生在北大朗润园这一“赏月胜地”生活时所看到的月亮。

结合三大板块学习，可以进行三类不同形式的随文积累。

1.“故乡月”：找一找。

在描写故乡月的自然段中，教师可以让学生寻找文中暗藏诗句或典故的白话文。实际上，季羡林先生在行文中，多处藏着诗的暗线。例如，文题“月是故乡明”，就来自杜甫的《月夜忆舍弟》。当学生读到文题，关联到这首诗的时候，可以让其检索、查找诗歌，让学生知晓、记录，做好初步积累。特别是诗句“露从今夜白，月是故乡明”，可以让学生当堂背诵，强化积累效果。

融合学习，即时拓展，在“阅读—寻找—关联—积累”的流程中，让积累嵌入学习过程中，和学习融为一体。

类似的藏诗还有很多。例如，“山高月小”出自苏轼的《后赤壁赋》。“三潭印月”也有典故——相传苏东坡在杭州疏浚西湖时，在岛南湖中建有三座石塔（现有石塔为明代重建），有趣的是这些石塔塔腹中空，球面体上排列着五个等距离圆洞，若在月明之夜，洞口糊上薄纸，塔中点燃灯光，洞形映入湖面，便会呈现出许多月亮，真月和假月在西湖上的倒影相映成趣，夜景十分迷人，故得名“三潭印月”。而“月出于东山之上，徘徊于斗牛之间”，直接点明来自苏东坡（出自《赤壁赋》）。一提及“八月湖水平”，我们会立刻想到孟浩然的《望洞庭湖赠张丞相》，其诗中就有“八月湖水平，涵虚混太清。气蒸云梦泽，波撼岳阳城”。

课文的第 4 自然段更值得教师指导学生关注，此段如下：

> 到了更晚的时候，我走到坑边，抬头看到晴空一轮明月，清光四溢，与水里的那个月亮相映成趣。我当时虽然还不懂什么叫诗兴，可觉得心中油然有什么东西在萌动。有时候在坑边玩很久，才回家睡觉。在梦中见到两个月亮叠在一起，清光更加晶莹澄澈。

季羡林先生直接书写“我当时虽然还不懂什么叫诗兴，可觉得心中油然有什么东西在萌动”，教师绝不能放过这绝佳的学习机会，可以结合文字阐述的内容和抒发的情感，让学生感受什么是“诗兴”，甚至可以提及《诗经·陈风·月出》中与月相关的诗句：“月出皎兮，佼人僚兮”，让学生背诵和积累，这无疑是有益于核心素养的提升的。

2.“他乡月”：比一比。

在课文第二板块，季羡林先生直言不讳地说：“对比之下，我感到这些广阔世界的大月亮，无论如何比不上我那心爱的小月亮。不管我离开故乡多远，我的心立刻就飞回去了。我的小月亮，我永远忘不掉你！”可见，“他乡月”的积累，可以借助对比法进行。

在异国他乡，季羡林先生在湖泊、沙漠、大海、高山等不同场景中看到月亮，总会将其与家乡的月亮相比，更容易引发思乡之情。这一板块的积累，可以关联我国历代描写相似月景的诗句，让学生在诗句的理解中，得出比对结果：为什么季羡林先生永远忘不掉故乡的月。

例如，“在风光旖旎的瑞士莱芒湖上”看月，容易联想起刘禹锡

《望洞庭》中的“湖光秋月两相和，潭面无风镜未磨”。在这样的诗句面前，还有什么样的月亮能相比？

再如，在“无边无垠的非洲大沙漠中”看月，容易联想起王维《使至塞上》中的“大漠孤烟直，长河落日圆。萧关逢候骑，都护在燕然”。还有什么样的月亮能有这样的意境与气魄？

又如，在“碧波万顷的大海中”看月，自然联想起张九龄《望月怀远》中的“海上生明月，天涯共此时。情人怨遥夜，竟夕起相思”。此时怎能不相思？

而在“巍峨雄奇的高山上”看月，即便月亮是“美妙绝伦”的，也抵不上李白《关山月》中“明月出天山，苍茫云海间”的意境。

课文中季羡林先生阐述的在外国看月的场景，只需与中国古典诗词关联、对比，不但能让学生加强积累，还能让学生自然地感觉到故乡月的万千气象与丰富内涵。所以文中说“无论如何比不上我那心爱的小月亮”。对比之下，“小月亮”中蕴藏着绵绵无尽的情感。

3.“燕园月”：连一连。

第三板块是全文最“文艺”，关联诗句最集中、最巧妙的部分。全段如下：

> 我现在年事已高，住的朗润园是燕园胜地。夸大一点儿说，此地有茂林修竹，绿水环流，还有几座土山点缀其间，风光无疑是绝妙的。每逢望夜，一轮当空，月光闪耀于碧波之上，上下空蒙，一碧数顷，荷香远溢，宿鸟幽鸣，真不能不说是赏月胜地。荷塘月色的奇景，就在我的窗外。然而，每逢这样的良辰美景，我想到的却仍然是故乡苇坑里的那个平凡的小月亮。

教学时，不妨让学生尝试发现现代白话文中关联的诗句，采用“连一连”的形式，进行一一对应的积累。有现代白话文为支架，借助文字描述的内容，学生很容易理解积累的诗句，也容易形成记忆。内蒙古鄂尔多斯的马亮老师，直接将这一自然段中的诗句化用，做了梳理与总结，与大家分享：

“茂林修竹”关联王羲之《兰亭集序》中的“此地有崇山峻岭，茂林修竹”。“上下空蒙，一碧数顷”关联范仲淹《岳阳楼记》中的“上下天光，一碧万顷”。“荷香远溢”关联周敦颐《爱莲说》中的“香远益清，亭亭净植”。“宿鸟”关联杜甫《无家别》中的“宿鸟恋本枝，安辞且穷栖”。“幽鸣”关联王籍《入若耶溪》中的“蝉噪林逾静，鸟鸣山更幽”。“良辰美景”关联汤显祖《牡丹亭》中的“良辰美景奈何天，赏心乐事谁家院”。“荷塘月色”关联朱自清的《荷塘月色》。

融合在学习中的积累，在执行时，应有三个方面作为保障：

其一，教学目标作为保障。教学时，要优先理解目标，要将目标锁定为教学的终点，要围绕着目标进行。

其二，教学设计作为保障。以本课为例，《月是故乡明》虽说是略读课文，设计上也要精心布置、合理安排，让充分的教学准备在先，让科学的教学流程在理，让依据学情做出调整的思想时刻在线。

其三，教学方法作为保障。略读课并不是自学，更不是只有“自主学习”一种方法。让学生自由散漫地学，漫无边际地探究，就是教师的失职。相反，实施合理的教法，能确保学生尽快实现学习目标。例如本课教学中，使用的索引查证法、联系对比法等，为学生提供学习支架，让教学效果得以凸显。

妙招 32　这样导，那样导，就是不读——整本书导读课的纠偏与改进

新课标以语文学习任务群为课程的组织与呈现形式，配合语文学习的需要，在拓展型学习任务群中，设置了“整本书阅读”。这是我国基础教育领域中，第一次以“标准”的高度，郑重、严肃、明确、直接地提出要读整本书的要求。

在语文学习中，不读书，只学单篇课文是不够的。教师对单篇教学的偏爱，难以让学生发现语文学习的真相，难以让学生获得语文学习的快乐。

于是，整本书阅读中的导读课，一下子红遍了大江南北，不少教师都选择此类课进行展示，体现学习新课标的成果。我观摩了多节整本书导读课，发现问题严重——基本上都是教师单方面介绍要读的书，却鲜见学生真正付诸行动。这样的课，教师的执教内容大致有三个：

第一，强调这本书到底有多好，列出其各种优点。

第二，介绍这本书写了些什么，展示其梗概以及章节布局等。

第三，和学生讨论计划，提出要这样读、那样读，列出不少美好的设想。

关注教学产生的实效可以发现，三方面的教学，几乎无法有效地引发学生真正投入阅读。整本书导读课如果上足一课时，那就是教师用了 40 分钟时间仅做了一件“看起来很重要、很有意义的事”。

教师光是这么聊，课程仅是这么介绍，学生是不会真正去读的。原因有三点。

1. 教师单方面说“书好极了”是无效的。

阅读是一种特殊的实践活动。小学的整本书阅读实践，主体是学生，主体要付诸行动，光凭教师单方面把书介绍得天花乱坠，对于学生来说，就是突如其来地接收到了一大堆莫名其妙的信息而已。这类课上得多了，学生还能找到规律，发现这些信息大多涉及作者有多“牛”，销量有多大，传承了多少代，翻译成多少国的文字……

不要以为这些信息能够刺激当代小学生参与阅读。对于一个没有读书爱好的学生而言，这些信息就是耳边风，起不到刺激作用；对于经常阅读的学生而言，这些信息就是泛泛而谈，不构成阅读的兴奋点。例如今天漫天飞舞的阅读推荐，基本上就是说这本书如何了得、怎样辉煌，不会引起学生的喜欢。学生要阅读一本书，不会依赖此类“高大上”的消息。学生不同于成年人，不关注书的“销量”“传播率”“获奖成就”等。

2. 纸上谈兵的计划，在落到阅读现实时，大多成为空谈。

上整本书导读课，教师经常喜欢和学生一起制订还没看的书的“阅读计划”。计划大多是这样的：先读封面、再读目录、逐章阅读、写下批注、做好总结等。有时候，中间还会加入一些“外部力量”：把书的某一章节内容读给父母听；和同伴交换阅读，召开阅读沙龙；绘制章节的思维导图；等等。这些阅读行为看起来是科学的，还能和新课标中的描述、倡导相吻合，但少了学生作为主体的，针对书本完整、沉浸式的阅读，实质上是对原本应有的自然、完整、流畅的阅读的干扰。

可以设想：我们自己阅读时，是否会读一会儿就跟别人分享？

是否会动不动就做各种图表？是否会把读书的成果四处展示，到处分享？如果我们自己都不会这样做，为什么要在计划中强调学生这样做？答案很简单——这只是计划而已，教师也许心知肚明，计划只管漂亮，不需要执行。

小学生阅读整本书，更重要的是通过阅读的行为，养成阅读的习惯，形成持久、深入阅读一本书的能力。如此花样繁多的计划，将原本完整的阅读行为变得断断续续、零零散散，实际上与整本书阅读课程要培养的方向是不一致的。

3. 一种模式难以对多人同时产生效果。

要让一个人阅读一本书，最关键的是抓住这位读者当下的需求。读者需要什么，这本书中可以解决什么，就要和读者讲什么。推荐书目的亮点要和读者的需求重合，让读者接受这本书，认定这本书就是为自己量身定制的，是适合自己、等待自己阅读的。

可见，亮点的确定，就是关键。

然而，当下整本书导读课上呈现的却是一本书的各个“高光点”，推荐的都是面向大众的“散点”，即这本书方方面面都好，边边角角都值得点赞。信息过繁、过满，却适得其反。每个读者（学生）都有这样的感觉：这本书确实好，非常好，但不是我要的。

整本书导读课是伴随着新课标诞生的新事物，必定需要在发展中不断调整。此类课是新课标明文规定的每位教师必须会上的课，是新课程时代每位教师必须掌握的执教技能。阅读是个体行为，每个人的阅读取向、阅读习惯、阅读目标不同，要通过教师的导读让全班同学共读一本书，确实有较高的执教难度，也确实需要设计与改良。提出问题并不是什么了不得的事，关键是要解决问题。整本书导读课，到底该怎么上才有效呢？结合发现的问题，我们给出以下三种解决方案。

1. 充分瞄准阅读需求，展开引导。

通过事先调研，让学生提出对这本书的需求，生成导读中的亮点。例如导读《汤姆·索亚历险记》，调研中可以收集这些问题的答案：“对于历险类的作品，你有哪些希望呢？”“你希望在这本书中看到些什么呢？”“通过阅读，你希望获得些什么呢？”事先调研学生的阅读需求，并将学生的需求转化为导读设计的亮点，是改良的首要方案，让教学重点的确定源于学情。

2. 让导读的亮点更为充分地匹配需求。

亮点确定后，要通过教学设计，让课程从原先的“散点透视”转为“聚焦融合”，让引导学生阅读整本书的设计，最大限度地匹配学生的需求，激发学生阅读的欲望。例如导读《汤姆·索亚历险记》，前期调研发现学生最想知道的是汤姆·索亚在历险中到底经历了哪些危险，如何解决这些危险，教师在导读时，就可以展示相关片段，批注引读部分精彩的语篇，多关联学生的现实生活，让学生参与“与汤姆一起历险，为汤姆出谋划策”等活动。

通过这样的匹配设计，教学集中聚焦在学生的阅读需求上，激活学生的阅读愿望，让导读课真正起效果——为需求而导。

3. 提供部分成功案例。

要阅读一本书，学生容易参考同伴的行为。教师要适当引用其他同学阅读的心得和成功阅读的体验。因为伙伴的力量、伙伴的方法、伙伴的心得体验等，对于同龄人来说，最具有诱惑力、启发性。引入学生阅读的成功案例，要比教师单方面呈现“高大上”的书评等更为有效。

整本书导读课，必须事先做足准备，准备要考虑不同的需求，是服务于学生个体的，切忌泛泛地提供一些封面、目录、章节、书评等信息。导读课要有差异性，如果每节课都上得差不多，用不了几节课，学生就会对整本书阅读产生反感。

最后增补一个特殊的建议：导读课，可以上成十几分钟的短课。

用相对简短的时间，紧凑介绍这本书最精彩的部分，采用欲擒故纵的心理战术，直接引起学生阅读。例如，这个时代流行的“短视频导读”，用短短一两分钟，主播已经能激发读者的阅读兴趣。诚然，网络主播的“带货”技巧和教学有着明显的差别，但也能给我们启发。主播的导读话术就是“三点合一”：你如今遭遇的“痛点”=这本书恰好拥有的亮点 = 你未来发展的需求点。总之，去读就是了。

也许你会问：一节课就讲十几分钟，剩下的时间做什么？答案很简单：立刻就读。这样的整本书导读课，也许更有效。

妙招 33　整本书导读课三大弊端：聊太多，聊太久，聊太深

《普通高中语文课程标准（2017 年版 2022 年修订）》以及新课标，都密切关注了“整本书阅读”，将其设置为任务群，进行集中的、有针对性的项目学习。所以，近年来，不少教师尝试执教整本书阅读课。

在大家较为热衷的导读课上，我观察到如下问题：课上得热闹，但又让人觉得不对劲儿。读书，或者说号召学生读书，不应这样做。这些“不对劲儿”，主要表现在三个方面。

第一，聊太多。整节课就是聊天，聊来聊去。教师一会儿聊作者，一会儿聊创作背景，一会儿聊版本，一会儿聊出版社，一会儿聊作者创作的奇闻趣事……聊那么多，也不知道为什么聊，核心的概念是什么。的确，教师下的功夫很深，准备的素材很多，但是否符合学生需要，是否有助于产生阅读的欲望，恰恰是无从考证的。

第二，聊太久。因为聊得多，所以花在聊天上的时间也特别久。按理说，整本书导读课，至少要有“读”的成分，然而全部被“聊”占据，学生被“撩”得很配合，天南地北地应对着，至于课后会不会真的去读，都成了未知数。整本书导读课，也成了新型的口语交际课。

第三，聊太深。等那些常人皆懂的信息，那种一望便知的东西聊完了，教师就会抛出一些让人意想不到的、让人惊叹的、深刻而

隐秘的信息。固然，一本书里蕴含着深邃的思想，但在导读课上，让学生在还没读的时候就“入戏”太深，真的有助于阅读吗？特别对那些还没有对阅读产生兴趣的学生来说，这样更容易产生畏惧心理还是挑战精神？

课上聊完之后，下课了有几个人会去读？教师不得而知。但从学生的反馈来看，他们都是信誓旦旦的。毕竟可观摩的都是公开课——学生当众承诺是必需的态度。

整本书的导读课，应该怎么上才能起到“导”的作用，才能触发“读”的意愿呢？不妨先看一个生活中的案例。当代人阅读是“快餐式”的，因为时间少、好书多，无法逐一阅读，所以出现一个特殊的群体——为你读书的人。他们读完一本书后，会萃取精华，用几分钟时间讲解这本书。听者如果有兴趣，自己再决定是否跟进阅读。我就多次在“听书”之后跟着读书，获益良多。

试想一下：整本书导读课，为什么不能产生这样的效果？为什么没有核心的“诱导”环节呢？瞄准聊太多、聊太久、聊太深这三个弊端，本文提出三个改良建议。

1. 抓取关键信息。

以入门级的整本书阅读为例，全班共读学科童话《作文真经》，教师可以尝试抓取主要信息，让学生在最短的时间内了解整本书。抓取的信息分为三类。

第一类：这本书到底讲什么？用最简洁的语言让学生知道《作文真经》这本书的主要内容，我会这样介绍：“这本书通过令人爆笑的取经故事，讲述师徒四人向南出发，取得‘作文真经’的神奇经历。每一个故事既有笑点，又涵盖学生需要的写作知识，让同学们在笑声中了解写作、学习写作。”这一段介绍，能让学生了解这本书。了解，才有可能爱上阅读。

第二类：书中有你需要的吗？希望学生能阅读，必须戳中其“痛点”——这里有我需要的。所以，信息准备中就要换位思考，设身处地为学生着想，让其知道“读了这本书，对我而言，有什么帮助”。我会这样介绍：“阅读这本书，既能看故事，又能学到写作知识。还能借助书中附带的练习，提升写作能力。最有意思的是，不爱读文字的同学，还可以通过书中的漫画来理解，读图就可以学作文。”

相信这一类信息，能给学生带来主动阅读的动力。

第三类：阅读要注意什么？提示学生阅读的注意事项、阅读难点和书中需要特别关注之处。例如，我会提示学生：阅读时，不要只顾看笑话，还要去琢磨——故事中的师徒四人，遭遇了什么样的窘况？问题出在哪里？这些问题如何关联写作？提示学生在阅读时关注难点，就是为阅读铺路，扫清阅读障碍。

这样的三件事做完后，教师就为学生抓取了这本书的关键信息。

2. 约定推进流程。

执教整本书阅读的导读课，教师不妨和学生一起约定——下课后，就开始读这本书。

请注意，是课上做出对课后阅读的约定，即通过约定，将阅读落到实处。具体来说，师生可以通过以下三个渠道约定。

渠道一：展示一张表单。根据美国学者克里斯・比弗尔所著的《全脑教学与成长型思维教学：提高学生学习力的 92 个课堂游戏》一书中的指导，我们可以明确，要调动全脑参与学习，最简单的操作就是让现场的评估可视化。[①] 教师指导学生进行整本书阅读，可以设计表单，对学生阅读的进度予以公示。公开展示读书打卡的进度，让学生知晓什么时间该读多少，读到哪里。

① 克里斯・比弗尔．全脑教学与成长型思维教学：提高学生学习力的 92 个课堂游戏 [M]. 韩成财，译．北京：中国青年出版社，2018.

渠道二：设计一种形式。设计一种阅读汇报交流的形式，就在课堂上约定——读了一段时间后，以何种方式和大家分享。开读书会？网络交流？写读后感？教师给学生提供不同形式的汇报方式，在课上与学生共同约定，体现契约精神，这是推动整本书阅读的关键。

渠道三：提出一个建议。此类建议针对的是“阅读失误”时的处理。例如，如何弥补阅读中的缺失，如何组建团队一起合作阅读，甚至细微到如何获得这本书，如何共享网站上可参考的资讯，等等。在正式阅读前为学生做好建议，这其实就是一种参谋。这种参谋意在促进学生课后真正去阅读。

3. 示范精读行为。

整本书的导读课，最大意图在于让学生爱上阅读，进入阅读。那么，教师不妨在课堂上做三个动作。

读一读：教师选取书中优质片段，当堂“为你朗读”。

赏一赏：教师读过之后，主持并分享自己对这一片段的分析与欣赏。这一举动，就是要让学生看到老师有多喜欢这本书。学生会因为老师的喜欢而喜欢阅读，这不正是我们需要的吗？所以，教师在赏析的时候，可以适当夸张，让学生看到表情，听到惊喜的声音，感受到激动的心情。

试一试：教师示范后，让学生也试一试——出示片段，让学生读一读，读后相互交流，营造真实的阅读气氛。

总之，整本书阅读，不要聊太多，聊太久，聊太深。努力做好三件事——有读，必有评估；有评估，必有汇报；有汇报，必有长进——让学生课后真正读起来。整本书阅读是一种新型的课，在新课程变革的时代，应成为每位语文教师必须掌握的教学形态。

喜欢上这类课，并希望提升执教水平的教师，可以共同探讨此文观点。

妙招 34　上完了整本书阅读课，为什么学生反倒不读了

新课标设立了以“整本书阅读”为名的拓展型学习任务群，明确提出让学生多读书、读好书，同时还要学习阅读方法，做到会读书。

新课标旨在引导学生从第一学段到第四学段，按照学段递进，着力阅读不同类型的书，达到基本的阅读量的要求，落实“多读书”和“读好书”。例如在第一学段，多读“浅易的读物”，多朗读优秀的儿歌集，自由阅读童话书；在第二学段，多读表现英雄模范事迹的图书、儿童文学名著、中国古今寓言、神话传说等短小的、蕴含智慧的书；在第三学段，阅读反映革命传统的作品，还要注重文学、科普、科幻等方面的优秀作品的阅读。

所谓会读书，新课标提出教师要引导学生掌握浏览、略读、精读等基本的阅读方法，在“学业质量描述”部分也对不同学段应掌握哪些阅读方法，要读到什么水平，在阅读能力上达到什么样的层级等做了细致的刻画。由于新课标对整本书阅读有了具体而明晰的指导，随即出现了大量的整本书阅读专项课，涌现出大量的如何教学生读书，引导学生爱上阅读的成果汇报。

我们在实际调研中发现奇怪的现状——爱读的依旧爱读，不爱读的没有太大变化。特别是在被寄予厚望的整本书阅读课课后，学生基本上没有因为上了课而真正去阅读。例如执教《宝葫芦的秘密（节选）》之

后，真正去读这本书的，在某次调研中仅有 3 人……大多数时候是课归课，读归读。课上了，学生反而不读了。究竟为什么会出现这种情况呢？我们结合实地走访调研，分析出三条原因。

1. 教学设计上的越俎代庖。

整本书阅读课的教学设计不够精致，教师做到事无巨细，该讲的都讲了，不适合在学生这个年纪讲的也讲了。凡是和这本书有关的，恨不得一节课讲完。讲多了，自然不需要读。对于学生而言，关于这本书所有的好奇心，都在这节课上得到了满足。

例如讲第三学段必读书《海底两万里》时，教师就从三方面提供了详尽的信息：从阅读角度看，这本书好在哪里；从写作角度看，这本书需要学些什么；从文学角度看，这本书有哪些文史背景知识需要掌握……有了教师大量梳理后提供的这些知识条目，学生再也提不起兴趣去读原作。

更有甚者，让整本书阅读异化成“知识点提炼”“考点提炼”，为的是让学生在考试中能轻松应对，答题时能像“真的读过这本书”一样，填写标准答案。这样的整理工作竟还作为“教学研究成果”，阻碍了教师对“如何促进学生阅读整本书”的教学法、教学设计的研究，也使得整本书阅读的学习效果淡化，乃至异化。

解决方案：教学设计上的重构。

以新课标精神为指导的整本书阅读，教师上课最大的意义是激活学生的阅读兴趣，而不是取代学生阅读。因此，科学的教学设计——谨慎地以“激活阅读，特别是持续阅读整本书”为目标；精选教学内容，重新设计教学板块；在不同环节嵌入评价，促进目标实现——才有可能让教学走出困局。

2. 课程意识缺失带来的教学行为的“简陋”。

试图用一节课来促成学生阅读整本书，这种想法过于天真了，也是教学效果不佳的关键所在。

对于爱读书的学生而言，上不上课不重要，阅读是习惯，是顺理成章的；而对于讨厌读书、不会读书的学生来说，上一节课就让自己读一本书，就是天方夜谭，难度系数有多大，教师自己都不知道。就像写作教学一样，整本书阅读的教学也要全程陪伴。教师是学生阅读与写作学习的“教练员”，需要时刻在线、实时监控、及时评论，不断推动阅读和写作的持续发生。新课标在这一任务群的教学建议中，做了大量的提示，如“应统筹安排课内与课外、个人与集体的阅读活动”“兼顾教师指导和学生自主阅读”“根据开展读书活动的实际需要，合理推荐和利用适宜的学习资源……激发学生的阅读兴趣，丰富阅读体验，拓宽阅读视野”等，就是提醒教师——整本书阅读不是一蹴而就的，教师不能简单发布命令后，就做起甩手掌柜。

解决方案：理解“课程等式”，实施课程化学习。

有效的整本书阅读，可以表述为以下等式：

（课 + 活动）× *N*= 课程

其中的“课程”，即整本书阅读课程；其中的“课”，即整本书阅读课；其中的“活动”，即新课标所指出的各种活动，诸如师生共读、同伴共读、朗诵会、故事会、戏剧节等；其中的“*N*”，即在课程实施过程中，必须经历多次，特别是要“注意考察阅读整本书的全过程，以学生的阅读态度、阅读方法和读书笔记等为依据进行评价”，让评价促进整本书阅读的学习效果产出。

诚如新课标所示，整本书阅读是小学、初中四个学段一以贯之的任务群，不是集中发力就能产生效果的短期行为。整本书阅读是对语文课程的全新组织与呈现。让学生阅读，也要分阶段，围绕不同的阅读主题，确定各项目活动的内在逻辑关联，共同指向学生的核心素养，展开丰富多彩的语文实践活动才能实现。

3. 教学逻辑与阅读规律的背离。

整齐划一的课，即便标注为不同的课型，依然不符合学生在参与整本书阅读时的基本规律，教学活动的外显特征与阅读行为的内隐原则相背离，效果自然无法确保。

也许是发现了分阶段阅读的结果无法整齐划一，教师才将整本书阅读设置成导读课、过程推进课、读后总结课等，以不同课型对应服务整本书阅读的不同阶段。但实际上，这样的设计依然无法匹配整本书阅读的学情。

阅读，终究是个体的行为。学生阅读水平参差不齐，阅读进度无法统一，对同一本书的理解层出不穷，都让阅读本身充满变数。没有一节课能包打天下，很难有标准化的阅读指导方案能通行，更不可能让每个学生都读得节奏统一，犹如行军。即便是阅读后的总结，最佳状态也是围绕着阅读而生发出更多的质疑、研讨、辩驳、争议……

然而我们的教学实践，急于从最初的“活动”，火速上升为“行动”，还要升级为“运动”。将整本阅读课设计为步调一致的“运动”，布置成任务、作业，也许只是教师的自娱自乐。

解决方案：整本书阅读实现“四化”。

整本书阅读只有一个目的：让学生真正走上阅读之路。为达到目的，教师可以实施整本书阅读课程的“四化”，即生活化、长期化、活动化、个性化：以课为引导，让整本书阅读融入学生的学习、生活，长期执行；教师注重在阅读中开展阶段性的活动，在活动中接纳学生个性化的阅读成果；让课程真正面向全体，关注阅读中的个体差异。当阅读成为习惯、成为意识的时候，“课”的概念就会淡化，“课”的形式也会更为自由多样，读的成果也才能深入人心。

整本书阅读，是古老的学习活动，也是新课标正式确定的崭新概念。面对新事物，既要有热情、有担当，还要有严谨的态度，去除“占山为王”的着急心态，先实践，不要急于推出各种各样的主张。阅读是一辈子的事，慢慢来。

妙招35　整本书阅读，用这9个方法改变“不爱读、不会读、读不好”的困局

新课标以任务群的课程组织形式，强调中小学阶段必须进行整本书阅读。随之涌现的是大量的关于“读整本的书”的方法，诸如深度阅读、审辨思维、读书习惯养成、故事书演绎等。读整本书，读好整本书，已然成为一线教学刻不容缓的“规定动作”，成为教学研究中的热点项目。

教师在制订计划、研究方法的同时，似乎忽略了一点：课程实施的对象。

关注应运而生的各种读书方法、举办的各类读书活动、推崇的各位读书明星，确实让人耳目一新，看起来卓有成效。但我们忽略了课程、方法到底是为谁服务的。读得那么深刻、那么精巧，拓展得那么全面、那么深远，显而易见是为“会读、爱读、能读好”的学生而设计的。在这一任务群的实施中，最需要帮助、最需要借助课程中提供的支架提升的，恰好是“不爱读、不会读、读不好”（以下简称“三不”）的群体。对于他们而言，读书很累，深度阅读很苦，拓展阅读几乎是天方夜谭。

当务之急是让这些“三不”学生拿起书，读起来。而各种指导中，缺乏的恰是这种针对性。

究竟有没有方法降低开始阅读的门槛，让“三不”学生踏上阅读之旅，缓慢养成读书习惯？结合实践，本文提供以下几个有意思的方

法。“有意思”是这些方法的灵魂，是开启阅读之门的钥匙。

1. 耳朵“长茧子”。

既然用眼睛读感觉累、不舒服、不习惯，就用耳朵听书吧。一些读书音频，声音很动听，故事很精彩，还有配乐，让人听着听着就喜欢上了故事。因为喜欢故事，听众转而去寻找写这故事的书，经历一段时间，就从“耳朵听读”到“眼睛视读”，再到“入心入脑”。这就是古人说的读书法——耳入心通。

如果有学生无法用眼睛阅读，那么，多听无疑是有益的补充。

2. 关注书店公众号。

学生可以关注本地新华书店或是大型的文艺综合书店的公众号——如果父母也能关注，效果更好——获取书店的活动信息，积极参与感兴趣的活动。例如，哪位作家来签售，哪些新书首发式召开，哪些图书展览开幕……看到这些信息，父母带子女，老师带学生，去现场“追星”，感受热烈的阅读氛围，这将极大地激发学生的兴趣——注意，仅仅是参加活动的兴趣，不是阅读兴趣。但这一兴趣的价值巨大，可以让其感受到，原来读书能成就一个人。顺便在书店活动时买几本好玩、好看的书，这就是这一方法隐藏的“附加值”。

3. 制作特殊的公告。

既然学生那样不爱读书，教师不妨顺其心意，邀请学生撰写一份特殊的公告：停止无趣阅读公告。

学生罗列出几本自认为“最无趣”的书，以公告的形式公布出来，请大家都来“停止阅读”。为了保证公告的有效性，教师可以让学生在前期获取关于这些“最无趣”的书的更多信息，至少要了解这些书的大概内容、创作背景、相关评价等，即便是网络资料也行，总之，倒逼学生去读书，去整合素材。

例如，要劝告大家停止阅读某部难读的古典名著，学生至少要搜集信息，弄清以下问题：这本书是谁写的？是什么时候写成的？到底写了些什么？为什么自己读不进去？为什么需要停止阅读？课文中与此书相关的篇目是什么？难理解之处在哪里？这样一来，为了列出公告，学生也就开始读书了，信息搜集的过程就是“周边阅读”的开始，也许学生在行动的同时会对这些书另眼相看。

4. 秘密行动。

教师或者父母可以设计一个活动，让学生完成一个神秘的任务，而完成任务的过程需要涉及阅读。

例如，假期安排旅行，可以以“了解行程”为目的让学生策划行程，并承诺只要策划合理，一切听其安排。学生为了策划成功，获得主导权，就要去了解目的地，人在家中坐，了解的方式就是阅读——阅读相关的书籍，检索网络信息。任何形式的阅读，都会对“三不”学生产生意想不到的效果。

在《跨学科语文创意“写作家书”》一书中，我叙述了一个真实的案例。

我的家庭曾经想要前往土耳其旅行。提前一个月，我就让儿子策划行程。儿子网购了相关的旅行书籍，制订了旅行线路，甚至在书本中获取了诸多细节。例如货币如何兑换，酒店住宿须知，景点特色，异域民族的禁忌，等等。儿子为达目的而阅读，读得非常投入，特别主动。最可贵的是，他明明在阅读却不感觉在阅读，而是感觉在执行一个神秘计划。[①] 对于“三不”学生而言，这是非常有用的做法。

① 何捷．跨学科语文创意“写作家书”[M]. 济南：济南出版社，2023.

5.同病相怜找同伴。

“三不”学生寻找和自己相似的同伴，为其公开推荐“最容易读”的书，以解同伴的燃眉之急；当然，也可以写信，进行点对点的“私聊”。

例如，我在检索后发现有几部书，题目就非常符合“三不”学生的胃口，例如“我不喜欢书了”“我讨厌书”。学生好好读一读，之后向同伴推荐，让大家找到“三不”的真实原因。在这一过程中，阅读时刻在发生，在传播。

教师还可以“火上浇油”，提供并组织讨论一个特别的权利条款——“读者权利十条”。这一条款出自法国当代作家达尼埃尔·佩纳克，在其所著的《宛如一部小说》之中，分明罗列着：

读者权利十条

第一条　不读的权利

第二条　跳读的权利

第三条　不读完的权利

第四条　重读的权利

第五条　读不择书的权利

第六条　包法利症（易被小说内容感染的症状）

第七条　读不择地的权利

第八条　随意选读的权利

第九条　朗读的权利

第十条　默读的权利[①]

教师甚至可以引导学生关注第一条，提出“不读是读书人的权利”，提示学生不必为自己当下的“三不”而自惭形秽。读书或者不读书，读什么书，如何读书，都是自己的选择，无须自责。减轻

① 达尼埃尔·佩纳克.宛如一部小说[M].赵爽爽，译.上海：上海文艺出版社，2014.

“三不”学生的压力，让其自如地走上阅读之路，哪怕只是十个条目的阅读，都将带来意外的惊喜。

殊不知，引发“三不”的，除学生自身原因外，也许大范围的读书推广运动，声势浩大的集体阅读行动，正是导致不少学生对阅读产生抵触甚至是憎恶的重要推手。

6. 闹市好读书。

教师和“三不”学生约定，进行一个“到热闹的地方去阅读”的活动，读什么都可以，读报纸、读杂志、读漫画，甚至是读一张纸片……总之，在闹市中去体验阅读，证明自己其实很“厉害”：环境那么吵，我心依然宁静。

这种反差让学生感觉到自己是个读书高手，让学生发现自己拥有超出常人的阅读能力。其实，环境越是嘈杂，人越容易集中注意力，试试就知道。因此，活动中教师可以组织“三不”伙伴间的挑战赛，看谁读得多；可以提供“名人闹市读书”的故事，发出向名人挑战的号召。教师将活动做足，做出效果，学生会将活动中产生的自信迁移到对其他书籍的阅读上。

7. 晒靓照。

学生晒出自己和书本的照片，证明自己并非都不读，仅仅是“你根本不知道我是个读者”。

当然，照片是要做批注的。比如，可以为这张照片中的某些书做这样的批注：这本书内容是什么，那本书好看在哪里，一本书的封面有啥讲究。

照片拍好后，在班级群里分享，还可以定期更换。每次更换照片，书也需要变化。

教师也可以让学生拍摄“和书比身高”的照片：堆积码放读过的

书，然后合照，用身体丈量所读书的高度，激励其尽快成为“阅读等身”的人，通过这样的形式让学生更多地阅读，产生阅读经验积累。

8. 捏一捏“软柿子”。

教师降低阅读的准入门槛，鼓励学生读薄薄的书。教师可以为学生推荐一些薄的书，例如图画书、故事书、可以玩的书等，不管内容，学生先读起来再说。

教师可以举办“一周读七部图画书”的活动，让学生积累阅读量。例如读《爆笑作文》，这套书有12本，每本讲述一个写作知识，每本都很薄，读了就能获取知识，就能用。教师可以和学生共读这套书，分享阅读心得。

针对“三不”学生，所有的读书活动都要降低难度，都要改变：改变读书方式，改变对读书的认识，改变对阅读的期待……

9. 最佳代言人。

教师可以鼓励学生为自己读过的一本书代言。

例如之前提到的《我讨厌书》，代言人需要介绍这本书里写了些什么，画了些什么，说了什么故事，为什么讨厌书，如何拯救阅读绝症。代言本身就是更为深入的阅读。比如为《爆笑作文》代言，学生可以通过写一篇短小的百字作文，来证明自己读得很有效果。读和写融合，效果更佳。

方法不在多，而在有效。针对“三不”学生设计的整本书阅读方法，核心理念是激发阅读兴趣，形成阅读的经历，积累阅读的经验，让“阅读”这件事嵌入生活中。整本书阅读教学，针对“精英”类型学生，可能是徒劳的，或者说是一厢情愿的。针对“三不”学生的辅导，才是有价值的、具有长远意义的。

从原先的“不爱读、不会读、读不好”，到后来的整本书阅读，不正是任务群学习的最终学业预期吗？